法華經講義

——第十四輯

——平實導師 述

ISBN 978-986-9497-03-9

執著離念靈知心爲實相心而不肯捨棄者，即是畏懼解脫境界者，即是畏懼無我境界者，即是凡夫之人。謂離念靈知心正是意識心故，若離**俱有依**（意根、法塵、五色根），即不能現起故；若離**因緣**（如來藏所執持之覺知心種子），即不能現起故；復於眠熟位、滅盡定位、無想定位（含無想天中）、正死位、悶絕位等五位中，必定斷滅故。夜夜眠熟斷滅已，必須依於**因緣**、**俱有依**緣等法，方能再於次晨重新現起故；夜夜斷滅後，已無離念靈知心存在，成爲無法，無法則不能再自己現起故；由是故言**離念靈知心是緣起法**、**是生滅法**。不能現觀離念靈知心是緣起法者，即是未斷我見之凡夫；不願斷除**離念靈知心常住不壞之見解**者，即是恐懼解脫無我境界者，當知即是凡夫。

——**平實導師**——

一切誤計**意識心爲常**者，皆是佛門中之常見外道，皆是凡夫之屬。意識心境界，依層次高低，可略分爲十：一、處於欲界中，常與五欲相觸之離念靈知；二、未到初禪地之未到地定中，暗無覺知而不與欲界五塵相觸之離念靈知，常處於不明白一切境界之暗昧狀態中之離念靈知；三、住於初禪等至定境中，不與香塵、味塵相觸之離念靈知；四、住於二禪等至定境中，不與五塵相觸之離念靈知；五、住於三禪等至定境中，不與五塵相觸之離念靈知；六、住於四禪等至定境中，不與五塵相觸之離念靈知；七、住於空無邊處等至定境中，不與五塵相觸之離念靈知；八、住於識無邊處等至定境中，不與五塵相觸之離念靈知；九、住於無所有處等至定境中，不與五塵相觸之離念靈知；十、住於非想非非想處等至定境中，不與五塵相觸之離念靈知。如是十種境界相中之覺知心，皆是意識心，計此爲常者，皆屬常見外道所知所見，名爲佛門中之常見外道，不因出家、在家而有不同。

——**平實導師**——

如《解深密經》、《楞伽經》等聖教所言，成佛之道以親證阿賴耶識心體（如來藏）爲因，《華嚴經》亦說**證得阿賴耶識者獲得本覺智**，則可證實：證得阿賴耶識者方是大乘宗門之開悟者，方是大乘佛菩提之眞見道者。經中、論中又說：證得阿賴耶識而轉依**識上所顯眞實性**、**如如性**，能安忍而不退失者即是**證眞如**、即是大乘賢聖，在二乘法解脫道中至少爲初果聖人。由此聖教，當知親證阿賴耶識而確認不疑時即是開悟眞見道也；除此以外，別無大乘宗門之眞見道。若別以他法作爲大乘見道者，或堅執**離念靈知**亦是實相心者（堅持意識覺知心離念時亦可作爲明心見道者），則成爲實相般若之見道內涵有多種，則成爲實相有多種，則違實相絕待之聖教也！故知宗門之悟唯有一種：親證第八識如來藏而轉依如來藏所顯眞如性，除此別無悟處。此理正眞，放諸往世、後世亦皆準，無人能否定之，則堅持離念靈知意識心是眞心者，其言誠屬妄語也。

——**平實導師**——

目次

第九輯：

第十輯：

第十一輯：

第十二輯：

第十三輯：

第十四輯：

第十五輯：

第十六輯：

第十七輯：

自序

大乘佛法勝妙極勝妙，深奧極深奧，廣大極廣大，富麗極富麗，謂此唯一佛乘妙法，意識思惟研究之所不解，非意識境界故，佛說爲不可思議之大乘解脫境界，名爲大乘菩提一切種智，函蓋大圓鏡智、成所作智、妙觀察智、平等性智；然而此等極勝妙乃至極富麗之佛果境界，要從因地之大乘眞見道始證，次第進修方得。然大乘見道依序有三個層次：眞見道、相見道、通達位。眞見道者位在第七住；相見道位始從第七住位之住心開始，終於第十迴向位滿心；通達位則是圓滿相見道位智慧與福德後，進修大乘慧解脫果，再依十無盡願的增上意樂而圓滿，名爲初地入地心菩薩。眾生對佛、法、僧等三寶修習信心，十信位滿心後進入初住位中，始修菩薩六度萬行，皆屬外門六度之行；逮至開悟明心證眞如時，方入眞見道位中；次第進修相見道位諸法以後，直到通達而得入地時，歷時一大阿僧祇劫，故說大乘見道之難，難可思議。

大乘眞見道之實證，即是證得第八識如來藏，能現觀其眞實而如如之自性，名爲證眞如；此際始生根本無分別智，同時證得本來自性清淨涅槃。乃至證悟般若不退而繼續進修之第七住位始住菩薩，轉入相見道位中，歷經第一大阿僧祇劫中三十分之二十有四的長劫修行，同時觀行三界萬法悉由此如來藏之妙眞如性所生所顯，證實《華嚴經》所說「三界唯心、萬法唯識」正理；如是進修眞如後得無分別智，終能具足現觀非安立諦三品心而至十迴向位滿心，方始具足眞如後得無分別智，相見道位功德至此圓滿，然猶未入地。

此時思求入地而欲進階於大乘見道之通達位中，仍必須進修大乘四聖諦，現觀四諦十六品心及九品心後，要有本已修得之初禪或二禪定力作支持，方得相應於慧解脫果；或於此安立諦具足觀行之後發起初禪爲驗，證實已經成就慧解脫果；此時已能取證有餘、無餘涅槃，方得與初地心相應，而猶未名初地。而後再依十大願起惑潤生，發起繼續受生於人間自度度他之無盡願，不畏後世長劫生死眾苦，於此十大無盡願生起增上意樂而得入地，方得名爲大乘見道之通達位，眞入初地之入地心中，完成大乘見道位所應有之一切修證。此時已通達大乘見道位應證之眞如全部內涵，圓滿大乘見道通達位應有之無生法忍智慧，及慧解脫果與增上意樂，方證通達位之無生法忍果，方得名爲始入初地心之菩薩。

然而觀乎如是大乘見道之初證眞如，發起眞如根本無分別智，得入第七住位，成爲眞見道菩薩摩訶薩；隨後轉入相見道位中繼續現觀眞如，實證非安立諦三品心而歷經十住、十行、十迴向位之長劫修行，具足眞如後得無分別智，生起初地無生法忍之初分，配合解脫果、廣大福德、增上意樂，名爲通達見道位眞如而得入地。如是諸多位階所證眞如，莫非第八識如來藏之眞實與如如二種自性，同屬證眞如者。依如是正理，故說未證眞如者，皆非大乘見道之人；證眞如者謂現觀如來藏運行中所顯示之眞實與如如自性故，實相般若智慧依如來藏之眞如法性建立故，萬法悉依如來藏之妙眞如性而生而顯故，本來自性清淨涅槃亦依如來藏之眞如法性建立故。

如是證眞如事，於眞藏傳佛教覺囊巴被達賴五世藉政治勢力消滅以後，由於時局紛亂不宜弘法故，善知識不得出世弘法，三百年間已經不行於人世。及至時局昇平人民安樂之現代，方又重新出現人間，得以繼續利樂有緣學人。然而，縱使末法時世受學此法而有實證之人，欲求入地實亦匪易，蓋因眞見道之證眞如已經極難親證，後再論及相見道位非安立諦三品心之久劫修行，而能一一教授弟子四眾者，更無其類；何況入地前所作加行之教授，而得具足實證大乘四聖諦等安立諦十六品心、九品心者？眞可謂：「善知識者出興世難，至其所難，得值遇難，得見知難，得親近難，得共住難，得其意難，得隨順難。」如是八難，具載於《華嚴經》中；徵之於末法時世之現代佛教，可謂誠言，眞實不虛。

縱使親值如是善知識已，長時一心受學之後，是否即得圓滿非安立諦三品心及安立諦十六品心、九品心而得入地？觀乎平實二十餘年度人所見，誠屬難事；殆因大乘見道實相智慧極難實證，何況通達？復因大乘慧解脫果並非隱居深山自修而可得者，如是證明初始見道證眞如已屬極難，更何況入地進修之後，所應親證之初地滿心猶如鏡像現觀，解脫於三界六塵之繫縛；二地滿心猶如光影之現觀，能依己意自定時程及範圍而轉變自己之內相分，令習氣種子隨於自己施設之進程而分分斷除；三地滿心前之無生法忍智慧，能轉變他人之內相分；以及滿心位之猶如谷響現觀，能觀見自己之意生身分處他方世界廣度眾生，而使無生法忍及福德更快速增長。至於四地心後之諸種現觀境界，更難令三賢位菩薩了知，何況未證謂證、未悟言悟之假名善知識，連第七住菩薩眞見道所證眞如都只能想像者？

雖然如此，縱使已得入地，而欲了知佛地究竟解脫、究竟智慧境界，亦仍無法望其項背，實因初地菩薩於諸如來不可思議解脫及智慧仍無能力臆測故。縱使已至第三大阿僧祇劫之修行——已得八地初心者，亦無法全部了知諸佛的境界，則無法了知佛法之全貌，如是而欲了知十方三世諸佛世界之關聯者，即無其分。以是緣故，世尊欲令佛子四眾如實了知三世佛教之亙古久遠、未來無盡，以及十方虛空諸佛世界等佛教之廣袤無垠；亦欲令弟子眾了知世間萬法、出世間法及實相般若、一切種智無生法忍等智慧，悉皆歸於第八識如來藏妙眞如性者，則必於最後演述《妙法蓮華經》而圓滿一代時教；是故 世尊最後演述《法華經》時，一仍舊貫而如《金剛經》稱此第八識心為「此經」，冀諸佛子醒悟此理而捨世間心、聲聞心，願意求證眞如之理，久後終能確實進入絕妙難思之大乘法中。斯則 世尊顧念吾人之大慈大悲所行，非諸凡愚之所能知。

然而法末之世，竟有身披大乘法衣之凡夫亦兼愚人，隨諸日本歐美專作學問之學者謬言，提倡六識論之邪見，以雷同常見、斷見外道之邪見主張，公開否定大乘諸經，謂非佛說，公然反佛聖教而宣稱「**大乘非佛說**」。甚且公然否定最原始結集之四大部阿含諸經中之聖教，妄判為六識論之解脫道經典，公然貶抑四阿含諸經中之八識論正教，令同於常見外道之六識論邪見；全違 世尊依八識論而解說聲聞解脫道之本意，亦令聲聞解脫道同於斷見、常見外道所說之解脫，則無餘涅槃之境界即成為斷滅空而無人能知、無人能證。如是住如來家，著如來衣，食如來食，藉其弘揚如來法之表相，極力推廣相似像法而取代聲聞解脫道正法，最後終究不免推翻如來正法；如斯之輩至今依然寄身佛門破壞佛法，而佛教界諸方大師仍多心存鄉愿，不願面對如是破壞佛教正法之嚴重事實，仍多託詞高唱和諧，而欲繼續與諸多破壞佛教正法者**和平共存**，以互相標榜而**維護名聞利養**。吾人若繼續坐令如是現象存在，則中國佛教復興，以及中國佛教文化之推廣，勢必阻力重重，難以達成；眼見如是怪象，平實不得不詳解《法華經》之眞實義，冀能藉此而挽狂瀾於萬一。

如今承蒙會中多位同修共同努力整理，已得成書，總有二十五輯，詳述《法華經》中 世尊宣示之眞實義，因名《法華經講義》，梓行於世，冀求廣大佛門四眾捐棄邪見，回歸大乘絕妙而廣大無垠之正法妙理，努力求證，共為復興中國佛教文化、抵禦外國宗教文化之侵略而努力，則佛門四眾今世、後世幸甚，中國夢在文化層面即得實現。乃至繼續推廣弘傳數十年後，終能使中國成爲全球最高階層文化人士的歸依聖地、精神祖國；流風所及，百年之後遍於歐美社會各層面中廣爲弘傳，則中國不唯民富國強，更是全球唯一的文化大國。如是復興中國佛教文化之舉，盼能獲得廣大佛弟子四眾之普遍認同，乃至廣有眾人付諸實證終得廣爲弘傳，廣利人天，其樂何如。今以分輯梓行流通在即，因述如斯感慨及眞實義如上，即以爲序。

佛子　平實　謹序

公元二〇一五年初春　謹誌於竹桂山居

第十四輯：

《妙法蓮華經》

〈從地踊出品〉第十五（上承第十三輯〈從地踊出品〉未完內容）

這都不是像我們《楞嚴經講記》、《起信論講記》，是一字一句整理下來。這表示 世尊說法時其實是很詳細的，可是結集的時候不可能那麼詳細一字又一字全部記錄下來，古時又沒有錄音機可用。所以就把其中的道理結集下來就行了，那這樣子度人當然是辛苦的，不會是輕鬆的。就像一整部《法華經》，諸位不必一個下午或一個早上，就可以全部讀完了，可是當年為什麼要講那麼久？因為結集下來的都是已經被精簡過了。所以在人間度眾生時，都是要很詳細解說的，因為人類的智慧不夠；可是那一些從地踊出的大菩薩們，世尊往往來到時為他們講一些法，他們自己就可以去思惟整理，然後就通透了某一些總持；像這樣的眾生在度化的時候，輕鬆而又容易。所以「諸眾生等易可化度」，表示不是指人類。（為使前後輯所說義理聯結易解，此段文字從第十三輯最末複製於此。）

接著又講了兩句：「能問諸佛甚深智慧，聞已信行我等隨喜。」說這些眾生們不但性障輕微，定力深厚，智慧開發而易可化度，並且還能夠進一步請問諸佛甚深的智慧。請問甚深的智慧這事情並不容易，因為一般說來，如果能夠領受教導就很不容易了；但這些菩薩們還能夠問諸佛甚深的智慧，這表示他們的修證層次很高。那麼這四大菩薩，聽到 如來說這些菩薩們能夠聞 佛陀所說即皆信受，並且還能夠請問甚深智慧，所以這四位大菩薩們就代表無量數的菩薩們，向 佛陀說：「您所化度的這些菩薩們，都能夠聞已信行；我們這一些菩薩們都隨喜您的教化功德，也隨喜那些被教化的菩薩們在佛法上的利益。」

這就要說回來，人間的眾生跟 佛所度化的那一些不同層次的菩薩們，心態是不同的。在人間，有許多人心中沒有隨喜之想，而有嫉妒之思；但是這一些不同層次的菩薩們，完全沒這個現象，他們有的就是隨喜。在人間，你們常常會看見有人評論別人：「唉！他的證量不過如此啊！」他不是拿法義出來辨正，幫助人家快速提升，而是在跟人家比高下。有時候說：「唉呀！他們信徒也不過才五、六萬眾。」這麼一句話講出來，好像他很偉大；可是等你去探究他的道場時，他的信徒不滿五百眾，（大眾笑…）結果竟然瞧不起人家五萬眾。然後也許談到正覺時就說：「唉呀！正覺？正覺那個道場不會超過一萬人，就只有那麼多而已啦！」問題是，我們這裡增上班中隨便一個人，就抵得外面一個大山頭的大法師和所有信徒欸！不然的話，我從增上班隨便挑一個出來，跟任何一個大山頭的大法師來對話；就讓他們來對話，看他們敢不敢來啊？

所以說，人類會有這樣的想法而不能隨喜善事，而我們止覺同修會從來不跟人家比，因爲比較是沒有意義的！你拿自己的十公斤眞金，跟人家一公噸的生鉛生鐵去比，有意義嗎？人家的生鐵好幾萬噸，他們說：「喔？你的黃金才一噸。」但你跟他們比，有意義嗎？沒有意義欸！但我們不因爲沒有意義，就去瞧不起人家，我們也是隨喜。他們接引初機學人很有功德啊！但不許他們破壞正法，只是如此。所以人類有一己之私，生嫉妒之想；但在天界的菩薩們，或是從他方來到娑婆接受教化的菩薩們，以及娑婆世界下方虛空的無量無數菩薩們，都沒有這樣的想法，對已修大福德、已證大智慧的一切人，全部都隨喜。懂得隨喜才是聰明人，隨喜就會有功德；生嫉妒之想，就減損了自己的功德，那不是很愚癡的人嗎？所以要當個有智慧的人，一定要隨喜；不管那些好事是誰作的，不論怎樣都是要隨喜；只要利樂眾生的功德可以成就，不必一定要在自己手裡成就；所以別人成就時我也讚歎、我也隨喜啊！因爲隨喜就有隨喜的功德，所以這些大菩薩們發言出語，都可以讓我們學習。

當他們用這首偈讚歎完了，世尊就讚歎無量無邊菩薩眾的這四位上首大菩薩說：「善哉！善哉！善男子！你們能夠在我釋迦如來這裡發起隨喜之心。」因爲隨喜之心，一般人不容易發！世尊也要藉這個機會教化人間的大眾：應當隨喜於一切功德，只要隨喜就得一分隨喜功德。所以看人家救護眾生有成績，就讚歎、隨喜，那你也得到一分功德；見人家在法上有所實證，你也爲他讚歎、隨喜，那你也有一分隨喜功德。功德多多益善，永遠都不嫌多；且不說功德，福德也是如此啊！所以應該盡量隨喜，不要有嫉妒之心。

即使 世尊已經福慧兩足了，也都還示現要修福德呢；你看阿那律尊者不是瞎了眼嗎，有一天他要縫衣服，但沒辦法穿針，於是他就呼喚：「旁邊有沒有哪位比丘在啊？想要修集福德的人就來幫我穿針吧！」世尊靜坐時天耳清澈，就去爲他穿針說：「我來幫你穿針，我來修福德。」然後就接過來幫他穿好針再交給他。阿羅漢們的習慣是，人家爲他作事，或者人家布施飲食，他們接受了就要跟人家祝願：「祝你來世如何如何！」但是在祝願以前，得要先問清楚什麼大名，（大眾笑…）就請問：「我要爲你祝願，請問你尊姓大名？」世尊就說：「我是喬達摩啊！」阿那律嚇一跳說：「啊！原來是世尊，您也要修集福德啊？」世尊說：「福德還嫌多嗎？」所以福德不嫌多，功德也不嫌多，能隨喜就盡量隨喜。假使色身不適，大家都努力在作義工，他無法一起作，那就出一張嘴讚歎讚歎也不錯啊！也得一分隨喜功德，這有甚麼不好？

世尊藉這四位上首菩薩的讚歎，隨機教化，讓大家知道說：「於諸佛世尊應當發隨喜之心！」不論諸佛世尊怎麼樣度化眾生，都要發隨喜之心；不論諸佛世尊開示什麼法義，都應該發隨喜之心。這樣子隨機教化完了，接著會不會有人生起個念頭想要請問 世尊呢？因爲這無量數的菩薩「從地踊出」，究竟是從何而來？竟然也說是 世尊的弟子？可是從來不曾見過 世尊教導這些無法計數的菩薩們，這裡面一定有文章，大家心中都有很多疑問要問啊！這時候 彌勒菩薩當然知道大家心中都會生起疑惑，那麼他是怎麼為我們請問的？請看下一段經文。

經文：【爾時彌勒菩薩及八千恆河沙諸菩薩衆，皆作是念：「我等從昔已來，不見不聞如是大菩薩摩訶薩眾，從地踊出住世尊前，合掌、供養、問訊如來。」時，彌勒菩薩摩訶薩知八千恆河沙諸菩薩等心之所念，并欲自決所疑，合掌向佛，以偈問言：「

無量千萬億，大眾諸菩薩，昔所未曾見，願兩足尊說：
是從何所來，以何因緣集？巨身大神通，智慧叵思議，
其志念堅固，有大忍辱力，眾生所樂見，為從何所來？
一一諸菩薩，所將諸眷屬，其數無有量，如恆河沙等。
或有大菩薩，將六萬恆沙，如是諸大眾，一心求佛道；
是諸大師等，六萬恆河沙，俱來供養佛，及護持是經。

將五萬恆沙，其數過於是；四萬及三萬、二萬至一萬，
一千一百等，乃至一恆沙、半及三四分，億萬分之一，
千萬那由他，萬億諸弟子，乃至於半億，其數復過上；
百萬至一萬，一千及一百，五十與一十，乃至三二一，
單己無眷屬，樂於獨處者，俱來至佛所，其數轉過上。
如是諸大眾，若人行籌數，過於恆沙劫，猶不能盡知。
是諸大威德，精進菩薩眾，誰為其說法，教化而成就？
從誰初發心？稱揚何佛法？受持行誰經？修習何佛道？
如是諸菩薩，神通大智力，四方地震裂，皆從中踊出。
世尊我昔來，未曾見是事，願說其所從，國土之名號。
我常遊諸國，未曾見是眾，我於此眾中，乃不識一人，
忽然從地出，願說其因緣。
今此之大會，無量百千億，是諸菩薩等，皆欲知此事；
是諸菩薩眾，本末之因緣，無量德世尊，唯願決眾疑。」

語譯：【這時彌勒菩薩以及諸方來的八千恆河沙諸菩薩眾，心中都生起

這樣的念頭：「我們這些大眾從以往以來，不曾見過也不曾聽聞過，像這樣的大菩薩摩訶薩，數量又這麼多，從大地中踊出而住於世尊面前，合掌、恭敬供養而且問訊於如來。」這時彌勒菩薩摩訶薩，知道八千恆河沙數諸菩薩眾心中的想法，並且想要爲自己決斷心中的所疑，於是就合掌向佛，以偈來向世尊請問說：

「無量千萬億，難以計數的大眾諸菩薩們，是我們以前所不曾聽見或看見的，希望世尊爲我們說明：

這些菩薩摩訶薩是從什麼地方來的？又是因爲什麼樣的因緣而聚集到這裡來？他們的色身都是很巨大，而且神通都非常廣大，他們的智慧也很難令人想像，

而他們的心志以及意念都很堅固而不失去，也都有很偉大的忍辱之力，而且每一個人都是眾生之所樂見的，他們是從什麼地方來的呢？

這些菩薩們的每一位，所攜帶的各自眷屬，數量也是沒有邊際，猶如恆河沙數那麼多。

這些大菩薩們，有的人是率領著六萬恆河沙數的菩薩摩訶薩，像這樣的

菩薩們，都是一心求證佛道；

而這些菩薩大師們，領頭的人就有六萬恆河沙數之多，他們都一起來供養於釋迦如來，並且護持這部《妙法蓮華經》。

從地踊出的菩薩眾之中，也有菩薩是率領著五萬恆河沙數的菩薩摩訶薩，這些率領五萬恆河沙數的大菩薩們，他們人數則是超過率領六萬恆河沙數的大菩薩們：有的菩薩摩訶薩所率領的菩薩有四萬恆河沙數、三萬恆河沙數、兩萬恆河沙數乃至一萬恆河沙數；

也有菩薩摩訶薩率領著一千恆河沙數、一百恆河沙數菩薩，乃至於只有一恆河沙數的菩薩摩訶薩；也有菩薩摩訶薩率領的菩薩摩訶薩有半個恆河沙數、三分四分之一恆河沙數，下至只有億萬分之一恆河沙數的菩薩摩訶薩；

也有菩薩摩訶薩率領的菩薩摩訶薩數目是千萬那由他數的菩薩摩訶薩，或者有一萬億的弟子，乃至於半億的菩薩摩訶薩弟子，這樣的領眾大菩薩們，他們的人數又超過率領五萬恆河沙數菩薩的菩薩數；

或者下至只有率領百萬乃至一萬，一千、一百位的菩薩摩訶薩爲弟子；也有菩薩摩訶薩只率領五十位或者一十位，或者只有三位、兩位、一位法眷屬；

甚至於也有菩薩摩訶薩只有單己一人，沒有率領眷屬，他只樂於獨處；這一些各種不同的菩薩摩訶薩們，全部都來到了如來的所在，而這一些菩薩摩訶薩們，總共加起來的數目，轉轉增上而比那些率領六萬恆河沙數菩薩、率領五萬恆河沙數菩薩……的大菩薩們，人數更是多到無法計算了。

像這樣的所有大眾們，如果有人用細竹枝代表某一數目單位來計算的話，即使經過恆河沙數劫來計算，都還沒有辦法算得清楚啊！

而這一些有大威德，又是很精進的無量無數菩薩眾們，是誰爲他們說法的？又是誰教化他們而使他們成就這樣的智慧與威德呢？

這些菩薩摩訶薩們又是從什麼人那裡初發心？然後稱揚什麼樣的佛法？又是受持和修行誰所教授的什麼經典？他們又是修學什麼樣的佛道呢？

像這樣的諸菩薩們，有大神通、有大智慧力，把四方大地震裂，全部從地下踊出來。

世尊！我從往昔以來追隨世尊，不曾看見過有這樣的事情，希望世尊您爲我們說明他們是從哪裡來的？他們來的那個地方是什麼國土？那個國土的名號是什麼？

我彌勒菩薩常常遊於十方諸國，不曾看見過有這樣的大眾，我在這一些大眾之中，竟然不認識其中任何一個人，而他們忽然從地踴出，希望世尊爲我解說其中的因緣。

如今在這個《法華經》大會之中，有無量百千億，好像他們一樣的大菩薩們，也都想要知道這件事情；

而這些從地踴出的無量無邊菩薩摩訶薩眾，他們的本末因緣，無量功德的世尊，希望您決斷大眾的所疑。」

講義：彌勒菩薩當然要爲大家請問，因爲他自己心中也有所疑；他已經是妙覺菩薩了，妙覺菩薩已經可以稱爲如來了，所以有時候稱爲妙覺如來，因爲只要再來受生，就可以成佛了，都已經完成等覺位的修證了！像他這樣的一生補處菩薩都還不知道，那麼十方虛空恆河沙數國土來的八千恆河沙數諸菩薩眾們，也會跟他有一樣的想法：「我們從往昔以來不曾看見，甚至於不曾聽聞過有這麼多的大菩薩摩訶薩大眾，像這一些人這樣從大地中踴出而住於世尊面前，合掌、供養、問訊如來，這當然是不可思議啊！」因爲連妙覺菩薩都不知道了，何況是大眾呢？所以他想：「我是妙覺菩薩，連我都不知道，其他的菩薩們當然也不知道；而我是釋迦如來座下的一生補處菩薩，我不但統領於一切菩薩眾，也統領於一切聲聞眾；因此由我來爲大眾請示，這個身分是最適合的。」所以請問 如來的時候，不可以隨意發言，要問之前應該先想一想說：「我有這個疑問，我要不要提出來？在我上面還有上位菩薩，他們來問，適合、不適合？如果他們不適合，我再來提出；如果他們問適合，那我就不應該問了。」

向 如來提出問疑時要先端詳一下，不可以貿然發問。那 彌勒菩薩當然知道他最適合問，因爲連他都不知道，其他菩薩當然更不知道，所以由他來代表大家提問是最適合的。這時他知道其他八千恆河沙數諸菩薩眾，同樣會有這樣的想法，也爲自己決疑，當然最好就是由自己出來請問，所以他合掌面向世尊提出他的問題來：「無量千萬億，大眾諸菩薩，昔所未曾見，願兩足尊說：」這就是向大眾表明：不但你們八千恆河沙數他方來的菩薩摩訶薩們不知道，連我妙覺菩薩都不知道啊！所以你們不知道，是正常的。他這麼一問，大家就知道說：「喔！釋迦如來眞的不可思議，因爲連跟在祂身邊的已經幾十年的妙覺菩薩都不知道啊！」大眾的第一個疑問也就解決了。

接著又問：「是從何所來，以何因緣集？巨身大神通，智慧叵思議，其志念堅固，有大忍辱力，眾生所樂見，爲從何所來？」這是他跟所有菩薩們都想知道的問題，因爲從來不曾聽世尊講過有這些菩薩弟子，也從來沒有見過這樣的威神力、大神通力、智慧力，而且又是巨身的菩薩，不是人類這種小身，那他們到底從哪裡來的？既然是釋迦世尊之所度，所以他們能夠爲 釋迦如來在後末世爲大眾宣演《法華經》；既然是 釋迦世尊所度化的，爲什麼從來沒有見過他們？因爲追隨釋迦如來在人間度化眾生幾十年，也沒看過這麼多大菩薩們啊！看過的都是這種人身的菩薩，這些菩薩哪裡來的？

由於「從地踊出」的大菩薩們都自稱是世尊的弟子，可是一向都沒看過、沒聽過，怎麼突然間冒了出來？而且眞的是冒了出來，不是從空中飛過來的，這太奇特了吧！所以要問是從哪裡來的？那到底這些菩薩們又是爲了什麼樣的因緣，所以聚集到這裡來？而他們的色身都那麼巨大，又有大神通力，他們可以裂地而出，踊在虛空中；而他們的智慧又是不可思議的，因爲他們在那五十小劫之中讚歎　釋迦如來與　多寶如來，各有不同讚歎內容；從讚歎的內容裡面，就看得出他們的智慧難可思量啊！如果有人讚歎　世尊的時候，只讚歎說：「哇！世尊巍巍紫金光，三十二相好。」顯然他的智慧不怎麼樣，因爲他只懂得讚歎表相啊！如果這些菩薩們各以不同的法義，是以大家在人間沒聽過的法義讚歎　如來，從他們經過五十小劫的時間讚歎而聽到的那些讚偈就知道：這些菩薩眾們的智慧，難以想像！

從他們的「巨身大神通」以及「智慧叵思議」，就會知道他們的意志對於利樂眾生的志向，以及他們對於諸法總持的勝解和意念，是很堅固而不曾流失；從這裡也看得出來，他們是有非常大的忍辱力。忍辱不是只有忍受眾生的羞辱而已，因爲忍這個法還要有法上的安忍，這是更困難的。「眾生忍」比較容易，法上的忍是很困難的；例如哪一天我突然講一些很深奧的、大家都聽不懂的法，那我在這裡講得口沫橫飛、意氣風發！但諸位的覺受會如何？你的感覺如何？你會覺得很挫折，最後一定會起一個念頭：「老師今天爲什麼要講一些讓我們聽不懂的法，是要教訓我們嗎？還是故意讓我們知道說『我們很笨』？」好！這時候是不是要忍辱？對啊！因為覺得有一些受辱：「啊！沒想到我明心了，今天竟然全部聽不懂。」這就是法上的忍辱啊！名之為法忍。

還有一種就好一點，例如我們講《金剛經宗通》時，好多人一直聽下去，自始至終都好像懂，可是又不懂——每一句話我都聽懂，卻不知道那裡面是什麼意思。那就會有一點挫折感，覺得有一點羞愧：「唉！我為什麼聽不懂？」這時候是不是要安忍？要忍啊！若是忍不下去就說：「唉呀！每一次來聽都聽不懂，反正就是聽不懂，我不要再聽了。」那就是他不能忍，那他的忍辱行一定修不好。如果是等而下之，看到這本書說：「又是蕭平實的。不讀！」他欸！結果隔了一天有人來說：「人家蕭老師說：如來藏是可以實證的！」他聽了心中很生氣：「我出家四十年了，證不到如來藏。嚇！這個人竟然說他證得如來藏，還能教人家證。」心裡面就很生氣，不能忍啊！所以一聽到如來藏呢，他扭頭就走；因為不能毀謗，可又不能講什麼話，顏面盡失，能怎麼辦？扭頭就走！

那時已破參的你，看他扭頭就走，你該怎麼說？你就往他身後撂下一句話說：「汝休去好。」那表示你已經「入如來慧」，他還在門外。這就表示你於此法有忍，他於此法無忍。他於此法不能修忍，證明他的忍辱修不好；他會認爲，你故意推薦他修學如來藏的妙法，就是在羞辱他；但又不好毀謗如來藏，所以扭頭就走。也就是說，越是修證好的人，他的忍辱力就越大，因爲他所能忍的範圍越來越廣了。

那麼這些大菩薩們有這樣的威德力，當然他們的忍辱力也是很大的。當忍辱力大的時候會有什麼現象？忍辱力大的時候，他不會板著一張撲克臉；眾生見了他，都覺得他很有親和力，想要親近，但是親近的時候不會放肆。如果有哪個眾生親近他，卻對他放肆，就表示那個眾生是還沒有入門，或者那個眾生對他的信力還不夠，或者他完全不瞭解這位菩薩的實證，才會這樣。所以這六萬恆河沙數的菩薩摩訶薩，以及他們的眷屬們無量無邊，這些菩薩們的忍辱力是非常高、非常廣的，所以眾生於他們沒有畏懼，見了就想要親近，因此說「眾生所樂見」。

如果有一個大師氣派堂堂，可是殺氣騰騰；他的高傲之心，人家都會感覺到。因爲每一個人都有他的肢體語言，人家很容易感覺到，所以他雖然說：

「啊！我修證不好，如何、若何。」可是他的姿態就讓人覺得他是很傲慢的，等閒之人想要親近他很困難。如何是等閒之人？就是像諸位。如何是非等閒之人呢？帶著支票簿，一開就是幾千萬元的人，那就很容易親近他了！那麼這樣說來，等閒者非等閒，非等閒者其實是等閒，就變成這樣。這表示說，他們那類大師們專門作表面功夫，眾生難以親近啊！可是這一些菩薩們，是「眾生所樂見」啊！這表示他們心地之忍辱、柔和，有智慧而能夠攝受佛土。

「一一諸菩薩，所將諸眷屬，其數無有量，如恆河沙等。或有大菩薩，將六萬恆沙，如是諸大眾，一心求佛道；是諸大師等，六萬恆河沙，俱來供養佛，及護持是經。將五萬恆沙，其數過於是；四萬及三萬、二萬至一萬，一千一百等，乃至一恆沙、半及三四分，億萬分之一，千萬那由他，萬億諸弟子，乃至於半億，其數復過上；百萬至一萬，一千及一百，五十與一十，乃至三二一，單己無眷屬，樂於獨處者，俱來至佛所，其數轉過上。」像這樣的大菩薩數目有多少呢？「如恆河沙等」。這一句其實是比較客氣的說法，因為這六萬恆河沙數大菩薩中，領頭的四位下來就各有六萬恆河沙數的菩薩摩訶薩，大部分人也是各率領六萬恆河沙數；雖然有的菩薩率領五萬恆河沙數，乃至一恆河沙數、半恆河沙數……不等；乃至也有人不喜歡率領菩薩，他就只是單己一個人；那麼領頭的六萬恆河沙數大菩薩及各人所率領的菩薩摩訶薩們，總數加起來眞的很難計算啊！所以說這些菩薩們眞的是「其數無有量」。諸位想一想看，單單是領頭的六萬恆河沙數的菩薩摩訶薩，到底該怎麼算？你只能用恆河沙數作單位來計算，沒有辦法說這是一百個人、兩百個人、幾萬人、幾億人；你沒辦法這樣算，恆河沙就是一個很大數目的一個概數，這樣整個算起來，實在是太多了！

有的菩薩率領六萬恆河沙數的菩薩摩訶薩，一心求證佛道；有的菩薩率領五萬恆河沙數大菩薩，這樣的大師比率領六萬恆河沙數的大菩薩更多，都一起來供養 佛陀，護持《妙法蓮華經》；有的攜帶著四萬、三萬、二萬、一萬恆河沙數的菩薩摩訶薩，一起來供養 釋迦如來，護持《妙法蓮華經》，這樣的領眾大師遠超過率領五萬恆河沙數摩訶薩的大師人數；乃至於有的只有帶領十位、五位、三位、兩位、一位，甚至只有他一個人，他不攝受眷屬，樂於獨處，這樣的菩薩摩訶薩的人數可就更多了。這無量無邊的菩薩從地踊出都來到 釋迦如來面前，這樣算起來當然不只六萬恆河沙數，因為率領六萬恆河沙數的菩薩已經很多了，率領較少摩訶薩的大師人數比率領六萬恆河沙數摩訶薩的大師，人數又更多了，而且每一位都帶領很多的菩薩摩訶薩，這一些大眾真的無法計算。

「如是諸大眾，若人行籌數，過於恆沙劫，猶不能盡知。」假使你把大地上所有的竹子都砍下來，劈成細竹枝，然後斬成一小截又一小截，你就用這些堆積如山的所有竹籌來作計算的單位，當你數完每一億菩薩摩訶薩時，就放一根竹籌；那麼你要算到什麼時候才能算完這些菩薩們的人數呢！當你用這種方法計算超過恆河沙劫以後，把這一些竹籌都給用完，也還是算不完的；對那些大菩薩的數目都還無法全部知道；表示人數實在太多了，無量無邊不可計數啊！

「是諸大威德，精進菩薩眾，誰為其說法，教化而成就？從誰初發心？稱揚何佛法？受持行誰經？修習何佛道？」彌勒菩薩接著又問：「這一些具有大威德而且很精進的無數菩薩眾，是誰為他們說法？是誰教化他們而能成就這樣的大威德？」他們當然是「精進菩薩眾」，因為他們能夠修到那一種層次，如果往昔至今不是很精進就不可能，一定是比我們更精進無數倍，因爲那是經過多劫的修行才能到達的。好，這一些大菩薩眾們都是精進菩薩，他們的修證能夠這樣，一定是有人攝受他們，有人度化他們，有人教導、化導他們，才能夠有這樣的成就啊！沒有誰眞的很厲害說自己努力就可以成就佛道的。

彌勒菩薩把這個問題提出來之後，接著又問：「這一些菩薩摩訶薩們，往昔是隨從什麼人而初發菩提心？」要追究到他們往昔初發心的時候。假使有人自稱成佛了，你就請問他：「你們一群菩薩眾，有誰是阿羅漢？有誰是證悟的菩薩？」然後往上一直推求。你剛剛提出來問時，也許他們還不覺得怎麼樣，你再問他：「你們這一些弟子們，有誰是十住位？有誰是十行位？有誰是十迴向位？有誰是初地、二地、三地？」一直問上去：「您既然成佛了，請問您的左右脅侍菩薩是哪兩位？」你們跟人家問的時候，也不必直接問說：「啊！請問大師您既然成佛了，那您是成什麼佛？」不用這樣直接強問，只需從事相上一一提問就好。

在事相上就有很多可問的了：「請問您成佛了，佛號是什麼？」他說：「我是某甲佛啊。」你就問他說：「您成佛了，爲什麼是在釋迦如來的末法之際成佛？那您是成什麼佛？」喔！這下他不知道該怎麼答了。他如果有智慧，就說：「啊！對不起，我該懺悔。」因爲在釋迦如來的法還在世時不可能有人成佛，得要等法滅以後，才會有人再來人間成佛的嘛！「現在是釋迦如來的末法時期，一直到彌勒菩薩來成佛之前，不可能有誰能成佛，請問您成什麼佛？」他可就窘了。再問：「您的國土是什麼名號？喔！你的國土也是娑婆世界喔？」（大眾笑…）喔！「那請問您的十號呢？」「啊？什麼十號？」（大眾笑…）「啊？您連十號都不懂，那您成什麼佛！」

你可以問的事相其實太多了！就不必跟他爭執說：「你自稱是佛，其實你不是佛。」直接在這上面跟他爭執並沒有意義，他也不會警醒的。所以你就一一地問，慢條斯理問下去，你就好整以暇慢慢地問，他就知道自己根本就是大妄語。那你也不用罵他、不用指責他，只要問他就好，這叫作「以問代答」，簡稱之爲「問答」。（大眾笑…）那他就警醒了嘛！他就可以滅罪啦！如果他敢答說：「我這位弟子是十住菩薩，這位是十行位，這位十迴向位、初地、二地乃至等覺、妙覺。」你就問他：「請問，您這位妙覺菩薩是以前在什麼佛的時候初發心？」你當然要問他啊！他不可以推說：「啊！不行啦！

我只能看到八萬大劫。」他如果敢這樣講，就表示他太沒智慧了，那你就告訴他：「喔！原來你是阿羅漢，不是佛，因爲三明六通大阿羅漢只能看到八萬大劫前。既然是阿羅漢，那我請問你：『你這些弟子中，誰是初果、誰是二果、誰是三果、誰是四果？』」你又有問題可以問他了，反正一大堆的問題可以問，隨便找都有。

所以說，成佛要有成佛的本質，實際上的本質得要拿出來，讓人可以檢驗及證實才行。彌勒菩薩這麼問，有誰能答得清楚？只有 如來啊！所以要問「從誰初發心」？然後這些菩薩摩訶薩們，是稱揚什麼樣的佛法？因爲佛法浩瀚無垠、無量無邊啊！既深廣又勝妙，每一個人各自弘揚一個部分。既然是 世尊所度的弟子，是因爲 世尊說：「我自然有弟子可以來爲我護持《妙法蓮華經》於末法時代，不必勞動你們諸方來的菩薩們。」結果這些弟子們從下方踊出來了，世尊當然得要證明這些弟子們到底是稱揚什麼樣的佛法？這當然得要由 彌勒菩薩來請問的！同時還要請問：「是受持什麼樣的經典？修行誰所授予的經典？」然後再問：「他們平常所修學熏習的是哪個部分的佛道呢？」

「如是諸菩薩，神通大智力，四方地震裂，皆從中踊出。世尊我昔來，未曾見是事，願說其所從，國土之名號。」接著再問：「像這樣的諸大菩薩們，他們的神通，他們的大智慧力，足以把四方大地震裂，全部從大地之中踊了出來。世尊！我彌勒從往昔以來直到現在，不曾看見過有這樣的事情啊！唯願世尊您為大眾開示，讓我們瞭解這些菩薩們是從什麼國土來的？那些國土的名號是什麼？」

「我常遊諸國，未曾見是眾，我於此眾中，乃不識一人，忽然從地出，願說其因緣。」因為：「我彌勒菩薩常常遊於諸佛國，沒有看見過這一些大眾，」是說：「我對於這一些菩薩摩訶薩大眾，竟然連一個人都不認得。」又說：「而他們忽然從大地之中踊了出來，唯願世尊為我們解釋他們的因緣！不但我彌勒菩薩想要瞭解，如今法華大會中的無量百千億的在座所有眾菩薩們，也都想要知道這個事情；而這一些菩薩眾們，他們從地踊出的本末和因緣，無量功德的世尊，我們眞的很希望您為大眾解決這個疑惑。」

「今此之大會，無量百千億，是諸菩薩等，皆欲知此事；是諸菩薩眾，本末之因緣，無量德世尊，唯願決眾疑。」最後提出來的問題是什麼？是這些菩薩眾的本末和因緣。這不是只有解釋事相就行了，連本末和因緣都要解釋出來。也就是說，這不能夠編造，不能杜撰；因為現前看見這樣的菩薩摩訶薩，他們的境界、智慧、忍辱力，以及他們的功德都不可思議啊！這一定有他們各人不同的本末因緣，不可能無中生有，所以他就請世尊來開示這些大眾的本末因緣。可是請示的時候要稍微避一下嫌，免得人家聽了說：「你是在質疑世尊嗎？」所以最後一句要問之前要先讚歎一下：「無量功德世尊。」要記得讚歎世尊有無量無邊的功德，這表示說：「我是恭敬來請問，不是懷疑而問的。」因為佛弟子對世尊是不該有絲毫懷疑的。

那麼這樣子問完的時候，別人難道不會有疑問想要問嗎？當然會啊！就只有一切諸佛不會問，因為都已經知道本末了；但是其餘的人都會想要瞭解啊！那麼接著是有誰提出來問呢？

經文：【爾時釋迦牟尼佛分身諸佛，從無量千萬億他方國土來者，在於八方諸寶樹下，師子座上結加趺坐；其佛侍者，各各見是菩薩大眾，於三千大千世界四方，從地踊出住於虛空。各白其佛言：「世尊！此諸無量無邊阿僧祇菩薩大眾，從何所來？」爾時諸佛各告侍者：「諸善男子！且待須臾，有菩薩摩訶薩名曰彌勒，釋迦牟尼佛之所授記，次後作佛；已問斯事，佛今答之，汝等自當因是得聞。」

語譯：【這時釋迦牟尼佛的分身諸佛，從無量千萬億他方國土來到這個娑婆世界，都坐在於八個方面的那些寶樹之下，各自在師子座上結加趺坐；那些化身佛的侍者們，各個都看見這些菩薩大眾，在三千大千世界四方，從地下踊出來而安住於虛空。於是各人都稟白各自奉侍的化身佛說：「世尊！這麼多的無量無邊阿僧祇菩薩大眾，是從什麼地方前來的？」這時諸化身佛就各自告訴侍者說：「諸位善男子！暫且再等待一會兒，有一位菩薩摩訶薩名為彌勒，是釋迦牟尼佛所授記的，他會在釋迦牟尼佛之後再來人間成佛；他已經請問這件事情了，釋迦牟尼佛如今正要回答這個問題，你們自然將會因此而得以聽聞。」】

講義：這時在會之中有釋迦牟尼佛分身的諸佛，從無量千萬億他方國土回到娑婆世界來，在東南西北等八方所有的寶樹下，各自在師子座上結加趺坐；這些無量千萬億分身諸佛的侍者，每一位侍者都看見這六萬恆河沙數菩薩摩訶薩，率領著無量無邊的菩薩眾，在娑婆三千大千世界四方，從地下踊出，住於虛空。他們覺得很奇怪，所以就向他們所追隨的化身釋迦牟尼佛稟白說：「世尊！這一些無量無邊阿僧祇菩薩大眾，是從哪裡來的？」因爲他們距離釋迦如來很遠，他們並沒有聽見 彌勒菩薩正在發問，所以心裡面有疑，就向所追隨的 世尊請問。這時諸化身 釋迦牟尼佛各自告訴祂們身邊的侍者說：「諸位善男子啊！你們暫且稍微等候一會兒，有一位菩薩摩訶薩名號叫作彌勒，是釋迦牟尼佛所授記，在未來世他是第一位再來人間成佛的菩薩，他已經問了這件事情，釋迦如來如今已經要開始回答他了，你們自然會因爲他的發問而可以聽見。」

說到「釋迦牟尼佛分身諸佛」，這得要請大家再回憶前面所說，在五十小劫之前（佛把五十小劫化作一晌午的時間），在那五十小劫這一晌午之前，再往前、往前，多寶如來坐在七寶大塔中來到 釋迦世尊的法華會上，大眾想要開寶塔的門，想要親見 多寶如來，這時應身佛 釋迦如來應當把十方分身的化身佛都召回來，才可以開門；所以法華大會的現場有 釋迦牟尼分身諸佛，是從無量千萬億他方國土全部都召回來的，都坐在四面八方寶樹下的師子座上，而每一尊化身佛全都有侍者。這些侍者的證量當然不如等覺菩薩，釋迦如來的侍者是阿難，阿難菩薩在捨報前至少有初地的證量，十大弟子之中，他將會最早成佛，所以捨壽前的證量難可思議，可是在第二轉法輪之前他還只是初果人，也是因爲他的本願就是如此。

那麼化身佛的侍者呢，應該是甚麼身分？諸位想想看。陪著化身佛從他方世界回來娑婆世界，他們所奉事的是 釋迦如來的化身佛，不是應身佛 釋迦如來本身，那他們的層次應該是什麼？會不會超越阿難尊者的證量？不可以也不可能喔！這有一定的規格，就好像我們各地講堂製作佛龕，也有規格，一定不能比台北九樓這個大和深，也不能比九樓這個高，都有一定的規格。同樣的道理，佛龕前搭配的講桌是多大？其餘各講堂的講桌就不能比這個大。那諸位想一想，諸化身 釋迦牟尼如來的侍者，證量也不可能與阿難齊等；所以他們沒有那個能力聽聞到 彌勒菩薩向 世尊提出的請問，但因爲他們心中有所疑，當然就得要問啊！該怎麼問呢？要等下週再談了。

今天講經的過程，如果我就像剛才這個聲音，或者不斷地咳嗽，那就得請諸位包涵、包涵了。因爲上週四去台南，規劃新買的第二、第三講堂該怎麼去裝修；因爲台南買了三樓，空間很大，得要隔成兩個講堂，所以台南將來一樣會有三個講堂。因爲那邊天氣蠻熱，又是大太陽，曬到渾身都是汗；然後要回台北，上車時冷氣超涼的，我一時不察，當然也不以爲意，沒處理它；到週末增上班時，痰就一直上來；到了週日就有一點發燒啦！於是筋骨痠痛。所以昨天下午去看醫師，今天還沒好，只能請諸位將就、將就；只要管法樂就好，不要管我這個聲音好不好聽。

接下來說，這些釋迦如來的分身諸佛座下，各自都有侍者；這些侍者各向所奉事的諸分身化佛，請問這些無量無邊難以計算的菩薩大眾，是從什麼地方來的？那麼這個時候釋迦牟尼佛的所有分身諸佛都告訴各自的侍者說：「諸位善男子啊！只要繼續再等候一會兒，有菩薩摩訶薩，名字叫作彌勒，是釋迦牟尼佛所授記，在釋迦牟尼佛之後將會成佛，他已經爲大家請問這些事情，而釋迦牟尼佛如今將會回答他的請問，你們自然將會因爲這樣而得聽聞。」其實並不是只有一個人會這樣想，大眾都會這樣想：釋迦牟尼佛成佛才幾十年，爲什麼有這麼多的菩薩摩訶薩弟子？這些弟子境界不可思議，智慧不可思議，神通不可思議；但釋迦世尊成佛以來才不過幾十年，從來也沒見過祂爲這些弟子們說法，那是什麼時候度來的？所以大家都有疑問，一定會問。由於這個緣故，當然諸化身佛要跟各自的侍者隨從們說明；當然諸化身佛早就知道應身佛 釋迦如來一定會作開示的，所以就這麼回答。那麼接著 世尊怎麼樣答覆 彌勒菩薩的請問呢？

經文：【爾時釋迦牟尼佛告彌勒菩薩：「善哉！善哉！阿逸多！乃能問佛如是大事。汝等當共一心，被精進鎧，發堅固意，如來今欲顯發宣示諸佛智慧、諸佛自在神通之力、諸佛師子奮迅之力、諸佛威猛大勢之力。」爾時世尊欲重宣此義，而說偈言：

當精進一心，我欲說此事；勿得有疑悔，佛智叵思議。
汝今出信力，住於忍善中；昔所未聞法，今皆當得聞。
我今安慰汝，勿得懷疑懼；佛無不實語，智慧不可量。
所得第一法，甚深叵分別；如是今當說，汝等一心聽。】

語譯：【諸化身佛各自答覆侍者後，釋迦牟尼佛告訴彌勒菩薩說：「善哉！善哉！慈氏！你竟然能夠問佛這樣的大事。你們應當共同專精一心，身上要披著精進的鎧甲，發起堅固不退的意志力，如來現在想要把它顯揚、發明、宣示諸佛如來的智慧，和諸佛自在、神通的力量，以及諸佛師子奮迅的力量、諸佛威猛大勢的力量。」這時世尊想要重新宣示這個眞實義，就以偈頌重新講了一遍：

你們應當精進而且專心聽聞，我想要爲大眾演說這件事情；你們大家心中不要有懷疑以及掉悔，因爲諸佛如來的智慧是難可思議的！

你們如今要流注出、顯示出自己的信力，住於安忍善法之中；以前你們不曾聽聞過的妙法，如今全部都應當可以聽聞到。

我如今安慰你們大眾，心中不要對深妙法懷有疑心和恐懼；諸佛如來所說沒有不誠實之語，諸佛如來的智慧也是不可測量的。

諸佛如來所得第一無上之法，非常甚深而難以分別；如今應當爲大眾演說這樣的不可思議之事，你們大家應當一心聽聞。】

講義：這一段經文是釋迦世尊向　彌勒菩薩摩訶薩開示說：「問得好啊！問得好啊！」或者說：「你的善根善力眞是太好了！你的智慧眞是太好了！」連著稱讚兩遍，然後呼喚　彌勒菩薩說：「阿逸多！」「阿逸多」是音譯，意譯過來就叫作慈氏。所以未來彌勒菩薩來人間成佛的時候，如果比照現在中國佛教的規矩，那時的出家人都會叫作：慈某某，不叫釋某某。其實在佛世出家人也沒有改姓，所以文殊還是文殊，普賢還是普賢，大迦葉還是大迦葉，須菩提還是須菩提，迦旃延還是迦旃延，都沒有改姓。傳到中國來以後，因爲出家人若是要出家時，先要得到皇帝的允許，所以傳戒的時候，都是由官方指定的佛寺來傳；皇帝在他的朝廷裡面已經設置了僧官——一種專門管理僧人的官職，凡是寺院想要傳戒，都要事先申請核准。大眾要去受比丘戒、比丘尼戒，也得要經過申請獲得允許；傳戒完了以後，皇帝發給戒牒，就是由那個僧官核發，這樣才算合法，於是戒牒上就寫上釋某某，自然就改姓了。

但這只是在中國的怪象，因爲在印度時，並沒有哪個國王、哪個國家管這個，都是由僧團管理自己。但中國皇帝就是要管很多，什麼都要管。出家人的事本來是僧團自己的事，他也要來管理，眞不知道皇帝這個在家人來管出家人的事幹嘛呢？那麼管到後來習慣了，當了人王竟然還想當法王，最具體的例子就是雍正。既然是由國家來管理，那就統一規定：出家了就改姓釋。

可是在佛世並沒有這樣的事情啊！所以我說的未來佛來人間成佛後的出家人改姓慈，是比照中國的傳統說的，不是比照天竺的傳統，才會說將來 彌勒尊佛正法傳到中國來的時候，大家就要改姓慈了。這意思是說，「阿逸多」翻譯過來是「慈氏」。

世尊讚歎他說：「你竟然能夠請問佛陀這樣的大事情，」為什麼這是大事？這個問題看起來好像也不是很艱深的問題啊！可是 如來竟然說 彌勒菩薩問的這事情是大事，那一定是有特殊的因緣；所以讚歎 彌勒菩薩完了，就吩咐說：「你們大眾應當要共同專精一心，」也就是吩咐大家不要胡思亂想，要專心聽聞；然後又說：「大家都應該被著精進鎧，」意思是說 如來接著要演說的是很難令人想像思惟出來的法，所以要心地很精進的人，才有可能接受，也才有可能聽得懂；「還要發起很堅固、永遠不會改變的堅定的意志，」也就是吩咐大家要完全的信受而不能懷疑。然後接著說：「我釋迦如來如今想要顯發、以及宣示諸佛的智慧等等。」世尊接著說的有四種諸佛的不可思議境界：第一種是諸佛智慧。諸佛的智慧有甚麼不可思議？對於那些六識論者來講：「諸佛的智慧我都知道啦！就是四聖諦、八正道、十二因緣啦，這些我都知道了。」他們認為這樣就是諸佛的智慧。如果諸佛的智慧只有這一些，而他們都知道了，那麼成佛就不需要三大阿僧祇劫啊！一世就能修成的阿羅漢果，他們認為那就是佛果；才會說阿羅漢就是佛，佛就是阿羅漢。

然而諸佛的智慧只有如此嗎？且不說大乘法的智慧，先談談二乘法的智慧；既然他們六識論者都說，諸佛的智慧他們都知道，只有四聖諦、八正道、十二因緣，那接著要問他們：「你們成佛了沒？」以前他們一定會拍胸脯大聲地答出來：「我們早成佛了！」釋印順不就是這樣自己認為的嗎？可是自從正覺出來弘法以後，他們開始退縮了，只剩下一個釋印順很大膽，繼續堅持說他成佛了。所以他自己校閱並且在生前就出版的傳記，才會命名為《看見佛陀在人間》。然而問題來了，他捨報前，我就把《阿含正義》寫出來；而且還那我在書中講的那一些東西，他既然都知道，為什麼他都不曾講過？而且還主張「意識常住」，堅持說細意識就是生死相續心、是常住心；他跟宗喀巴好像是同一張嘴講出來一樣，都說意識是「結生相續識」，意思是說意識是能夠出生五陰、十八界，換句話說就是：意識是能夠出生識陰、出生意識的心。竟然是個沒有斷我見的常見外道。

在他的書中也提過十二因緣、十因緣，那麼這兩個因緣法的關聯是什麼？他爲什麼不講一講？這兩個因緣法各自都有順觀、逆觀，各有白品法、黑品法，他爲什麼不懂？他連二乘菩提都不懂，再要談到大乘菩提，他就更沒轍了。所以我們弘法，在他死前總共有十七、八年了，在書中很多地方都直接指名道姓指劉他的法義錯誤之處，他對我們所說的法卻都不敢回應或評論，這還是已經成佛的人嗎？他那個人最喜歡評論別人，向來無所畏懼，就是不敢談我們；只要有誰評論他，他會立即回應，把對方攻擊到體無完膚，卻不敢回應我們。不但印順無法回應我們，即使哪天有眞的阿羅漢來了，也無法回應諸位明心後所說的眞如妙法。由此可見這個開悟明心的智慧，也是釋印順所不知道的。

諸位開悟明心了，清楚分明地看見印順法師的落處，但是你知道十住菩薩眼見佛性的境界嗎？依舊是不知道，因爲只能想像。自己的佛性在山河大地上是可以看得見的，所看見的佛性竟然是自己的，可是自己的佛性其實不在山河大地上。那麼這到底是什麼道理？諸位明心了也無法想像。然而這只不過是十住菩薩的修證而已，可是十住菩薩並不知道十行位菩薩的修證，十行位菩薩又不知道十迴向位菩薩的修證，乃至初地不知二地、九地不知十地、妙覺菩薩不知如來境界；那麼諸位這樣想一想，諸佛的智慧有這麼容易理解的嗎？顯然是很難欸！

可是正覺出世弘法以前，有好多大師都是誇誇其談，說他們懂得諸佛的智慧，所以講出來的都宣稱是佛法，但是他們講出來的卻都只是「羅漢法」，而且還要加個註腳——錯誤的羅漢法。所以問：諸佛的智慧有那麼容易理解嗎？眞的不容易欸！依我們現在實證的內涵，他們都無法想像，而我們卻也是無法想像諸佛的境界。且不說我們，就說等覺菩薩、妙覺菩薩，他們也無法想像諸佛的智慧啊！所以有一次等覺、妙覺菩薩們請求世尊解說如來的境界，世尊說：「你們不要問，聽不懂的。」大家一直請求，世尊不得已就說：「諸佛如來有十種境界，」境界簡稱爲地，就說：「諸佛如來有十地境界……」然後世尊就開始示現第一種，才示現完了第一種境界，大家都不懂，接著繼續示現第二種，才剛示現不久，大家都無法理解，因爲完全不懂，只好請求佛陀說：「不必再示現下去了。」

連等覺、妙覺菩薩都聽不懂　佛陀的境界，釋印順那些凡夫們，連我見都斷不了的無明凡夫，竟然說他們都知道諸佛智慧了。所以我才會說：證量越高的人，越發堅信自己不能猜測諸佛如來的智慧；證量越低的人，越會宣稱他比別人更知道諸佛如來的智慧；完全沒有證量的凡夫，例如附佛法外道，他們會說：「**諸佛如來的境界我都實證了，並且我比釋迦牟尼佛的境界更高。**」所以彌勒菩薩來人間示現成佛之前，如果有誰宣稱他成佛了，你就知道那一定是個凡夫。我這話可以打包票！每一張包票可以附上十克拉級的鑽戒保證書一樣的保證效力。所以說，在　彌勒菩薩還沒有來人間成佛之前，沒有菩薩敢自稱成佛；只有凡夫才會說他已經成佛了，才會說他完全知道　如來的智慧。

然而我們同修會裡面，從來沒有人敢說他完全知道如來的智慧。因爲在正覺同修會裡面可以比較：「**我已斷我見，可是我還沒有明心，明心者的智慧是什麼？我還不知道。**」那麼後來終於明心了，就說：「**我明心了，可是眼見佛性的境界是什麼？我還不知道。**」後來眼見佛性了，想想說：「**諸位親教師的智慧，我還不知道，我也無法猜測。**」然後又一直比較上去，乃至於聽經、上增上班的課，心想：「我聽平實導師說，諸佛如來的智慧，連他也不知道。這樣一比對下來，就知道我們眞的無法猜測諸佛如來的智慧。」所以在同修會裡面永遠都不會有人自稱成佛。

凡是自稱成佛的人，凡是宣稱他知道　如來智慧的人，他一定會離開同修會，他最後一定待不下去。爲什麼呢？因爲別的同修把深妙法拿出來一問，他就四腳朝天，躺在地上答不來啊！如果不信，在公開場合繼續誇其談，我們親教師有時候也會耐不下性子，乾脆就站出來破了，就把他的謬說全都破光了。所以在同修會裡面，凡是宣稱他知道　如來智慧，宣稱他成佛了，遲早都要離開。那麼從這樣的事例來說明，諸位就知道諸佛如來的智慧不可思議。諸位想一想！文殊、普賢的智慧難可想像；且不說他們啦，再說彌勒菩薩的智慧好了，眞的難可想像，但他們卻都是　釋迦如來所攝受的弟子，單從這個來看，就知道　如來的智慧難可思議啊！

然而　世尊爲什麼要提到這一點？說現在要「顯發宣示諸佛智慧」，而不是講祂自己的智慧？因爲不必講自己嘛！講出諸佛如來的智慧就是這樣時，當然自己也就是這樣的智慧與境界！那麼　釋迦世尊的智慧，是應該三大阿僧祇劫去修行累積實證，才能成就的；而阿羅漢的實證，往往卻只要一世。當然，我說是一世，其實在這裡面也有一部分是方便說，這個稍後再來說明。我們先回到這裡來講：佛地的智慧是歷經三大阿僧祇劫成就的，阿羅漢的智慧一世就可以成就，那麼這兩種智慧怎麼會相等？一定是不相等，而且是天差地別。所以錯把羅漢法當作佛法，錯把阿羅漢的實證、緣覺的實證當作諸佛如來的實證，是很沒有智慧的認知與說法。

話說回來，回到剛才說阿羅漢一世實證，其中有一些是方便說。爲什麼我會這麼說？因爲阿羅漢們從表面上看來，是在這一世被 釋迦如來所度化而成爲阿羅漢；可是這一些大阿羅漢們其實在往世多劫以來，就一直跟隨 釋迦如來修學佛法，他們早就一直在修清淨法，把染污法給修除了！所以前面那一些修除染污法的很多劫過程，到這時候，他們實證菩薩果位的因緣成熟了，所以 釋迦如來在這裡示現，讓他們一世證得阿羅漢果，再讓他們一世進入初地。所以我說大阿羅漢那些一世就能實證，其實也是方便說。就等於說，斷我見之後應該修的斷我執、我所執的過程，提前在這一世見道前的往世就先把它修完。

所以以前有人寫信來質問我說：「難不成見道修道的順序，還可以顚倒著玩？」我說：「就是可以啊！」那也許有人現在心中打了個問號：「你蕭老師說了這個，我不太相信，是眞的嗎？因爲我們看到佛世的大阿羅漢都是只有一世便成就了。」那不然，這樣說好了，不談同修會外那些人，因爲他們都沒有實證！就談諸位好了！你們來同修會三縛結斷了，接著心也明了，佛性也看見了，這實證夠高了吧！對不對？夠高嘛！因爲同修會現在也只有十來個人眼見佛性而已。現在我要問諸位了，這明心加上眼見佛性，不是阿羅漢們所能實證的；除非他們是迴小向大，已經成爲菩薩了；那麼諸位有斷我見的功德，又比阿羅漢多加了兩個功德——明心跟見性，爲什麼今天還不能斷除五上分結？爲什麼還不能取證解脫道的究竟果？這是爲什麼？原因在哪裡？

原因啊！講起來很難聽喔！因爲心性還不太清淨——沒有辦法像阿羅漢那樣清淨。爲什麼呢？這不是你們不好，而是因爲佛陀所度的那些大阿羅漢們，在過去很多、很多劫以來就已經跟隨佛陀在修清淨心性了。所以他們這一世只要斷我見就夠了，當他們斷我見之後就成爲二乘法的法眼淨—

—得初果，然後向 佛禮辭，告退下去以後，在山洞裡坐、樹下坐，在那邊繼續思惟四聖諦，第二天就上來報告 世尊：「我得阿羅漢果，我已自知不受後有。」為什麼會這樣？因為他們可以把我所的貪愛以及我執很快就斷盡了，但那其實是過去很多劫就已經修行過了，不是這一世才修的。這樣，諸位聽完了以後，就不必再臉紅說：「唉呀！我好笨，我好差勁喔！到現在都還不能證得阿羅漢果！」就不必蒙起眼睛來，可以坦然見人，因為佛道本來就是這樣的啊！

但那些大阿羅漢也是一種示現！過去無量世以來就跟著 釋迦如來修菩薩道，只有那幾十位定性聲聞，是來度這一些菩薩們的時候順便度化的。所以那一些定性聲聞，其實說穿了，原本就是 佛陀意外撿來養的野孩子，因此佛陀不承認他們是祂的兒子。反而承認諸大阿羅漢座下的阿羅漢弟子們，已經迴心大乘成為三賢位的菩薩們，都是祂的兒子，但不是往昔多劫就曾跟隨 世尊修學菩薩道，而是跟隨諸大阿羅漢菩薩們修學菩薩道，發心時間當然遠比諸大阿羅漢菩薩們晚了很多。

那麼諸位是很久以來就修菩薩道的人，你們不在滅除染污心性以及斷我執上面用心，都不急著取證無餘涅槃，所以你們是菩薩行者。既然是菩薩行者，現在斷三縛結得法眼淨，然後明心、見性；或者不談眼見佛性，只說明心好了，如今還沒辦法取證阿羅漢果，也是正常之事！所以不但不必羞於見人，而且還應該自豪：「因爲我往昔多劫來，都是修菩薩道；我不是像二乘人一樣專門在斷除我執、斷除我所執上面用心。」所以你們應該拍拍胸脯說：「因爲我是菩薩，所以我現在還沒有辦法、也不想證阿羅漢果。」

本來好像覺得應該羞愧的，是不是？現在可以拍胸脯，堂而皇之地講！這才是正覺的門風啊！而且我常常說：「誰要是開悟了以後，知道無餘涅槃的本際是什麼，就想一心取證阿羅漢果，想要死後入無餘涅槃，我一定會上門去打他好幾棍。」因爲我不想度這樣的人。所以你們沒有斷五下分結、五上分結，我都覺得很正常，我都不擔心，因爲這才是我要度的人啊！如果你們各個都急著斷五下分結、五上分結，那我這二十年接引諸位，豈不是白辛苦了？我度來的人，各個都要入涅槃去，那我度你們這些人幹什麼？那將來我才一走人，我都沒有入涅槃，我又轉生到下一世去，你們倒是入涅槃去了，（大眾笑…）那我不是白辛苦一場嗎？未來世還有誰能來幫我復興佛教？那麼諸位這樣聽完，好像有一點洗三溫暖的感覺，是不是？我在前面好像罵人說：你們到現在都還沒有斷五下分結！接著又說：這才是正常的。剛才還聽到腳底涼起來了，現在又溫暖起來！是不是？

但其實菩薩道本來就是這樣，所以那一些大阿羅漢們過完一大阿僧祇劫，整整一大阿僧祇劫的時間，都是跟著 釋迦如來修學佛法，他們都在菩薩道上用心，並沒有在聲聞解脫道的斷我執、斷我所執上面去用心；到了準備要證果前一段時間，開始修清淨行，那麼往昔所修證的，也因爲胎昧而忘記了，當 釋迦如來開示後，再給一點教外別傳的機鋒，大家就悟得般若了。諸位看看，世尊給的那一些教外別傳的公案，容不容易悟？諸位想一想，比起我們禪三時的老婆心切，那眞的很難悟欸！所以，像我們禪三這樣老婆，能夠開悟的人都還不多，那麼如果 世尊只是拈起蓮花，你們當時若是也在法會現場，你們要怎麼悟入？如果我禪三時也這樣辦，那我就很輕鬆了！我可以每一個鐘頭都來拈花一次。（大眾笑…）

可是那一些大阿羅漢們爲什麼能夠這樣就悟入？有時候 世尊只是以言語的機鋒幫助，也有一些大阿羅漢們就能悟入啊！就像《實相經》那些經文看來好像根本沒說什麼，結果　世尊說祂已經講出來了，那你要怎麼悟入？可是那些大阿羅漢們就在這樣很不容易體會的教外別傳公案中，自己就悟入了；這表示他們過去世就曾經悟過，只是因爲還沒有離開胎昧，所以暫時忘記了；然後　世尊要來這裡示現成佛之前，他們各個都先在這裡受生，等候釋迦如來度化；當　世尊前來示現成佛時，他們就在　世尊座下，把過去世所修的又悟回來，再一步一步往上進修。

所以我說佛世大阿羅漢們的解脫果一生取證，其實也是方便說；只有那一些撿來的不迴心大阿羅漢，以及大阿羅漢座下某些不肯迴心大乘的阿羅漢們，才是一世取證的；但這也還是方便說，因爲他們往往也不完全是一世取證，因爲那一些撿來的一般阿羅漢，很多人是四禪八定具足的俱解脫；那他們四禪八定已先具足，代表什麼意思？代表他們一世又一世已經先把三界愛降伏了，只是因爲我見還沒有斷除，所以無法成爲阿羅漢；那他們降伏三界愛——包括我所的貪愛，這些都不是那一世才修成的，所以我說他們的一生取證四果，也是類似一世修成的方便說。

那麼諸位聽到這裡，就不必覺得赧然；因爲我們是菩薩行者，我們不要急著去斷五下分結、五上分結；先努力爲正法、爲眾生作事，作到後來完全不爲自己設想，私心全部斷了，這時我所的貪愛不存在了，斷五下分結就是水到渠成的事，不必刻意修。因爲我自己，不說往世，我這一世正是這樣完成的；其實應該這樣說：這一世正是這樣恢復過來的。所以這並不需要勉強啊！

但是菩薩道並不重視解脫果的取證，所以斷五下分結的取證，是在入地前才需要。戒慧直往的菩薩在入地前才需要斷五下分結，因此諸位不必覺得赧然。那麼從這裡來反觀，凡夫不知初果的所證，初果不知二果的所證，三果不知四果的所證，阿羅漢不知緣覺的所證，而緣覺得要等到 佛陀傳授了因緣法時才能成爲緣覺，然後緣覺又不知道菩薩明心是悟個什麼，而七住菩薩明心了也不知道十住菩薩眼見佛性的境界；十住菩薩有如幻觀，但也不知道十行位菩薩的陽焰觀；乃至等覺不知妙覺，妙覺不知如來。那諸位想想看，這些「從地踊出」無量無數的菩薩摩訶薩們，他們的智慧難道很差嗎？他們難道沒有自在、神通之力嗎？可是他們爲何仍然追隨 文殊菩薩前來奉事 世尊？這表示 世尊的智慧不可思議！

例如說，在學校裡同學之間，也會互相比較誰比較聰明、誰比較笨；比較笨的就會被笑，聰明的會被尊敬，那麼這顯示大家的智慧都是一樣的嗎？顯然並不一樣。所以有的人很聰明，可是當他遇到某甲同學時，他就閉嘴不談了，那時他開口閉口都說：「啊！請問某甲同學。」這是很容易理解的道理！同樣的道理，這些菩薩們，一個個都是智慧非凡！卻仍然繼續跟著 文殊菩薩同在娑婆世界追隨 文殊菩薩，也就是間接的追隨在 釋迦如來座下受學，那麼由此諸位可以想見 如來的智慧不可思議了。

好！接著要「顯發宣示」「諸佛自在神通之力」，諸佛的自在力我們沒辦法想像，我們在人間看到的是提婆達多推下巨石砸傷了 釋迦如來的腳拇指，但這只是應身如來；可是諸佛如來，還有化身諸佛在十方世界利樂有情，也還有報身佛在色究竟天宮爲諸地菩薩說法，還有自受用身來顯示各種不同的他受用身，隨著諸地菩薩不同的證量，示現不同的他受用身。除了應身佛以外，世尊的這一些法身、報身、化身都不是三界中可壞之法，那麼 世尊當然眞是得大自在啊！應身如來是爲了利樂人類而示現在人間，才來人間受生取得這個肉身，於是人類可以追隨修學；如果諸佛如來都只示現作天身，人類就很難有人可以追隨修學，那麼人間能夠獲得法利的眾生就更少了，所以得要示現肉身才能給人類親近修學。

既然應身佛有肉身，而肉身是無常的，當然是可以被毀壞的，因此釋迦佛的肉身是由密跡金剛所保護的。可是腳拇指終究是被提婆達多推下來的巨石給砸傷了，但那是有過去世的因緣存在；不是誰今世刻意想要傷害任何諸佛的肉身就可以達到的，因爲那是有往世的因果；那麼由這裡就可以看出來，釋迦如來即使是應身的五蘊，仍然是很自在的。如果是報身如來 盧舍那佛，那是住於色界頂，凡夫位的四禪天主都還見不到；至於可以見得到 如來的五不還天有情，卻都是實證三乘菩提的聖者，更沒有誰敢去傷害！因爲如果有害心的人，就不可能生到四禪天去，更何況能受生到色究竟天中？

而且色究竟天裡面住的都是諸地菩薩，這些菩薩們還可能起害心而害如來嗎？那根本不可能；當然也不可能有人來質問 如來法義說錯了，因爲大家都有很多法義還是聽不懂的，何況是質疑！所以報身如來在色究竟天宮也是得大自在啊！那麼法身如來無垢識顯現出的自受用身，是唯佛與佛乃能見知，等覺、妙覺菩薩還見不到，又有誰能傷害？難道諸佛會互相傷害嗎？

不可能。因爲連傷害的習氣種子，都已在成佛前的一大阿僧祇劫就斷盡了，當然不可能有害心！所以諸佛如來由法身所示現的自受用身，當然也是完全自在。

如果是示現給諸地菩薩親見而爲諸地菩薩開示的他受用身，那是諸地菩薩求之不得，恭敬禮拜讚歎然後跟著受學，更不可能來傷害；所以諸佛如來有這種大自在，卻是很少人知道的，這也應該爲大家「顯發宣示」。並且諸佛如來的神通之力，不是妙覺、等覺菩薩所能想像的，更何況是一般的菩薩們呢！那麼諸佛如來的神通之力，我們如果要舉述就太多了；而且經中的記載太多了，我們就不用一一舉述。單單說一個典故就好了，有一個外道很厲害，看見死人的骨頭，他拿根拄杖敲一敲，聽聲音就知道：這個人往生到哪裡去，往生後是男生還是女生，這付骨頭在生前是男的或是女的，死前是如何。可是遇到某一付骨骸，他再怎麼樣也無法弄清楚，世尊就說：「阿逸多！你來告訴他。」彌勒菩薩就把骨頭敲一敲，就全部告訴外道。

可是諸位想一想，這到底是什麼神通？聽也沒聽過，我想很多人都沒聽過這個典故。實際上有很多神通之力是 如來獨有；因爲 彌勒菩薩雖然告訴那外道，可是他也仍然有許多法是不知道的，仍然需要 佛陀開示啊！因此諸佛的神通之力難以想像。一般人都想：「我知道，神通就是那五種。」可是那五種只是個表顯的、粗糙的表相而已，繼續發展下去還會有很多神通，都不是我們所知的啊。而這種諸佛的神通之力，也是應當「顯發宣示」給大家知道；這樣大家聽了以後就不會得少爲足，就可以繼續奮發精進，就不會懈怠。

所以先告訴大家要「被精進鎧」，因爲如果不能「被精進鎧」就發不起「堅固意」，有可能修個三年，就去玩三年；然後想一想，覺得吃喝玩樂也沒意思，又回來再修。我們就遇到過這樣的同修，所以有人明心以後告個長假，我們也接受！因爲有時候覺得身體累，倒也還好，心累可就是眞的累了，所以我們都接受。哪一天想要回來，我們也接受，他只要向教學組寫個簡單的報告，表示想要回來增上班，那麼我們的記錄中，查清楚他確實是已經明心的人，馬上就補發上課證，全都免費；而且一週之內一定可以拿到，所以只要向教學組報告了以後，下回增上班的上課時間就可以直接來上課。那麼來上課的時候，如果遇到了我，或者遇到我們外面守護的菩薩進來問我時，那我看見了就說：「對！他明心了，還沒有拿到上課證，也可以進來上課！」因爲這是家裡人，家人回來了爲什麼要拒絕，這就是我們的態度。所以明心後，要請個長假，十年、十五年都隨便，（大眾笑…）我都同意，只要後來在五欲裡面覺得膩了，隨時可以回來，不必理由，都不必報告什麼理由。

但是他的道業進展確實會因此而拖延了，比起一直都在增上班精進共修的同修們，確實差了好大一截，因此勸大家不要得少爲足。但是得少爲足的人，往往不是因爲法貪不夠堅強，而是因爲覺得佛法浩瀚廣大：「我已經證悟這麼多年了，都還學不完。」所以學到後來覺得心好累！可是諸位要瞭解，佛道本來就是三大阿僧祇劫的事，哪有可能一世給你學完？我自己都沒辦法一世學完，他卻想要一世就學完，哪有這個道理？他比我厲害啊？乾脆我拜他爲師好了。（大眾笑…）眞的啊！如果他一世就能學完，表示他已經成佛啦，我當然拜他爲師。

那麼接下來第三個要「顯發宣示」的是「諸佛師子奮迅之力」。這是說諸佛都具足觀禪、鍊禪、熏禪、修禪。這意思就是說禪定的實證，諸佛都是具足而無遺漏的。一般人打坐時可以離念，沒有語言文字出現時，往往就覺得自己很行、很厲害；然後不管見了誰，他都是下巴抬得高高的。他覺得自己好厲害，大家都不如他，於是他就宣稱修得第四禪了；可是證得禪定的菩薩住在初禪、住在二禪中，他會想：諸佛的禪定不可思議。只有誤會的人會認為他的禪定不輸給諸佛。有實證世間禪定三三昧的人，他經歷過欲界定、未到地定、初禪，然後是二禪前的未到地定，再到二禪，他馬上就會瞭解，這個距離很長遠。對一般人來講，欲界定很容易證，可是未到地定就很難了！因為一般人煩惱很重，不管什麼時候都是一大堆的掛念與思惟啊！所以你叫他靜下心來，根本沒辦法。

那麼好不容易有人教導修定的方法，所以他終於可以得到未到地定，但是這個未到地定也有深淺差別啊！淺的未到地定是可以不再生起語言文字妄想，而且是很長時間不會生起；可是人家深的未到地定，他坐著、坐著、坐著……眼睛忘了眨，然後就睜著眼睛而忽略掉色聲香味觸，就變成視而不見、聽而不聞，這才是最高層次的未到地定。這就是智顗法師講的：打坐的時候三分眼看著地面，坐到後來「不見頭手床敷」。自己的頭本來就沒看見，可是眉毛稍微有一點影子，因為你眼睛的餘光會看到眉影；然後你打坐時下巴壓著，你那時三分眼的餘光會看見手。但是坐到深入未到地定時，不見頭手、也不見所坐的禪床；連膝蓋上面遮護著的毛毯，也都沒看見了。這時就是視而不見、聽而不聞，這才是最深層的未到地定。可是天下有幾個人證得這種未到地定？

台灣佛教界以前有人宣稱證得初禪、二禪，但他們也沒有修得這種未到地定，怎能說是已得初禪、二禪的人？而我並不是專門修定的人，我是參禪的人，參個話頭，參到後來什麼都不見了，也沒看見，這也一樣是未到地定；那時只有一個話頭在，結果後來竟然沒看見、沒聽見，但自己並不知道；直到最後聽到引磬「鏗！」一聲才出了定，又看見色塵、聽見聲塵了。「欸！原來剛才我睜著眼睛竟沒看見！」出定的第二個剎那是要幹什麼？是要眨眼睛。可是眼皮眨不下來，因為乾了。你們能不能練習看看一分鐘不眨眼睛？不能，但這才只是未到地定的最深定而已，還沒到初禪。

好，接下來從未到地定進入初禪，這又是一個很長的距離。以前台灣南部有法師宣稱說他已得初禪，可是檢驗的結果呢，其實沒有！連未到地定的深定都還沒有，搞不好只有欲界定。但因為他讀過《阿含正義》中對三果的描述，他想要顯示他已經證得三果，就說已得初禪。那北部也曾有居士宣稱證得二禪，可是檢驗的結果呢？也不是，只是一念不生而已。可是證得二禪的人就會知道，從未到地定到初禪是一段很長的距離，那個距離爲什麼很長？因爲要降伏欲界愛，很困難。因爲只要有一絲一毫欲界愛沒有降伏，他就進不了初禪；欲界愛就是色聲香味觸、財色名食睡！所以他必須知道說：「就是要把這欲界相應的五蓋給斷除了，才有辦法發起初禪。」否則每天在那裡「坐中不見頭手床敷」都沒有用，那只能叫作「冷水泡石頭」：把那個石頭放在冷水裡面，泡到一劫以後它還是石頭。

可是從初禪之中想要捨離就不容易啊！因爲一般人的下意識裡面（其實還談不到下意識，因爲一般人所說的下意識，其實應該類似我們講的意根；但此處他們說的仍不是眞的意根，仍然是在意識的層面裡），他會掙扎著，不想把初禪捨掉；因爲初禪境界中有快樂啊！他捨不得，所以要他捨掉很困難。然後終於下定決心把它捨了，才能夠進入二禪前的未到地定中。在這裡面要繼續捨，把初禪的貪愛捨乾淨，然後那個未到地定還要更深厚，比初禪前的未到地定更深，最少要加一倍的深妙，他終於才能夠進入二禪。因此他知道說，降伏欲界愛或者斷除欲界愛，對人間眾生而言很困難。所以說，修未到地定很困難，發起初禪更困難，但是從初禪要到達二禪又更困難，他知道這個道理。

接著來想一想：三地滿心菩薩是四禪八定具足，可以取證滅盡定，卻不取證，從來不住滅盡定中；這就表示說，從二禪到三禪、四禪，然後到四空定，把非非想定也完成了，可是這樣算很厲害嗎？還不夠厲害，還要修慈無量心，以及悲無量、喜無量、捨無量心。那五神通就不談它了，可是這樣夠厲害了嗎？也不然，因為五地、六地菩薩更厲害，可以很快速地從初禪到二禪、三禪、四禪、空無邊、識無邊、無所有、非非想處，然後照那個順序很快又退回來，他們的速度很快。若是一般具足四禪八定的四地菩薩呢，從初禪要進入二禪，得要經過五分鐘、十分鐘，甚至有的遲鈍者要達到半個鐘頭，才能到達二禪；若是想要轉入三禪中，他也許要再坐半個鐘頭、二十分鐘，就這樣慢慢去轉變境界，最後才能到達非想非非想定。但五地、六地菩薩可不一樣，是很快速地來來去去，很自在而無所障礙。那你三地滿心具足四禪八定，能夠跟人家炫耀嗎？不行啊！因為等你從非非想定再退回初禪的時候，人家已經來回幾十遍了，這個就叫作「師子奮迅三昧」。

諸佛如來示現捨報入涅槃的時候，都是這樣示現，因為諸佛如來平常都是住於初禪中，行住坐臥中，除了眠熟以外都住於初禪中，捨報時是從初禪二禪三禪次第往上直到非想非非想定，再從非非想定次第退回來初禪，然後從初禪再來到四禪——初禪、二禪、三禪、四禪，然後在四禪示現入涅槃，這是「師子奮迅三昧」。入地以上的菩薩們平常都住於初禪等持位中，但在三地滿心前並不具足四禪八定，當然沒有師子奮迅三昧，得要到五地滿心以後才會去修證這個三昧。可是 如來只有這個禪定嗎？不是欸！如來教導菩薩們禪定怎麼玩，禪定可以玩呢——從初禪直接進入四禪中，然後從四禪直接出定；有時從初禪入非非想定，從非非想定跳過來，直接跳到四禪。就是可以這樣跳來跳去，那禪定得要多好？那你如果把四禪八定具足了，可以炫耀嗎？當你知道如來是可以這樣—當然七地八地菩薩們都可以這樣—那你會覺得說：「我這個四禪八定雖然具足了，也還是不能在他們面前提。」因為你在他們面前提起來說的時候，諸地菩薩嘴角會微微地笑著；你就知道說：絕對不會是講我什麼，可是他們會微笑，意思一定是說：「欸！你這個算不錯了，但是不要在咱們眼前賣弄。」這就是「諸佛師子奮迅之力」！

那麼接著說「諸佛威猛大勢之力」，這個「威猛大勢之力」是把智慧、自在力、神通力以及禪定力匯集起來產生的。它不是一個單純的威德力。諸佛之所以有「威猛大勢」，第一就是因爲智慧；且不說三賢位和諸地菩薩，即使等覺、妙覺菩薩們，見了佛都好恭敬，因爲心中都知道：「諸佛如來是自己之所依止。」在智慧上還要繼續隨從諸佛如來受學的。那麼請問，假使你今天是等覺菩薩，當你遇見了諸佛，知道是你的老師，那你在老師面前會耀武揚威嗎？當然不可能！同理，你座下的十地菩薩敢在你面前耀武揚威嗎？也不敢啊！那麼初地菩薩敢在二地菩薩前耀武揚威嗎？也不敢嘛！那三賢位當然不敢對初地菩薩耀武揚威。大家從這些事相一看，心想：「喔！一個尊敬一個，最高的妙覺、等覺菩薩都對諸佛那麼恭敬。」那麼還有誰敢對諸佛放肆？這就是智慧產生的「威猛大勢之力」！

例如我早期有時會去拜訪別人，那法師也算蠻有名的；我當年去拜訪時，還向他頂禮，並且供上紅包供養，然後就座奉茶；但在談話的時候我發覺他—他很鎮定—可是我發覺他與我說話時嘴角在抖動。這是爲什麼？我這個人個子瘦瘦小小的，而且我年紀比他大，我又沒什麼力氣，從小身體不是很好！他怕我幹什麼？根本不用怕我啊！因爲若是打架，我一定打不過；吵架，我也罵不過對方，那他到底怕我什麼？正是因爲我有智慧嘛！所以智慧是「威猛大勢之力」的第一個源頭！

接著就是有「自在力」。諸佛是無人可以傷害的，外道們有神通，自己仗著勢，來向 釋迦如來挑戰；也有外道跟 釋迦如來論義之後，不肯認輸——他回答不來卻還不肯認輸，這時密跡金剛就突然現身，身量非常高大威武，手中拿著金剛杵說：「你再不答覆，我就把你的頭碎爲七分！」當然那外道嚇出一身冷汗，他想：「這不是我能對抗的，我差太多了。」只好認錯。有的外道是因爲向 如來挑戰，但因爲 如來不會示現憤怒的模樣，如來永遠都是示現很慈悲的，可是在慈悲之中帶著很厚重的威嚴，讓人會懼怕，導致弟子們一方面想親近，可是一方面又不敢放肆。眞正見過 如來的人都會有這個感覺，這就是因爲 如來不可傷害。這個畏懼之心是從 如來的「自在力」而引生出來的，那外道竟然爲了名聞利養，強行抑制恐懼心而拒答，沒想到還有護法密跡金剛會示現。

那麼如來的「神通」呢？如來很難得示現神通去制伏外道；如來若是示現神通，都是爲了說法證信，都是有因有緣而示現神通放光，去他方世界與某一佛菩薩接觸，講出與那位佛菩薩的往世因緣，來顯示現前某人的往世因緣，以這個神通來作證明。不然就是像度迦葉他們三兄弟，想要成立僧團；就是度了五比丘以後，認爲應該接著度化迦葉他們三兄弟，才能擴大僧團力量，利益更多有情。可是那大迦葉慢心重，很難降伏，因此 如來爲他變化了好多神通，最後才把他收服。但這是爲利益眾生，不是跟人家比高下。然而諸佛如來的神通，有誰能眞實知道？其實沒有幾個人能眞的知道。因此外道是懵懂無知才敢向 如來挑戰神通，太不自量力了！要跟人家挑戰之前，先要對自己的能力衡量一下才對；但外道們根本不懂 如來的神通力，也都沒有量一量自己的能力，就前來挑戰。即使量過自己的神通力了，也得要再量一量對方的神通啊！

那外道們總是只看表相，心想：「釋迦如來才三十幾歲，都還不到四十歲，他的神通會有多厲害？」不曉得人家是三大阿僧祇劫修來的。但 世尊通常不示現神通來降伏外道，都只從法上來說，需要對外道示現神通時，反而都由密跡金剛去處理。然後外道看到 釋迦世尊背後有極大威勢的密跡金剛護持，而密跡金剛對 世尊那麼恭敬，他們就知道：「釋迦世尊的神通威德之力絕對遠遠勝過密跡金剛。」於是 如來就有這第三種「威猛大勢之力」。至於師子奮迅三昧之力並不是外道所能知道的，乃至「修禪」——也就是跳躍式的超越三昧，從初禪跳到非非想定，從非非想定跳到二禪出定；像這樣跳來跳去，這外道根本無法想像。由究竟位的智慧，經由這樣的禪定的功德，再加上四無量心的廣大功德，造成了諸佛如來另一種「威猛大勢之力」。

可是還有一種「威猛大勢之力」諸位也許遺忘了，就是諸佛如來三大阿僧祇劫利樂無量無邊有情，因此擁有無量無邊的大福德。在天界，誰要服誰呢？那就是比福德大小。同樣在初禪天中，誰的福德大就由誰去當天主；同樣的，在二禪天乃至四禪天也都是一樣，就看福德。這樣講也許諸位不太能夠理解，那麼我們講一個典故好了，世尊即將示現涅槃，有比丘就請問 世尊說：「世尊啊！您要入涅槃了，那我們將來修道的資糧怎麼辦？」世尊就說：「你們都不用擔心，我釋迦如來歷經無數阿僧祇劫修集福德，才能圓滿三十二種大人相。我這三十二種大人相的每一個好相，都是經由三大阿僧祇劫精勤利樂有情去修來的，所以我離開你們之後，隨便我的任何一個大人相所具備的福德，就夠我的末世遺法弟子們吃喝不盡，受用不盡！」

事實也是如此，你們看佛教的出家人，再不濟，週末跟週日去托個缽，也可以過一週的生活吧，一定沒有問題，絕對餓不著他。除非他野心很大，沒有福德、沒有人才、沒有信徒，偏要去弄一大片地，買下一兩百公頃地，想要蓋個金鑾寶殿，那叫作自不量力！否則都不應該有負債。因爲世尊的每一種大人相，都足夠後世末法弟子享用不盡，只要其中一種就夠了，都還綽綽有餘！而且那一個大人相，耗費不了千分之一、萬分之一、億萬分之一的福德，因爲那都是三大阿僧祇劫修集福德成就的。

那麼在天界誰的威力比較大？就是福德最大的人威力最大，在天界就是這樣，欲界天更是如此；在色界天還要加上禪定的實證，還得要看定福；可是在欲界天完全依行善的福德來比較，因爲欲界定很粗淺，沒什麼可以比較的。所以三大阿僧祇劫修來的無量無邊廣大福德，這是天界的一切天主天人所恭敬奉事的，由這種廣大福德就會產生「威猛大勢之力」。那也許諸位還沒想到的另一點，就告訴諸位吧，想想看：三大阿僧祇劫利樂無量無邊的眾生，那麼有多少眾生還不曾被祂布施過？很難找得到啊！有一句俗話說得好：「吃人的嘴軟，拿人的手短。」曾經拿過人家布施的財物，就沒有辦法伸手去打對方啊！曾經吃過人家的食物，就不好意思再動嘴罵人家！如果吃了人家的、拿了人家的，還可以罵人打人，那這個人就不叫作「人」。

所以，三大阿僧祇劫不斷地修集福德下來，更何況 世尊修學佛道不是只有三大阿僧祇劫，當然有好多數不盡的眾生都被 世尊利樂過，那他們見了釋迦世尊的時候，是不是會有一種不自覺的感恩或敬畏之心？一定這樣嘛！對於往世的恩人，他們在這一世也許忘了，可是往世的種子必定存在！所以縱使他這一世在為人說法，但 釋迦世尊示現以後，證明他的法錯了，因此損失了名聞利養，心中有怨，可是真到相見的時候，那個種子流注出來相應了，自然就會有一種恭敬或者畏懼之心。那麼 世尊這個福德太廣大了，因為太廣大所以會形成「諸佛威猛大勢之力」。所以說，你如果夢見了如來，或者定中親值如來，結果你覺得那個如來沒什麼威德，就可以確定那是天魔化現的，因為諸佛如來威德都很重。那麼諸佛的威德就是從各個方面這樣成就，所以有「威猛大勢之力」，任何人見了都不敢放肆。

世尊說：「我如今想要顯發和宣示諸佛的智慧、自在之力、神通之力、師子奮迅之力、威猛大勢之力。」這樣表達過了，想要加深大家的印象，所以用偈重新說了一遍，吩咐大家說：「應當要精進一心，」就是說 世尊即將宣說諸佛如來種種不可思議境界時，大家要以精進心來聽，別錯過任何細節，也要發願將來同樣獲得諸佛如來的不可思議境界。既然這樣發精進心，當然就要聽清楚，不可以遺漏，所以要一心聽啊！那麼 世尊說：「大家要精進一心來聽，我準備要爲大家宣說這一些事情，可是大家聽聞了以後，心中不要有懷疑，也不要有掉悔，因爲佛地的智慧很難以想像的。」

一般人總是對經中所說產生懷疑掉悔。懷疑是因爲心裡面想：「這個我根本讀不懂，是眞的還是假的？」又想想看：「我非常有智慧呢！所以我能開設這麼大一家公司，員工有幾百個人。」喔！現在員工幾百個人已經不算大了，那郭台銘在大陸的員工可就多出很多倍了，聽說他在巴西又要設廠了，那才是大公司。幾萬個人就算大公司？好啊！這老闆夠聰明了吧？夠！可是呢，佛經依舊讀不懂啊！有的人想：「我是大學的哲學系教授欸！這佛經、中國字，我每一個字都認得；」尤其是有人想：「我是國文（導師把『國』

字發音為『鬼』）教授啊！（大眾爆笑…）我的文學底子非常深厚，怎麼可能讀不懂佛經？」可是，經中每一個字都認得，意思卻沒有眞的懂！往往自以爲懂了一部分，大部分不懂，心裡面就想：「這部經典應該是後人編造的，故弄玄虛！」他會這樣想。好啊！因爲這樣想，又反思自己說：「我多麼有學問！我對佛學、對佛教深入研究十幾年了，以我大學國文系教授的智慧，以我大學哲學系教授的智慧，我怎麼可能會讀不懂？證明這大乘經典一定是後人編造的，故弄玄虛讓人家讀不懂！」生起了這樣的懷疑，然後他就開始否定；總是自以爲是，認爲說：「我所知道的一定是這樣。」所以他就開始否定大乘佛經。以前不是常常有人否定如來藏嗎：「那些大乘經中講的如來藏，全都是外道神我，沒有眞正如來藏這個心可以實證。」然後又說：「如來藏，那只是後人從意識中細分出來的。」喔！他心中所知的如來藏就變成意識心了，眞是自作聰明！

這就是「疑」，由於對法的疑、對 如來的疑，再加上本來就有慢心，導致他們開始自以爲是。所以單是一個簡單的明心，所證的如來藏或者眞如，他們就已經弄得七葷八素啦！眞的亂成一團。到最後不是七葷八素，而是葷與素都分不清楚了！所以我們剛出來弘法說「有如來藏可證」，整個台灣佛教界皆未之信——都不敢相信哪！沒辦法了，我該怎麼辦？眼見了義正法已經快滅沒了，我得要把正法推出去，就是要吸引諸位來上鉤啊！雖然我這個鉤子沒有鉤，因爲是直的，但就是要吸引諸位咬住不放，所以我開始要求大家寫見道報告，公布出去吸引大眾來繼承這個妙法。

最早期剛開始弘法時是沒有寫見道報告的，後來我開始要求寫出來，終於漸漸有些精采的報告，附載到我們流通的書籍後面。然後漸漸地有人不信邪，繼續寫文章挑戰；挑戰的結果，我們證明如來藏妙法就是這樣眞實可證、勝妙無上，所以佛教界才開始信受。但是 世尊說的這個就很難信受了，何況是 如來自住的境界。因爲從來沒有人見過 如來的自住境界，即使是諸地的境界，大部分人都沒見過、不知道，所以很難信受；聽聞之後往往會有懷疑，這都是正常的。

後來終於被一大群菩薩說服而信受了，可是他心中還有「掉悔蓋」；被掉悔這個惡劣的心所法給遮蓋，所以信受幾年以後又開始懷疑，又悔恨說：「唉！我浪費了三年多，去學佛法結果都無所證，應該是假的。如果是眞的，應該可以實證啊！」他都不想自己的性障修除了沒有，自己親證佛法的福德修足了沒有，定力修起來了沒有；都不思量自己的道糧夠不夠，就只會推說佛法是假有的玄學，不可實證，所以他就開始懷疑，於是就退轉了。這就是掉悔蓋還沒有滅除！否則他一定會開始檢討自己還欠缺什麼條件，去把它補足起來。那麼掉悔的事情，其實是很平常的，所以如果你們度了某一些人來同修會學法，而那一些人可能有一半後來離開了，不信受正法，這其實是正常的；因爲佛菩提妙道的實證本來就非常困難，因此他們懷疑而掉悔、而離開，都是正常的。

想想看，在華夏地區，再把日本也納進來好了！這四、五百年來，除了在西藏覺囊巴的篤補巴開始，到多羅那他爲止，華夏地區包括日本——大乘佛法地區，有誰實證了如來藏？都沒有啊！正因爲祂的難實證，就導致很多人懷疑。諸位看看那雍正皇帝，他那腦筋多厲害，據說他老爸寫的御書明明寫著「傳十四子」，他可以把它竄改，還特地加上滿文、蒙文，然後再偷偷放上去，變成「傳于四子」，江山就變成他的了；然後他用盡計謀去把兵權搶過來，最後再把兄弟們抹黑，所以有的兄弟被叫作「阿奇那」。滿州話「阿奇那」傳聞叫作豬，他罵自己的兄弟是豬；他的兄弟是豬，那他老爸是什麼？（大眾笑…）對啊，就這樣罵啊！要罵自己的兄弟，也先看看老爸是什麼身分，但他就編造一些故事去抹黑，來鞏固自己的政權。

而且，人家弘揚第八識如來藏妙義，他就說人家是魔；爲了貶抑如來藏妙義，他還寫了一部書，叫作《揀魔辨異錄》。他夜夜精修雙身法，以一念不生作爲眞如，打壓如來藏妙法，其實他自己才是破壞正法的魔，竟還出書說人家弘揚如來藏的菩薩們是魔。那諸位從這裡就可以想見，如來藏的實證是多麼困難；所以說，能夠進到正覺同修會來，眞的不容易，因爲單是信受都很難啊！而諸位能信受甚至能實證，還可以悟後往前進修，這只能夠說是善根深厚，否則是不可能的。

因此說，進到同修會來學，或如古時候在禪師座下悟得如來藏，最後疑悔而退轉謗師，也是時有所聞的。古時常常有弟子對師父忘恩負義的事情發生，後來遭受到果報被人記載下來的也不少，正是現世報啊！因此對於如來藏的實證，古來就已經發生有疑有悔的事了，那諸位想一想，諸佛如來這種不可思議的境界，如何叫人聽了不疑不悔？確實很困難。所以特地要爲大家聲明「佛智叵思議」！因爲諸佛的智慧境界難可思議，所以眾人聽了以後會疑會悔，這其實是正常的，沒什麼不正常。現代那些六識論的應成派中觀師釋印順等人，以及所有密宗的上師、喇嘛們，不都是堅持六識的嗎？他們不都堅持意識是能出生名色的心嗎？最典型的代表就是宗喀巴，認定意識心常住，才會堅稱意識是結生相續識。釋迦如來早就知道一定會有人心生疑悔，所以先要說明原因；因爲諸佛智慧的境界很難以思議，所以先交代大家不要有疑有悔。

接著吩咐說：「汝今出信力，住於忍善中；昔所未聞法，今皆當得聞。」這是說：「你們如今要把對諸佛如來的信力拿出來，要住於安忍的善心所之中；」也就是對於諸佛如來不可思議的境界，要能夠接受而且安住下來；能夠接受而安住下來，這就是住於安忍的善法之中；「如果能夠拿出信力住於忍善法之中，那麼過去我所未曾對大家演說的深妙法，如今大家都將可以聽聞。」這就是說，釋迦如來在人間說法四十九年所說的，其實很有限；因爲有太多的不可思議法，不是用短短百年壽命的人身可以講得完的，所以才會繼續在色究竟天宮說法。

諸位想想看，第二轉法輪講了那麼多法，第三轉法輪也講了那麼多法，可是裡面的眞實義，有多少人可以如實而究竟了知呢？沒有！裡面所說的都很簡略，所以其中的精義是可以也應該由菩薩闡述很多法義出來的。但是因爲太多的法義確實講不完，所以只好講得精簡一點，這樣對於當時同在人間的七地、八地、九地、十地菩薩們都有利益，也能夠示現　世尊已經把成佛之道全部宣演完畢了。那麼從第三轉法輪講的法義是那麼簡略來看，就顯示第三轉法輪的一切種智妙義，非常深廣奧妙而難知！四十九年的時間絕對不夠用來講解全部三大阿僧祇劫所修證的佛道內涵，只好把諸地所應修的作個簡略的說明，把入地所應修的加以廣泛而深入的說明，讓大家可以入地。而如今已經準備入無餘涅槃了，所以諸佛如來的境界也得在《法華經》裡面爲大家宣演。這證明　如來所未說法其實太多了，只有愚癡人才會說：「所有佛法我都知道了。」越有智慧的人就越發知道自己在佛法上的所知還很不足。那麼　世尊就吩咐說：「以前你們所未曾聽聞過的深妙法，如今要讓你們全部都可以聽聞。」講到這裡應該繼續再演說下去吧？可是時間已經到了，今天只好到這裡圓滿。

我們大家努力救護台灣女性的成果很輝煌，所以密宗現在有一點狗急跳牆，他們發動一連串的攻勢，從很多的單位去施壓，想要把我們九樓陽台這個破密的大 LED 廣告燈給砸下來，到目前爲止他們沒有成功。因爲我們所打擊的達賴，那個人有政治目的；達賴都是在搞政治的，不是在修行的人；那麼就有一些綠營的政治人物，串聯我們講堂附近學校的泛綠民眾家長聯名，也是想要把我們這個 LED 破密廣告燈搞掉。達賴的團體還去法院告我，我打算提出反訴；不然他們都認爲我以前被告了也都不會告回去，他們就有恃無恐，這又是他們的另一個手段。

光是這個 LED 破達賴的廣告燈，密宗找過什麼單位呢？找過了民政局、社會局、勞工局，最近還找了都市發展局，想要把我們的破達賴廣告燈撤下來。預計他們還會有別的動作，他們會一波又一波，綿綿密密一直攻，但是沒關係，水來土掩。我也聽說他們現在開始發文宣給各里里長，說我們的教義跟他們密宗是一樣的；我們正覺哪有那麼衰，會跟他們一樣搞雙身法？（大眾爆笑…）哪有那麼衰，跟他們搞意識境界？我們的教義是他們所完全不懂的，會間接顯示他們根本就不是佛教，顯示他們的法不是佛法，所以他們會不斷地攻擊我們；預計還會有其他的手段，搞不好他們會去立法院、監察院、總統府都誣告我們，不排除這個可能（編案：後來證明確實如此）。

那麼爲何會這樣？因爲他們騙財、騙色這兩條路，已經被我們截斷了！由於達賴集團的女色之路被我們截斷，仿冒佛教而騙財之路也被我們所斷，所以他們會不斷地反擊正覺。也許有人想：「你們正覺擋人財路，眞缺德！」問題是擋了什麼財路？如果達賴集團是搞正當賺錢的財路，我們當然不該擋。但他們是用騙的，是用外道法來騙佛教徒說是佛法，而且還貶抑正統佛教不如他們密宗喇嘛教，像這樣惡劣的騙財，我們本來就應當全面擋住他們的財路。

另一方面，我們擋了他們的騙色之路好不好？好不好？（大眾大聲說：好！）好啊！因爲我知道很多學佛人，妻子被喇嘛拐跑了，有人則是先生被女上師拐跑了；這事情很多啊！都因爲學密所以跑了，於是家庭破碎，家中兒童或少年就開始出問題，成爲問題少年、問題兒童，對社會和諧造成負面影響。有的民意代表，也許當立法委員、也許當議員，爲什麼她們的婚姻始終不幸福？正是因爲她們學密；學密以後先生當然不理她：「妳要跟喇嘛睡覺，我就不要跟妳睡覺。」所以要拋棄她們。這是很正常的事情，對不對？如果你先生一天到晚要跟學密的女人，一個又換一個，不斷地換女人合修雙身法，那妳還要跟他同床共眠嗎？妳當然不要，乾脆離婚算了！這種先生不要也罷！因此，我們正覺擋住了喇嘛們的財路又擋住了喇嘛們的色路，卻是我們一定要作的事，並且還要「夙夜匪懈」，最後一句是什麼？啊？「貫徹始終」，還有這一句熟悉的歌詞啊！（大眾笑…）對嘛！破斥喇嘛的工作可不能夠終止，要一直作下去。

達賴集團以爲用恐嚇的手段，我們就會怕他們。我們又不是被嚇大的，對不對？這件事情一定要「夙夜匪懈」，並且一直把它貫徹下去！因爲這個年代是我們很好的機會，再不把握機會，以後是不是還有破斥達賴邪法的機會，可就很難說了。不過，他們現在一方面告我們，一方面又發文宣說我們的法跟他們一樣，這不是很奇怪的事嗎？如果正覺的法跟他們一樣，我們又何必破他們？若是跟他們一樣，他們何必去向里長們說我們跟他們一樣？那他們就支持我們或是我們支持他們就行了，何必對立呢？對不對？（有人大聲說：對！）如果我們跟他們一樣，那他們應該支持我們，爲什麼又四處發文宣說我們跟他們一樣，同時藉官司來恐嚇打擊我們呢？

所以，我認爲：他們現在是因爲最大的財源來自台灣，而他們在台灣的財源顯然已經快速萎縮了，所以他們現在就開始用抹黑的方式來對付我們，我預計達賴集團後續還會有一些手段出現。但是不管怎麼樣，我們還是要反攻回去。這一個豐功偉業，如果我們這一世或這兩世可以完成，大概 彌勒菩薩來人間的時候，我們都可以證阿羅漢果，大約也都可以入地了。如果這個大業沒有辦法作成功，福德就會少了一些，所以我還是希望大家繼續努力！但我還是會站在前面繼續衝，他們告了我，我會把他們告回去。我現在不再像以前，挨告了自己擦清潔就算了。現在要把達賴集團告回去，因爲他們是亂告一場。如果不這樣，他們會想：**「反正我把你告了，你也不會怎麼樣；你就跟那個麻糬**（閩南話）**一樣，也不會反彈。」**所以現在要給他們一點教訓，要反告回去了。（編案：密宗在台灣發展出來的政治勢力極大，可能已暗地裡透過管道影響了法官，導致後來法院的承審法官們竟然還主動幫達賴集團找理由，編織正覺的罪名，宣判正覺敗訴，違背司法中立的立場。）

回到《妙法蓮華經》，上週講到一百四十頁第二行講完了，接著說：**「我**

今安慰汝，勿得懷疑懼；佛無不實語，智慧不可量。」這是說，世尊對彌勒菩薩等人開示：「我如今安慰於大家，你們都不要懷疑，也不要心裡面有所恐懼，因爲佛所說的話不會有不實語，而諸佛的智慧也是不可測量的。」確實，這麼多的菩薩「從地踊出」，竟然都自稱是 釋迦如來之所度化；而釋迦如來在人間成佛以來，才不過幾十年，什麼時候度了這些弟子竟然都沒有人知道，這事情眞的很難思量。所以往往有人懷著疑心，懷著恐懼：「會不會是釋迦如來在欺騙我們？會不會世尊是搞什麼神通手段變化出來的，並不是眞正的有情？」因此大家心中懷疑或者恐懼，這也是正常的。因爲從來沒見過 釋迦如來度過這些人，竟然這麼多沒有辦法計算的菩薩們——而且是摩訶薩們，這眞的很難想像。

那麼世尊就告訴大家說：「佛所說的話一定是如實的。」這意思就是說：「這一些人確實都是佛所度的弟子眾，大家應該要信受，不應該懷疑，因爲諸佛從來不曾有不實語。」如果是不實語，當然會被拆穿。就像密宗他們宣稱說：「我們密宗黃教很清淨，都沒有雙身法。」問題是他們的宗祖在《密宗道次第廣論》講得好清楚的就是雙身法，在宗喀巴的《菩提道次第廣論》

後半部的止觀二章之中，也有顯示他的止觀修學的方法和目的，修練氣功等功夫的目標都是爲了要在雙身法中使用，還把雙身法的內容用隱語簡略的作了講解，這都是很明確的證據！所以他們騙人家說，他們黃教格魯派沒有雙身法，被人家舉證《廣論》或其他書中的內容拆穿了，但他們未來還是會繼續說謊。可是 如來從弘法以來沒有講過一句不實語，沒有人能舉證 如來曾經說過不實語，所以 佛陀特地講這句話，是要大家相信這部經中說的內涵。因爲大家以前都沒有被 佛陀騙過，現在當然不必擔心被 佛所騙；而且佛地智慧不可測量，由於智慧不可測量的緣故，佛陀所度化的眾生是很難思議的，教大家不要單從表相上面來看 世尊所度的無數菩薩摩訶薩們。

接著說：「所得第一法，甚深叵分別；如是今當說，汝等一心聽。」也就是說 世尊所得到的世出世間法，是三界中第一至高無上之法，沒有任何有情可以超越，甚至於連猜測都辦不到。對於一般人而言，他們不瞭解這個說法的眞僞，所以他們往往認爲說：「你們佛教經典裡面說話非常的誇大。」其實經中的所說不曾有所誇大，因爲所說的都是如實語。甚至於也有佛門法師，並且還是很有名的法師，也說：「大乘經典是後人爲了對於佛陀永恆的懷念，所以創造出這麼多極力讚歎世尊，令人不可想像的大乘經典。」這個法師正是釋印順。那你說，他到底有沒有資格再穿著僧衣呢？住如來家、吃如來食、說如來法、破如來法，這眞的叫作獅子身中蟲，因爲他根本就是不懂三乘菩提，竟然還在書中公然否定大乘經典，主張大乘非佛說。

如果像諸位，就不會這樣想；可是不懂三乘菩提的人，就敢否定大乘經典，就主張「大乘非佛說」。因此，他們看到大乘經典裡面說阿羅漢是愚人，說阿羅漢的佛菩提芽焦了、佛菩提種腐敗了，他們不能接受，因爲他們認爲阿羅漢就是佛。但實際上，阿羅漢固然已經讓一切外道的教主們摸不著頭緒：阿羅漢到底是什麼證境，爲什麼能解脫生死？外道的教主們對阿羅漢的證境都摸不著頭緒，可是阿羅漢根本就摸不清賢位菩薩明心開悟是什麼境界；而菩薩明心的境界智慧也不能瞭解十住菩薩眼見佛性的境界，但十住菩薩又不能夠揣測十行、十迴向菩薩的智慧，十迴向菩薩不瞭解初地的智慧，乃至妙覺菩薩不知道如來的智慧。

所以世尊自稱「所得第一法，甚深叵分別」，這也是如實語，都不是自誇之言！所以說，只有不懂的凡夫才會說「佛陀還眞會自誇」，然後那些凡夫大師們就跟著說「大乘經典眞是把所有好話都拿去讚歎佛」，才會有一句話說「世間好話佛說盡」。其實說一句難聽一點的話，他們縱使把全世界所有好話都拿來讚佛，也不足以稱讚到 佛陀勝妙功德的萬分之一。那麼佛弟子把全世界的好話都拿來讚佛，會有什麼過失？可是他們完全不懂這裡面的道理！因此 世尊只好重新再說明一下：「諸佛所得的世出世間第一法，眞的太深、太深、太深了，眾生是無法加以分別的；」這樣吩咐過了，接著又跟大家吩咐說：「如是今當說，汝等一心聽。」也就是告訴大家應當要專精一心聽受，不要分神胡思亂想；要這樣專精一心才能夠眞的懂得 佛要說的是什麼意思。接著 佛陀怎麼演說呢？

經文：【爾時世尊說此偈已，告彌勒菩薩：「我今於此大眾，宣告汝等。阿逸多！是諸大菩薩摩訶薩，無量無數阿僧祇從地踴出，汝等昔所未見者；我於是娑婆世界得阿耨多羅三藐三菩提已，教化示導是諸菩薩，調伏其心，令發道意。此諸菩薩，皆於是娑婆世界之下此界虛空中住；於諸經典讀誦通利，思惟分別，正憶念。阿逸多！是諸善男子等，不樂在眾多有所說；常樂靜處，懃行精進未曾休息；亦不依止人天而住。常樂深智，無有障礙；亦常樂於諸佛之法，一心精進，求無上慧。」爾時世尊欲重宣此義，而說偈言：「

阿逸汝當知！是諸大菩薩，從無數劫來，修習佛智慧；
悉是我所化，令發大道心。此等是我子，依止是世界，
常行頭陀事，志樂於靜處，捨大眾憒鬧，不樂多所說。
如是諸子等，學習我道法，晝夜常精進，爲求佛道故，
在娑婆世界，下方空中住；志念力堅固，常懃求智慧，
說種種妙法，其心無所畏。我於伽耶城，菩提樹下坐，
得成最正覺，轉無上法輪；爾乃教化之，令初發道心；
今皆住不退，悉當得成佛。我今說實語，汝等一心信，
我從久遠來，教化是等眾。」

語譯：【這時世尊說完了以上的偈之後，告訴彌勒菩薩說：「我如今在這裡的大眾之中，宣示告知你們大家。慈氏啊！這無量無數阿僧祇的菩薩摩訶薩們從地踊出，是你們往昔所不曾見過的；我在這個娑婆世界得成無上正等正覺以後，教化而且開示引導這一些菩薩摩訶薩，調伏他們的心地，令他們

發起佛菩提道的堅固意願。這一些菩薩摩訶薩們，都在這個娑婆世界下方的虛空中安住；他們對於各部經典已經能夠讀誦通利，也能夠思惟和分別，並且還能夠正確地憶念不忘。慈氏啊！這一些善男子等，都不樂於大眾之中常常有所言說；他們永遠都愛樂於安靜之處，精勤地修行，都是一直精進而不曾休息啊！他們也不依止於人類或者天界的境界而安住。他們總是愛樂於深妙的智慧，對這一些深妙的智慧他們心中並沒有什麼障礙；也常常愛樂於諸佛所說之法，一心專精精進修習，想要求得至高無上的智慧。」這時世尊想要重新宣示這個義理，就說了偈：

「慈氏！你們應當要知道，這一些大菩薩摩訶薩們，從無數劫以來，修學熏習諸佛所說的智慧；這些大菩薩們全部都是我所教化，我令他們發起了大道之心。

這一些人都是我的兒子，依止於這個娑婆世界，永遠都行於頭陀苦行等事，他們的志願是愛樂於清淨之處，捨離了大眾和憒鬧的場所，不曾愛樂於種種言說。

像這樣的無數兒子，他們都學習我的佛菩提道妙法，不論白天或者黑夜，始終都在精進修行，爲的就是求證佛菩提道的緣故，他們都在這個娑婆世界，在下方虛空中安住；

他們的志向，以及從勝解所產生的念力都非常堅固，永遠都精勤地追求佛菩提的深妙智慧，他們也能夠爲人演說種種妙法，在他們心中都無所畏懼。

我在菩提伽耶大城，郊外的菩提樹下端坐，得能成爲究竟的最正覺之後，運轉了無上法輪；

然後才開始教化他們，令他們初發道心；如今皆住於不退轉住，未來也都會成佛。

我如今爲諸位說眞實語，你們要一心專精來信受而不要懷疑，其實我從久遠劫以來，就已經在教化這一些大菩薩們了。」】

講義：這一段開示是在告訴大家，「從地踊出」的無量無數菩薩摩訶薩們，他們數量那麼多而難以計數；他們全都是「從地踊出」，都是釋迦如來在人間一生弘化的過程之中不曾出現過的；這顯示諸佛如來的智慧力、功德力不可想像！令人無法猜測。對一般人來說，釋迦如來一生所度化的就只有人類，以外無別眾生；那麼在智顗大師寫的《四教義》裡面，他比較聰明而區分出來：三藏教的佛，以及通教佛、別教佛、圓教佛，他比較聰明，懂得這樣區分。因爲這樣講就比較不會被侷限住，否則就會被表相給侷限了。例如他曾經這樣解釋過說：三藏教的佛，在菩提樹下，坐在吉祥草上成佛；成佛以後，草衣木食。也就是說，三藏教的佛，是坐在吉祥草上，參究二乘菩提而成佛，不是參究眞如佛性而成佛；那麼成佛以後草衣木食，就是用田裡的植物去製成絲、線，然後織成的布料來穿；吃的則是草木所長成的植物。

他談到「**別教佛**」時，他說的是「**錦衣玉食**」，說穿的是錦緞織成的衣服，吃的是玉一般精細的食物。其實智顗大師這種說法不太好，他對三乘菩提並不精通，因爲他連證眞如的明心智慧都還沒有。別教佛講的其實就是「究竟佛」，別教諸經說的就是報身如來與應身如來的境界；請問，報身如來　盧舍那佛，穿錦衣似乎講得通，其實並不通；那麼吃的是「玉食」，好像也通，其實也不通。爲什麼呢？諸位想想看，莊嚴報身　盧舍那佛，祂是在色界天、還是在人間？（大眾回答：色界天。）好啊！請問色界天人需要飲食嗎？不需要嘛！那色界天的天人就不需要用錦來織成布料再裁剪穿在身上，因爲欲界天人的衣服就已經是天生的「天衣」了，還需要穿錦衣嗎？根本就不需要。

何況是色界天人呢？連色界天人都不需要錦衣了，何況是報身佛 盧舍那？所以他施設「別教佛錦衣玉食」，其實也眞的不通！但是有人敢出來講話嗎？沒有人敢，因爲他一向被推崇爲大師！可是如果你以道種智來看，就知道那根本就講不通。所以這一些菩薩是什麼佛之所度化的？當然不可能是通教佛，更不可能是三藏教的佛！但他這個判教，至少超脫於一般世俗凡夫大師們的見解，也還算好。對世俗凡夫們來講，可以增長他們對於佛法勝妙的信心，所以基本上還算是好的，我們就不要詳細專門去評論他。

那麼 如來在人間示現成佛，大家只看到表相：如來是來人間投胎受生成佛，示現八相成道，總共弘法四十九年，然後就入滅了，所度弟子主要就是一千兩百大阿羅漢，然後這一些阿羅漢們也度了不少弟子成爲阿羅漢，就只是這樣而已。然而應身佛可以化現無量無數化身佛，到十方世界去度化眾生；眾生心量太小，不能信受應身如來的功德無邊廣大，所以只看這裡人間的表相；因此他們的看法是「阿羅漢就是佛，佛就是阿羅漢」，他們對於別教佛的道理就完全不懂了。他們最多只能想像說：通教佛是永遠不入涅槃，繼續利樂眾生永無窮盡，最多只是這樣的認知。

但是藏通別圓定義中的別教佛，所悟跟通教佛、三藏教的佛有什麼不同？他們可就無法瞭解了；因此再要談到應身如來以無邊化身度化無量有情的事，他們打從心裡就不信受。那麼既然《法華經》要顯示諸佛如來不可思議的境界，當然就必須把應身如來以種種化身，教化無量無邊菩薩的事蹟顯示出來，所以《法華經》講到一個階段了，當然就必須要授意這一些被教化的菩薩們，「從地踊出」來法華會中示現。那麼諸位這樣來反觀自己：現在確實開悟了，能不能跟諸佛如來相提並論？老實說，連妙覺菩薩、等覺菩薩也都不敢想要跟諸佛如來相提並論，因爲根本無法想像佛地境界，但達賴集團那些凡夫們，卻是個個都自認爲自己比釋迦如來的應身佛境界更高，眞是不知死活。

那麼三地滿心跟三地住地心之間，有一個很大的界限；因爲三地滿心菩薩可以用意生身，到千佛、萬佛世界去隨緣度化有情；可是三地未滿心之前，這就作不到啊！因此，三地未滿心前的菩薩們，所能度化的就只有數得清楚的很少數人類，這就已經不能相提並論了。所以三地菩薩在人間度化的人類，即使可以度到幾萬人開悟，也不算什麼；因爲一旦滿心了，他晚上講經之前，或白天吃過飯經行一會兒消消食，然後座上一坐，神遊諸方國土，在那一種狀況下廣度他方世界的眾生，不必像我們這樣要買一層又一層的房子當講堂，也不必由行政組義工菩薩們，去買擴音機、喇叭來拉電線，都不需要，大家都聽得見，那麼他一個晌午說法可以度化多少人？你很難想像。

然後他在這個娑婆世界，在他家裡的法座上面，聽著自己的化身在他方世界為好多好多眾生說法，聽在自己這邊的耳朵裡，正是猶如谷響的現觀。這是三地住地心的菩薩們作不到的，滿心時就能作到了。那你想，滿足三地心的菩薩可以度化的眾生，比起未滿三地心的菩薩來，那就多出很多很多倍了！可是有誰曾經理解過這一點？佛教界幾百年來沒有人理解過這一點。然而為什麼他們不能理解？因為他們對於無生法忍完全不懂。且不說無生法忍，單說諸位之中有人是才剛明心證得七住位的無生忍，他們可就不懂啦！連第七住位大乘人無我都已經弄不清楚，如何能瞭解三地住地心跟三地滿心之間的這個區隔呢？真的無法瞭解。

那麼再往上去，一地勝過一地；想想看，對於諸佛來講，變出化身去度無量眾生，是稀鬆平常的事；所以十度波羅蜜中的每一地，各有不同現觀的境界，然而這一些現觀的實證有多少人知道？很少！古時無著菩薩聽聞彌勒菩薩所說，記述在《瑜伽師地論》裡面，玄奘菩薩也寫在《成唯識論》裡面，可是到末法時代都已經失傳了，已經沒有人知道了，連這一些現觀的名稱也都沒聽過，更不要說去解釋它，直到我們正覺同修會出世弘法才講出來。那麼從這裡來看，佛陀所說的就值得信受啦！因爲初地、二地、三地的現觀都已經顯示如此了，那麼十度波羅蜜修完時，竟然都還不能知道的佛地境界，就顯然是可以相信的。就好像以前我們剛出來弘法時，我們講出如來藏的妙義竟沒有人相信；但是我們不斷加以宣揚、加以闡釋、加以廣泛地註解，而且配合著見道報告逐漸披露出來，所以佛教界漸漸相信了，開始有一些古時正法時期的現象了；然後又加上我們會裡有人自作聰明自以爲是，跑出來否定第八識正法，結果否定不了，因爲我們把更勝妙的正法寫出來證明爲眞，那麼佛教界才終於篤定信受：如來藏妙法才是眞正的佛菩提道，卻已經是我們正覺弘法二十年後的事了。

諸位想想看，光是弘揚明心與見性這粗淺的法，在多元化社會的台灣都已經這麼不容易了，前後得要歷經二十年的努力奮鬥；而這還只是見道位的功德而已，都已經這麼困難。何況諸佛種種不可思議的境界，連等覺、妙覺菩薩都無法想像的境界，我們當然不可以要求那些凡夫大師們一定要相信。如果《法華經》所講的這一些境界，連凡夫大師們都能瞭解、都能相信，那就無法顯示出諸位的尊貴，更無法顯示出諸佛如來的尊貴了。你們這樣聽著，覺得「心有戚戚焉」，這是眞的、是應該的啊！因爲《法華經》這樣的妙義，不是那些凡夫大師們能夠信受的；而諸位願意信受，並且是從深心之中發起信心來，這個不容易啊！假使像我這樣子如實說法，而諸位都是第一次來聽的，不必聽到一個鐘頭，一定心裡早就開罵了，心裡就說：「下回不來聽了。」其實不用說下回，根本就沒有下回。可是因爲諸位在會裡面一步一步熏習上來，從無相念佛、看話頭等定力功夫的建立，到基礎知見的熏習，然後又讀了許多我的書，終於每週二來聽經時，就可以聽得懂、信得及，願意留下來繼續修學。

所以一般人第一次來聽我講經，以前若沒讀過我的書，也沒有無相念佛的功夫或禪定的功夫，又沒有了義法上的正知見，當他們第一次來聽我講經時，心裡一定很煩惱。可是諸位不會，這表示什麼？表示諸位跟那些大師、凡夫們迥然不同。那些凡夫、大師們，叫他們留下來聽個五分鐘、十分鐘，他們都會覺得我每一句話都像是一支利刀，當我每講出一句話，他們身上就像是被割掉了一塊肉一般。因爲我講的法義，都不是他們所能理解的啊！身爲大師，坐在這裡卻是癡癡呆呆聽不懂，你想他們心中會有多痛苦？可是諸位不會有任何的不悅，並且還聽得歡喜，有時往往會心而笑了出來，這當然顯示諸位跟他們是完全不同的。

所以我常說，諸位都是佛教界的稀有動物，值得細加保護。所以正覺同修會一定要保護這些稀有動物，因爲我們還要藉著諸位再生出更多更多的稀有動物！當然要好好保育，也就是要保護跟養育。假使像諸位這樣的菩薩摩訶薩越來越多了，我不信大乘、小乘佛法不能復興，也不信中國佛教會沒落。所以一定要期待於諸位，因爲我一個人作不了多少事；如果有很多人，而且都是破參明心的人，那麼能夠爲正法所作的事情就非常多了，正法延續到九千多年後就不會有問題。

所以諸位能夠聽進《法華經》，並且不是依文解義的《法華經》，這眞的不容易。也就表示說我解釋出來《法華經》中隱含的究竟義理時，諸位可以信受；而實際上呢，也應當要信受，因爲諸佛如來的智慧力、功德力，絕對不是我們所能想像的。老實說，連一生補處的 彌勒菩薩都無法想像啊！像這一些「從地踊出」的無量無數菩薩摩訶薩，彌勒菩薩幾十年跟在 佛陀身邊，也一樣不曾見過，所以他才要請問啊！那諸位經過我的說明以後，瞭解諸佛不可思議的境界，當然對 佛陀的開示就會信受不疑了。

接著 世尊說：「我在這個娑婆世界示現證得無上正等正覺之後，教化和開示引導這些菩薩們，也調伏了他們的心，使他們能夠安住於佛菩提道中，對佛菩提道發起了堅固勇猛的心智。」世尊教化這一些菩薩們，當然是在這個世界示現成佛之後，才開始教化！因爲還沒有成佛之前，是示現成一個凡夫，憑什麼教化那些大菩薩們呢？所以一定是示現成佛之後才會開始教化這一些大菩薩們。並且引導他們、開示給他們，讓他們可以在實證上面更加增上，發起眞菩提心。接著說：「這一些菩薩們都是在這個娑婆世界之下的虛空中住。」這在告訴我們說，娑婆世界並不是只有人間這一種污穢的國土；因爲這個三千大千世界有百億人間、百億須彌山、百億四天下、百億四天王天、百億忉利天等等。

那麼除了這些天界，難道就沒有諸佛所施設的淨土嗎？一定有啊！所以娑婆世界同樣有四種佛土，我們在人間和一般人類所住的是凡聖同居土，阿羅漢的心境中所住的就是方便有餘土；那麼入地了以後住在人間時，既住在凡聖同居土裡面，同時也是住在實報莊嚴土；那麼 釋迦如來所住的就是常寂光淨土，這個道理諸位也要知道。例如極樂世界，有沒有四種淨土？一樣有啊！極樂世界下品下生到下品上生的人，這三等人所住的都是凡聖同居土。為什麼這是凡聖同居土？因為從下品下生到下品上生的人，將來蓮花開敷而離開蓮花以後，聽聞兩大菩薩的音聲說法而實證了佛法，或是實證佛法以後繼續進修，所得證量最高的人只是初地。那麼初地菩薩就是聖人了，是進入修道位了，再過不久以後將會轉入實報莊嚴土中。未到初地，以下的人都只在三賢位中，所以下品生人所住的淨土就是凡聖同居土。

那麼中品生人呢？中品生人所證的都是聲聞果，沒有菩薩果；既然是聲聞果，就不是真正的佛法，只是諸佛方便施設而演說的解脫道，沒有真實法的實證，也就沒有實報莊嚴可說了，那他們所住的境界就叫作方便有餘土。為什麼叫作方便有餘土？因為那一種淨土境界只是諸佛如來的方便施設，阿彌陀佛在極樂世界也同樣施設了這種聲聞人的淨土，讓聲聞種性的凡夫們往生極樂世界以後可以證果和安住下來。他們所證的不過斷我見、斷思惑，大不了加上一個斷除我所執，並不是佛法中的究竟實證；只是諸佛如來的方便施設，所以他們住的是方便有餘土。

諸佛如來本意不是要他們住在這個淨土中，所以 阿彌陀佛的本意一樣不會要他們永遠住在那個淨土中，因爲那只是個方便施設的淨土。那個淨土既稱爲方便又稱爲有餘，爲什麼是有餘呢？因爲他們還有餘惑未斷，也有餘智待證；所以他們的淨土是方便施設的，也是有餘之土。那麼住在方便有餘土裡面，阿彌陀佛就會找機會爲他們演說大乘法；這是因爲他們在方便有餘土中的壽命無量，沒那麼快就捨報；所以 阿彌陀佛找機會爲他們演說大乘法，讓他們慢慢熏習、慢慢轉變心性，最後還是會成爲菩薩種姓，長時間以後也可以一起來紹隆佛種。所以中品生人所住都是方便有餘土。

那麼從上品上生到上品下生的人都是菩薩種姓，這些人將來都可以證得無生法忍。無生法忍的心境，以實相智慧所住的就是實報莊嚴土；因爲所證的是眞實報身！哪個眞實報身呢？就是第八識如來藏。所以藉著 阿彌陀佛的加持，他的身量可以無邊廣大，智慧勝妙而可以來往十方諸佛世界，每天都能親承諸佛如來而禮拜、恭敬、供養、受法，到了下午再回來極樂世界中承事 阿彌陀佛。至於極樂世界常寂光淨土，就只有 阿彌陀佛所住了。所以極樂世界也同樣具足四種淨土，不只 釋迦如來的娑婆世界有四種淨土。

那我現在要問諸位了：上品生人花開見佛，悟無生法忍，住於實報莊嚴土；中品生人花開見佛，悟無生忍，證得聲聞果，住於方便有餘土；下品生人花開時見不到佛，只能見到 觀世音與 大勢至菩薩的化身說法，修習很久以後所證最高是初地，一般都是在三賢位中；甚至於下品下牛人，花開了只能聽聞兩大菩薩說法，將來什麼時候證悟呢，可就遙遙無期了，他們所住的都是凡聖同居土。所以極樂世界有很多凡夫，就是下品生人，那些凡夫們花開之後離開寶蓮花大宮殿，也住在極樂世界中活動。那麼請問諸位：這三品生人，一類住實報莊嚴土，一類住於方便有餘土，最後一類住仕凡聖同居土中，是不是極樂世界被切成三層，給這三品人分開來住？是不是如此？當然不是！其實全都在一起，這三品人也可以相見啊！所以這三種淨土呢，其實是依他們各自不同的智慧與心境而施設不同的名稱。

那麼在我們這個娑婆世界也是一樣啊！能不能相見？就看雙方有沒有緣！你如果有緣，在極樂世界一個凡夫，也可以見到實報莊嚴土的諸地菩薩；如果沒有緣，那就怎麼樣都見不到。就像我們在娑婆這裡是一樣的道理，如果沒有緣，他一天到晚求佛：「請您指引我一位地上菩薩來相見。」可是他一天到晚罵地上菩薩是邪魔外道。（大眾笑⋯）就是這樣啊！你看好多人求著想要見地上菩薩，每天求佛啊！可是那些求佛的人，一天到晚在罵 玄奘菩薩，正是如此啊！那叫作「對面無緣不相逢」。等到哪一天，玄奘菩薩走人以後，他再也見不著了，卻又聽人家說那是幾地菩薩，再於心中懊悔，連講出來都不敢，只能在心中懊惱：「啊！我好愚癡。為什麼我要一直罵他？」可是已經看不見了，沒有那個因緣相見。同樣的道理，在這個娑婆世界中，古來有人住於方便有餘土，捨壽後就離開人間；有人住於實報莊嚴土，有人住於凡聖同居土，都是跟著 釋迦如來修學三乘菩提，世世不離三界。

然而時至今日末法時期，人間已經看不見方便有餘土了；也許再過個兩、三年，方便有餘土開始出現及增廣了，是因為有很多人讀了《識蘊眞義》，或是讀了《阿含正義》，努力把心性降伏下來得到定心，然後又去觀行斷了三縛結，於是人間又有方便有餘土啦！那我們就把這裡的淨土幫忙又成就一分了。可是，這不是我一個人獨力成就的啊！還要那一些讀者們好好去修定力、去斷三縛結，來跟我共同成就。當他們來跟我共同成就人間的方便有餘土時，其實也是靠諸位幫忙，他們才能與我共同成就。因爲如果不是諸位，我那些書怎麼能流通出去？也沒辦法呀！所以現在我們這個地球上（不說整個娑婆三千大千世界，只說地球），現在也已經有三種淨土了！好！既然已有三種淨土，釋迦如來仍然在娑婆世界其他的星球繼續示現八相成道；至少我們求 佛或是向 佛請示時，也還可以感應到！顯然這地球上也還有常寂光淨土，所以娑婆也是四土具足。

如果談到整個娑婆世界，那就有百億人間、百億須彌山、百億四天下、百億四王天等等，那就不可以排除其他淨土的存在，所以看不見的不表示就不存在。這裡就談到有一個盲點——科學界盲點，他們都想要用科學儀器檢驗，才願意相信佛法的實證內涵；佛學學術界也有這個盲點，他們想要用學術來檢驗。問題來了，學術是世間法呀！科學也是世間法呀！但聲聞初果卻是出世間法，菩薩法則是世出世間法。他們用世間法的儀器，用世間的學術思惟，想要來檢驗出世間的解脫境界和世出世間的佛法，怎麼檢驗得通呢？這就好像一個什麼都不懂的非洲土人，要判定美國總統是否應該接受死刑一樣；他根本管轄不到！他憑什麼來檢驗美國總統有罪無罪？那不是他的所知範圍，更不是他的管轄範圍啊！

儀器可以檢驗無形無色的心嗎？不可以檢驗！儀器最多只能夠檢驗說：你這個心電圖顯示出來的心電運作還在不在？腦波還在不在？但那是物質的法啊！色陰的法是可以檢驗，然而儀器可以檢驗說：「這個人的覺知心好惡毒，這個人的覺知心很清淨。」它可以檢驗嗎？不行欸！更何況世出世間的如來藏，他們憑什麼檢驗？又如有些人說：「世間是沒有鬼的，因爲我的儀器檢驗不出來。」問題是他那個儀器有沒有通過鬼的檢驗？（大眾爆笑…）對啊！先要由哪個鬼來證實說：「你那個儀器可以檢驗我的存在。」然後由那些鬼來幫他證實，他才可以公告出來說：「我這個儀器可以檢驗有沒有鬼。」他本來就應該經過鬼的檢驗，若沒有經過鬼眾的檢驗，憑什麼說他的儀器可以檢驗有沒有鬼？當然是這樣！

所以說，檢驗菩薩有沒有開悟的事，當然不能夠用儀器檢驗。如果一定要用儀器來檢驗，那個儀器必須是開悟的菩薩發明的。（大眾笑：）凡夫發明的儀器想要來檢驗菩薩有沒有開悟，這眞沒道理欸！所以他們都有盲點。那麼學術界也是一樣啊！他用學術研究來檢驗佛法，問題是佛法不屬於學術，佛法是唯證乃知的；那他們學術界如果想要來檢驗別人有沒有開悟，就得要他們自己先開悟了才來講！因爲開悟的境界不是他們學術研究者所能猜測的，更不是他們所能管轄的，因爲開悟實相以後有沒有般若智慧，並不是他們所知的內涵或範圍！同樣的道理，凡大是不能瞭解這一些的；那麼現在諸位這樣聽完說明了就能夠瞭解，其實每一個世界不管是純一無雜的清淨土，或是像娑婆這種既是淨土同時也是垢穢土，同樣都是有四種淨土，因此不知道的人就不能把它輕率地推翻。

這就是說，這一些菩薩們住在這一個娑婆世界下方的虛空中，也許有人想：「那你有沒有辦法幫我證明？」這就同樣落入那一些世俗人跟學術界的想法一樣，因爲這不是人間未證者所能理解的範圍。就好像聲聞初果或者阿羅漢的境界，不是那一些學術界或者科學界所能理解的範圍一樣；但他們不能因爲不能理解、不能證實就把它推翻。同樣的，我們大眾依照 佛陀的教導，從斷我見、斷三縛結到斷除五下分結、五上分結，以及明心、見性乃至無生法忍，這樣一路走上來，至少這些大家所曾經歷過、實證過的，佛陀都沒有騙我們啊！那麼為何 佛陀所說而我們眼前還不能證實的，就一定要把它推翻？因為 佛陀沒有騙過我們啊！所以這裡 世尊這麼說，我們就應該依於至信和仰信來信受。等到哪一天咱們有能力去娑婆世界下方虛空拜訪那些菩薩摩訶薩們，那時再來說我們已得證信——實證上的信受。

那麼接著說，這一些菩薩們，「於諸經典讀誦通利，思惟分別，正憶念」，這個不容易欸！「於諸經典」能夠「讀誦通利」，這第一步就不簡單了。因為能夠讀誦而且能通利，表示對這一些經典已經有如實理解；可是「讀誦通利」只是如實理解，並沒有辦法舉一反三！如果能夠再深入加以思惟分別，就可以舉一反三，那時由他來為別人解說經典，大眾一定可以獲得很大的利益；因為已經不是依文解義，所以要能夠如理地「思惟分別」是不容易的。可是能夠如理「思惟分別」的時候，也還會有缺點；因為有時往往漏掉了許多重要的法義，沒有辦法為大眾演述，就會是大眾的損失了。

而這一些菩薩們很不簡單，不但能「思惟分別」舉一反三，而且可以「正憶念」，也就是正確的憶念，不會記錯；凡有讀誦就能夠憶念，不會錯謬也不會遺失。可是「正憶念」的根源是什麼？就是勝解。換句話說，這些菩薩對釋迦如來所說的諸法，都能夠如實勝解，而且能夠爲人細加演說，所以他們的「正憶念」不是平白無故得來的。那麼這樣想起來，把自己的證量來跟這些菩薩們的證量比較一下，是不是會覺得耳根有一點熱起來呢？會啊！因爲無法對所有的經典都如實瞭解啊！也無法對所有經典全部都舉一反三，所以要談到「正憶念」可就談不上啦。

因此，凡夫菩薩講解經典以前，他們必須要先作筆記，要先抄錄非常非常多的字句，然後照本宣科；這是我們應該要接受的，我們應該要忍受他們這樣子作，不應該評論，因爲他畢竟是凡夫菩薩。那你如果實證以後，就應該有所不同，最多只是在你想要講解經文的旁邊，寫上幾個字提示自己應該要補充說明什麼法，不必一字一句寫下來。你就註記一下，用簡單幾個字註記一下就行了。那你如果可以「讀誦通利」，也能夠如理地「思惟分別」，那就不必註記了。所以在講經的時候，有一些名相因爲是音譯，有時怕會混淆，所以要註記一下；如果是一般的法義，就不需要註記了，你爲人講解的那本經文裡面就很清爽。

所以說，這一些善男子的智慧境界，我們是不容易去想像的。也許有人以爲說：「你蕭老師這樣講，未免長他人志氣，滅自己威風。」但是，我們眞的有時候不妨長長他人的志氣，滅滅自己的威風，免得自我膨脹。眞的應該如此，道業進展才會快速。所以一般大師演講《法華經》時，通常都是要先寫好稿子，然後把電腦螢幕放在攝影鏡頭下方，錄影時一字一句照唸；可是我講《法華經》時，除了某一些梵音的名相以外，我不作什麼註記。不信的話，請諸位看看我今天講的經文中有沒有註記，（平實導師提示經文紙本給大家看。）有沒有寫字？（大眾笑答：沒有！）是沒有啊！上一週的也沒有啊！另外這張經文是下一週要講的，我有註記「仁波切」三個字，因爲我怕忘了屆時要論證這個名詞。

像我這樣在人間講經說法的人確實不多，但是我也不敢起狂傲之心，只想要拿這些菩薩摩訶薩們來比較一下，殺殺自己的威風與志氣：不要狂傲。然後長長那一些菩薩摩訶薩們的威風，這樣我們就有隨喜的功德！有什麼不好？對啊！這就是說，這一些菩薩摩訶薩的智慧和神通境界，目前我們不能想像，那我們爲什麼要相信呢？因爲 佛陀沒有騙過我們！佛如此說了，我們就該如此信受。至少從十信位、十住位、十行位、十迴向位、初地、二地、三地爲止的境界，我們一一走過來的這一些內涵，已經證明是可證的，不是虛言假語；我也在書裡面說明過了，都是可以實證的。到這裡爲止 佛陀都沒有騙我們，那麼後面我們所不知道的，佛陀說了以後我們何需懷疑呢？根本不需要。

所以說，我們還是應該要如實信受 世尊所說；既然信受了，何妨隨喜他們的功德，然後我們就知道自己修行還是很差的，還是應該要安分守己，不要突然間生起狂心來就向天下宣示：「嚇！我蕭平實成佛了，你們如果沒有來拜我，沒有來跟我懺悔，你們下個月就會死亡。」（大眾笑…）不久以前有個居士就是這樣子，還把恐嚇文到處寄發傳眞。他傳眞到各道場去說：「凡是自稱開悟的人，在我規定的那一天以前如果沒有來跟我懺悔，他當天就會死亡。」結果有人死了沒？連那些大妄語的大師們在內，一個人都沒死。這就是說，他已經發起狂心了，那已經叫作魔心入腑、驅不可出了。

學佛最怕的就是像他這樣子，不但得少爲足，而且是開始狂傲，被魔所作崇，死後不免入地獄中。那我們多多讀誦經典，能夠「思惟分別」以後，再加上一點「正憶念」，這種狂傲之心就可以消除掉。所以我常常說，多隨喜功德是對的，不要學那些凡夫大師們，一天到晚指責說：「佛陀這部經典講錯了。」那他是不是自認爲比　佛更行？問題來了，當那些自認爲比　佛更行的人，才一遇到遠遠不如諸佛的蕭平實，他就知道自己不行了，那他行在哪裡？都只是自害害人的愚癡行爲。那麼我們瞭解這一些菩薩以後，接著應該要知道他們是怎麼樣在修道的，就得再聽　世尊的開示。

世尊說：「慈氏啊！這一些善男子們『不樂在眾多有所說』。」這就是說，他們在大眾之中平常都是靜默的，他們很少處在大眾之中。處在大眾之中的目的是要幹什麼？攀緣啊！炫耀啊！讓大家覺得「我很行」！然後一大群人跟他常在一起，目的是顯示什麼？顯示他的證量很高，那麼眷屬就會有很多，其實就是攀緣心。這個攀緣的目的，只不過是一個炫耀。可是炫耀之後得到了什麼？炫耀之後證量有提高了嗎？性障有消除了嗎？禪定有發起或增進了嗎？都沒有啊！所以有一些道場很愛辦大型的活動，總是有好幾萬人來參加，那問題是：大家跟著他參加大型法會之後，證量有提升嗎？知見有提升嗎？而他自己有沒有提升？全都沒有！那麼這樣子辦大型法會，完全沒有意義。應當要有法能夠如實利益大眾，這樣來辦大型的說法之會，才是眞的有意義。所以一般的狀況下，應該離開喧鬧，好好爲眾生作事，好好精進用功，這才是菩薩行者所行之道。

所以他們都「不樂在眾多有所說」，你如果要邀請他來你家泡茶，門都沒有，因爲他根本不想跟你聊天。如果你說要跟他請法，他就願意了；可是你若邀請他說：「欸！我今天這茶是大陸母株的大紅袍，一年收成不到一斤，我這裡有四兩……」四兩可能就已經是半壁江山了！因爲全大陸就這麼一棵母株的大紅袍，這母株一年收成還不到一斤，大約是八、九兩。他要是送給你四兩，但要求你跟他泡一回茶，這是多大的面子！等於半壁江山要送給你。好了，這樣的誠心誠意，如果是要用來邀請這一些菩薩們，隨便哪一個人都不肯前來喝茶。可是你如果邀請某個大山頭的大和尚，保證他們一定會來！因爲一年採收不過八、九兩，你以四兩送給他，那就是半壁江山不是嗎？對啊！以前毛澤東送了四兩給尼克森，尼克森私下裡覺得說：「身爲中國的領導人，送得這麼寒傖，才送給我這麼一點點。」聽說後來周恩來告訴他說：

「毛主席已經送你半壁江山了。」他才肅然起敬。啊！眞的不識貨。同樣的道理，你如果眞是爲了法，這些菩薩摩訶薩一定願意跟你互相爲伍；可是你如果邀請他，不管你用多名貴的東西邀請他去泡茶聊天，他絕對不去，因爲他們「不樂在眾多有所說」，絕對不肯荒廢光陰的。

那他們都在幹什麼？「常樂靜處，懃行精進未曾休息。」他們始終都愛樂住於安靜之處，在沒有人打擾的地方，很精懃地在修行；他們都很努力精進，從頭到尾都不休息，那諸位想：「喔！那不是苦死了嗎？」會不會苦？不會。爲什麼不苦？只要心不苦，身就不苦，因爲他們的身不同於我們的人身。我們這種人類的色身，才坐一會兒，唉呀！臀部血液不通，腰也開始痠起來，不然就是膝蓋開始痠、腳踝開始痠了，對不對？對啊！我看你們聽經時就常常有人動來動去得要換腿，爲什麼要換腿？因爲會痠啊！我當然知道會痠，我跟你們是一樣的肉身啊！但我不想要中途換腿。痠，痠只是肉體上的正常事，沒有什麼可奇怪的！但這是因爲人類身體是粗糙物質之身，才會這樣；那些大菩薩們在那個境界中並不是這種肉身，所以如果坐下來，坐上好幾個月也不會覺得痠啊！因爲他們的色身就是這樣，類似色界天人之身。

只有人類之身才會這樣覺得疲，若是到了欲界天，打坐再久都不會疲，因爲欲界天人的色身已經沒有疲以及病等毛病存在。所以生病只是人間才有，到了欲界天就沒有生病的事了。那我們既然取得人身，當然就會生病，這都是正常的事。因爲人間這個身體就是會跟細菌相應，就是會跟病毒等等相應，就是會跟疲勞痠痛相應，可是從欲界天以上的天身就不會有這個問題。

那他們住的是超過欲界天的境界，爲什麼呢？因爲他們「**亦不依止人天而住**」。所以你們不用替他們擔心說：「**那他們修行很辛苦喔？每天努力精進修禪定，他們腿不是痛死了嗎？**」不會啦！你不用替他們擔心，因爲他們住的境界不是人間的境界，也不是欲界天、色界天的境界。他們這個境界是釋迦如來應化方便而施設的一個淨土境界，那他們就這樣子在這個境界安住，努力精進而不依止於人類的境界，也不依止天界的境界而安住。這一些菩薩摩訶薩們，始終都是一貫不變地愛樂深妙智慧，假使有菩薩演述勝妙的佛法，不管那個法有多深，他們跟著去聽了就會懂，不會有障礙，這就是他們的果報。

這一些菩薩們——六萬恆河沙數的菩薩摩訶薩，每一位菩薩摩訶薩的眷屬，或有六萬恆河沙、或有五萬恆河沙、或有四萬乃至一萬恆河沙，也有獨自一人而無眷屬的，當然這一些菩薩摩訶薩們一定可以聽聞到正法。除非佛陀化現爲化佛來說法，平常就是由六萬恆河沙數的大菩薩們，爲其餘無量無數恆河沙數的菩薩們說法。他們聽法時不會有所障礙，不但如此，也常常「樂於諸佛之法，一心精進，求無上慧」。他們都沒有樂於諸羅漢之法，也沒有樂於諸緣覺之法，而是樂於諸佛之法；這就是說，傳授阿羅漢和緣覺的法門是只有在人間，那爲什麼不在欲界天、色界天傳授聲聞緣覺法？有兩個原因，因爲生在那邊的人不會是聲聞種姓；另一個原因是，在欲界天、色界天爲眾生演說苦、空、無我、無常之法，他們不容易相應。

好了，例如你假使到欲界天去，爲眾生演說二乘菩提的四聖諦八正道，不一會兒天人們都走光了。因爲你在這一邊說「苦」啊，他們想：「我們在這裡好快樂，你爲什麼老是說苦？」他們享樂都來不及了，哪有時間聽你講什麼苦、空、無我、無常？所以二乘法只適合在人間說啦！那麼對於天界修學的菩薩們，這只是附帶說明的法。所以原則上，非人間的淨土世界裡，大約都是演說諸佛之法；因爲聲聞緣覺的智慧，他們無法理解和相應；特別是到色界天裡面，如果有因緣，他們喜歡聽聞的就是佛法，不是聲聞法。

但是色界天為什麼不列作弘法的主要範圍呢？因為凡是會生到色界天的人，都是愛樂禪定境界，所以他們喜歡的是大而化之——單純；大家可以一念不生，住在定中一會兒，好幾天過去了。色界天中過去好幾天，那可是人間多少年呢？喔！那眞是在浪費生命欸！所以千萬不要生到色界天去。因此諸佛世界必須要另外施設淨土，讓不喜歡人間和天界的菩薩摩訶薩們可以安住修學。而這一個娑婆世界下方虛空施設出來的淨土，就是在攝受這一些菩薩摩訶薩們；因此說這些菩薩們永遠都是「樂於諸佛之法」，他們不想要聲聞緣覺法。因為如果想要聲聞緣覺法，到人間來聽聞釋迦如來說完了，一世實證就可以取無餘涅槃！何必到那邊去住？但他們就是要住那裡，所以是為了求得諸佛如來究竟完整的佛法，他們就在那邊「一心精進，求無上慧」。這時 世尊想要重新宣示這個道理，就用偈來說：

「阿逸汝當知！是諸大菩薩，從無數劫來，修習佛智慧；悉是我所化，令發大道心。」這是說：「慈氏菩薩！你們應當要知道，這一些大菩薩們從無數劫以來，就已經在修學熏習佛菩提的智慧；並且這一些菩薩摩訶薩們，都是我釋迦牟尼佛所教化的有情，由我教化他們，令他們發起大道之心。」這就是說，這些菩薩摩訶薩們，並不是 世尊在這一世才度來的，而是過去三大阿僧祇劫行菩薩道的過程之中就已經把他們度了，所以說：「從無數劫以來他們就在修習佛智慧，都是我釋迦牟尼佛所化度的，並且教導他們不要發二乘菩提之心，要他們發大道心。」「大道」有別於「小道」，那麼以三乘菩提來講，二乘菩提之道就是小道。二乘菩提之道既然說是小道，那麼外道修學的那些法門叫什麼道？叫作非道。因爲根本不能得解脫，更不可能有法界實相的智慧，所以當然叫作「非道」。

這意思就是說，佛菩提是偉大的成佛之道，既然是大道，當然不可能是小法，所以不可能在一世之中就能全部成就。假使一世就能全部成就的，你不會覺得它很珍貴；就好像說有一個產品，從動工到完成要好幾年，有人把這一個產品送給你的時候，你剛接受時也許不知道它的珍貴；另外有一個東西，只要一天就可以製造完成；這兩個產品擺在一起，你也許還不會覺得有什麼差異：「唉呀！同樣都是一份禮品啦。」等你深入去理解，知道這個東西原來要製造好幾年才能成功，那你就會覺得它很珍貴了。另外那個一天就可以做成的，你自己去仿效製造，一天也就做成了，便覺得沒有什麼。可是這件產品得要去學一、二十年的功夫，然後親自去製造的時候得要做三、四年才能完成，那你就覺得：「這個產品眞的不簡單！」所以它就是珍貴了。

佛菩提之所以常常要強調三大無量數劫，也是在強調它的珍貴，強調它的至高無上無與倫比啊！我相信諸位明心以後應該曾經起過念頭說：「欸！還有沒有另一個更究竟的心？」一定有人這樣想過，沒有一半也有三分之一的人疑心過吧。搞不好也有人想過說：「欸！我找到這個阿賴耶識，這個眞是金剛心嗎？我來想辦法，看有沒有辦法把祂毀壞。」例如月溪法師說的：「找到阿賴耶識以後，就一槌將他搗碎，就是開悟。」搗搗看，結果呢？搗不碎。因爲祂無形無色，你怎麼搗碎祂？那月溪法師書中說一槌就把祂搗碎，我都不曉得他要怎麼搗？因爲他都沒有找到阿賴耶識，那他要怎麼搗碎祂？既沒有一個標的，拿著刀往虛空亂砍，說他砍死了人，其實只是劃過虛空，而且還不能劃破虛空喔！那只能叫作癡人說夢話啦！連實證阿賴耶識如來藏的人，都找不到方法搗碎祂，月溪法師不過是個未斷我見的凡夫，都還沒有找到祂，如何能搗碎祂？但就是有愚癡人會相信他的荒唐言。

所以眞正偉大的成佛之道，它的實證標的絕對是你無法毀壞的。人的意識還可以暫時被毀壞，例如往後腦勺突然給他一記悶棍，立刻就暈過去了，意識也就中斷了嘛！等到醒來，意識重新現前，有可能是明天的事了。可是這個如來藏金剛心名爲阿賴耶識，誰都沒有辦法毀壞祂啊！也永遠終止不了祂的運作，所以這個金剛心才是偉大的成佛之道所應該求證之標的。如果以生滅心意識覺知心，想要作爲將來成佛時的果地心，那就表示他在因地的所悟是迂曲的，而且是錯誤的，那他就不可能成就偉大的佛菩提道。因爲他根本還沒有走上這一條路呢！怎麼可能成就這個不可思議的佛菩提道？世尊這幾句話在告訴我們說這一些菩薩們，是無數劫以來，在修學佛智慧而不修學二乘菩提小法；而且都是世尊無數劫以來，不斷地教化他們，所以不斷地觸發他們堅固的大道之心，永遠不會退轉。

「此等是我子，依止是世界，常行頭陀事，志樂於靜處，捨大眾憒鬧，不樂多所說。」世尊接著說：「這一些人都是我的兒子，」這在說明什麼？說明他們最少都已經入地了。要被佛陀認定作兒子，眞的不容易欸！那些凡夫大師們有時候還嫌說：「佛陀口氣好大，動不動就說人家是祂兒子。」

事實上，大菩薩們都想要攀緣當祂的兒子，有的人都還攀不上欸！往往被要求回去原來的世界繼續親近原來追隨的佛陀。沒想到他們竟還嫌棄，這眞的叫作不知好歹啊！世尊說「這一些大菩薩們都是我的兒子」，表示這一些大菩薩們全都已經入地，也追隨 世尊很久了。如果是六萬恆河沙數眷屬之首的那位菩薩，那會是幾地菩薩？大家想一想啊！一位大菩薩統帥六萬恆河沙數的已入地大菩薩，也有一位大菩薩統帥五萬恆河沙數的大菩薩，像這樣子，這些統帥六萬恆河沙數的大菩薩們，總共就有六萬恆河沙數之多；想想看，世尊實在是「好命（閩南話）」，有這麼多兒子，眞是好命啦（閩南話）！所以不能夠說：「唉呀！釋迦如來這麼辛苦，才生了這麼幾個法子。」誰說就只有地球上這麼幾個？有數不盡的兒子欸！

然後又說：「這一些兒子都依止於這樣的世界，在這些世界裡面都不攀緣，永遠都行於頭陀之事，」所以他們在那邊呢，不會說今天到哪裡去化緣，找哪一家大公司的董事長化個緣，開個幾千萬元支票來供養。他們修頭陀行，用不著金錢；假使他們來到地球化緣幾百億美金回去，也都用不著。眞的用不著，因爲那裡不需要飲食，也不需要買衣服，那是一個淨土。他們「常行頭陀事」，他們的心志就是愛樂於安靜之處，捨離大眾憒鬧，精進修行。有很多大眾的地方，就會是聲音很吵雜；但有很多人第一次來到正覺講堂聽經時，找到位子坐下來時說：「怎麼沒聽到人家講話的聲音？」往往覺得好奇怪。但這就是我們正覺的門風，其實就是 釋迦如來的門風。

現代的佛教道場，不論你到任何一個地方去聽經，一坐下來就聽見左鄰右舍都在講話，嘰嘰呱呱講個不停，很吵鬧；所以要開始講經前，大磬要很用力敲；但我們這裡敲的聲音都很小，大家全都清楚聽到了，就知道「和尚要講經了」。這是因為大家很安靜，不必敲很用力，這就是正覺的門風。可是正覺這個門風其實就是如來的門風，因為如果比丘、比丘尼眾喧鬧的話，如來會趕人的。但是諸位在正覺熏習久了，以後 彌勒尊佛在什麼地方安住，你們去朝謁 彌勒尊佛時，一定不會趕走你們，因為你們都有正覺的門風。那麼「捨大眾憒鬧」，當然就是「不樂多所說」。好！今天講到這裡。

《妙法蓮華經》上週講到一百四十頁，今天要從最後第一行開始繼續講：「如是諸子等，學習我道法，晝夜常精進，為求佛道故，在娑婆世界，下方空中住；志念力堅固，常勤求智慧，說種種妙法，其心無所畏。」先來談這一段，世尊是說：「從地踊出的無量無邊菩薩摩訶薩們，這些人都是我的兒子，他們學習我的道和我所教授的法，白天與黑夜一直都很精進，目的是爲了追求佛道的緣故。」那麼這裡說「如是諸子等」，都是菩薩摩訶薩，他們都有智慧威德、福德威德、神通威德，所以都是大菩薩；而世尊竟然說他們都是祂的兒子。若是世俗人，大約會這麼想：「這部佛經裡面佛陀的口氣好大，不管是什麼人、證量多麼高，都說是祂的兒子。」心裡有點不服氣。

可是老實講，他們所信仰的教主，不管是鬼神或者是天土，想要當 佛的兒子還當不上；且不說當 佛的兒子，即使想要當 佛的孫子都還當不上！怎麼說呢？大家想想看，能夠成爲解脫的聖者，在此生就出離三界生死入無餘涅槃的阿羅漢們，這是不折不扣的出三界聖人，他們都還當不上 佛陀的兒子；那麼聲聞初果人能當得上 佛的兒子嗎？眞的還不行。至於那一些一神教的教主或天主們，是連聲聞初果都遠遠不如的，全都是還沒有斷三縛結的凡夫，那麼請問：他們有資格當 佛陀的孫子嗎？當然不行喔！因爲若是要當 佛陀的孫子，至少得要是 佛的兒子的兒子，也就是至少得開悟明心了才算得上；那麼那些外道的天主、天神們，當然談不上。他們什麼都不是，若是想要勉強當上 佛陀的兒子的兒子，至少得要真的明心，勘驗無誤了才當得上。所以想當 佛的孫子，顯然至少要開悟明心，否則連邊都談不上。那麼如果要當 佛的契子——乾兒子，在法上還沒有入門，至少要受了菩薩戒吧？但他們連菩薩戒都還沒有受或不敢受、不願受，所以他們要當 佛的孫子都還當不上。

所以都是因為對 世尊的境界不瞭解，就會有許多閒言閒語；可是真正瞭解的人，沒有人不想當 佛陀的兒子。你們想不想當 佛的兒子？想啊？（大眾齊聲回答：想啊！）有智慧！因為當 佛的兒子代表什麼？進入初地了。入地了才能真的當上 佛的兒子，可是想一想：修行一劫的人，乃至鈍根的人要修一萬大劫，才能具足十信位；那十信位之後，進入第一大阿僧祇劫正式開始學法，也得要經過三十分之六過完了，然後伏除能取所取；也就是至少要得通教初果接著再求明心，明心以後開悟了，對二乘人——在二乘法來講，這是個聖人，然而在大乘法中，只得個賢人的美稱，還不能稱為佛子，因為還沒有入地，還不算是聖人。那麼，那麼多的無數菩薩摩訶薩，他們竟

然都已被 佛陀當眾承認是祂的兒子；能當得上佛的兒子，當然是大家應該追求的啊！

因爲即使開悟了，後面是一大阿僧祇劫的三十分之二十三，還得要再努力去奮鬥；這個過程完成了——把相見道位的別相智都熏習完成了，然後還得要有頂級的三果，至少也要有中品的三果果證，其實應該是要有七品三果人中的頂級果證，必須是中般涅槃的實證者，然後發起了初分的道種智，再發十無盡願，這樣 佛陀才會承認說你是祂的兒子。所以被 佛陀承認是兒子，這眞是非同小可的大事；只要被 佛陀承認是兒子，以後你寫書寫文章都可以自稱佛子。可是現在好多人寫文章都自稱佛子，都不知道自己犯下了大妄語業。不過，好在他們是不知道那個名稱的意涵，也無心要犯大妄語業，也不認爲自己是入地了，所以還不算是大妄語，因此沒有大妄語罪，只是名相用錯了，沒有根本、方便、成已，大妄語業的重罪不成立。

就好像有的人學佛三、五年後，有時寫信給善知識，末後署名「無學」某某某，他認爲無學就是還沒有學到什麼東西，都沒有證量，所以自謙叫作無學；他是誤會那個名詞的意思，他的本意沒有自稱是阿羅漢，而是自認爲凡夫。我記得以前弘法早期，也曾經收過一封信，對方就自稱是無學，可眞的不是大妄語。但是眞正瞭解的人，不隨便自稱佛子，因爲他知道自稱佛子的意涵是什麼。那麼從一般的宗教信仰來說，佛弟子如果自稱佛子，或者已被佛陀承認是兒子，看來顯然是很光榮的事！

例如台灣的道教信仰，台北市的恩主公廟奉事關聖帝君，很多信徒是怎麼稱呼關聖帝君呢？他們都稱呼作「恩主公祖」（導師以閩南語發音），這是非常恭敬的尊稱。恩主公祖這個名稱，除了稱之爲「公」的時候已是祖父輩了，還要加上個「祖」，這表示說：「我的祖父、以及我祖父的爸爸來到關聖帝君面前也不算什麼，所以我是很卑下的，就恭稱您是恩主公祖。」再不然，我舉南投名間鄉「玄天上帝」好了，有的人很恭敬就稱爲「上帝公」，有的人更恭敬，稱呼爲「帝爺公」（導師以閩南語發音）；那表示什麼，表示說：「即使我的祖父、曾祖父來了，也還是要成爲您座下的信徒或者弟子。」

那麼我們回頭來看這些神祇，以道教的身分來說，這些上帝們都是在釋提桓因所管轄的三十三天之中，他們各是其中一天的上帝；那麼關聖帝君據說是因爲智者大師度了他，所以他也成爲佛教的護法菩薩，這就有一點與道教中的其他上帝不同；不過，在世間職位也就是天界中的職位上面，他還是歸忉利天所管轄，只是他多了一個菩薩的身分；但是想要被 佛陀稱爲兒子，還不夠格，因爲還沒有入地。懂得這道理了，再來看 佛陀所說：「這些菩薩摩訶薩們，」世尊說「如是諸子等」，這沒有一點輕蔑的意涵，而是如實語。因此那一些大菩薩們被 佛陀稱爲兒子時，沒有一個人覺得不悅；因爲只有入地了，至少得在初地的入地心中，佛陀認爲說：「**這是我家兒子，足夠爲我分擔如來家業。**」因此可以被稱爲兒子。

這就好像說，以現在人類歲數來講，滿二十歲了可以幫父母親承擔家業，所以認定他是可以繼承家業的兒子，就對外宣稱「**這是我的兒子**」。在佛法中十信位的菩薩，就把他當作是十歲；第十住位的菩薩就被當作是二十歲；那麼初地菩薩呢，究竟是幾歲？對了，就是四十一歲。以世間法來講，四十一歲的人，在人間的生活歷練也已經歷很多了，學過很多也看過很多了，應該可以把家業開始移交給他。所以你如果開了一家大公司、大企業，員工幾百人或幾千人，讓你的兒子從職員開始學起，讓他每一個部門都熟悉以後，歷練到四十一歲了，那時你也六、七十歲了，也許快八十歲了也不一定，那你覺得他的歷練夠了，可以讓他來分擔家業，就派給他一個總經理的職務去幹；以世間法來講，四十一歲很恰當。

如果是二十五歲，不到三十歲就給他當總經理，這公司大約會完蛋。這意思就是說，佛陀所承認的兒子，就是四十一歲的初地菩薩啊！如同世間一般人的家庭中說：「我這兒子滿二十歲啦，健康聰明，心性仁厚，可以幫忙操持家業，」就對外宣布說：「某某人是我兒子，現在起幫我處理家裡的大小事務。」大公司卻還不敢交給他。那麼 佛陀說「如是諸子等」，絕對沒有貶抑的味道，因爲只是如實說。再說，有哪一個菩薩不是從 佛陀金口所生？都是 佛口化生的！在世間法裡面，父母恩高義重，可是父母於自己的恩情只有一世，而佛陀於我們的恩情卻是無量劫，不是只有一世。如果認知到這一點，就知道 佛陀說這一句話是一點點都沒有輕蔑或貶抑的味道，只是如實說而已。

接著說「學習我道法」，這就牽涉道與法了。關於「道」，在《道德經》裡面說：「道可道非常道，名可名非常名。」對老子而言，道眞的非常道，但是他能講的道也只是「世間道」，所以《道德經》裡面講的是什麼內容？

他說的道的功能（德就是功能），他的「道德」，也就是道的功能是什麼？是修身齊家治國平天下，然後自己要處於無爲之中，不貪不忮；最後是要治理天下，利樂眾生啊！那請問這是什麼道？（有人答：世間道。）說是世間道也還是有一點抬舉喔！請問《道德經》的道有沒有及於天道？沒有！因爲欲界天是怎麼修的，老子沒說過；那色界天、無色界天就更甭提了，所以他那個世間道的定位是「人間道」。

因此《道德經》中所講的是怎麼樣修身齊家治國平天下，教導眾生說最後如何成爲仁王，所以這只是人間道；因此那個人間道對老子來講是「可道」的，可是他說爲非常道，而我們認爲那只是人間道，確實是「可道」而非不可道。然後「**名可名，非常名**」，這個「名」他就弄不清楚了，所以他所說的「**窈兮冥兮，其中有精**」，也就說是在混混沌沌之中、在弄不清楚之中有一個精神，是眞實存在的，但是他也摸不著頭緒：到底那個精神是什麼；所以他也只能夠說「**非常名**」，因此他懂得說是有一個常住法，讓眾生可以不斷地輪轉生死，永不斷絕；這個道理是正確的，他這個推論是正確的，只差在他不能實證。所以推之不可得，這就是他的景況。

那麼如果有人講如何正心、誠意、修身、齊家，去救濟貧窮、求生天堂，那就是不折不扣的「天道」。那麼台灣有什麼宗教是天道？有沒有？有！一貫道正是天道，天主教也是天道，所以他們的道只是天道，及不上解脫道，更別提佛菩提道。在一貫道中常常說要守玄關，他們也要歸依三寶，所謂的精氣神，或者五字眞言、合同、玄關，他們謊稱爲三寶，那其實都不是眞的三寶。那他們歸依一貫道假三寶以後，就算已經進一步點了玄關，算是入門了，求的只是「天堂掛號地獄除名」；就算眞的能夠「天堂掛號地獄除名」吧，那天堂掛號的目的想要生天堂，在他們那個天堂裡卻不能斷除五欲，那是什麼天的天堂？是欲界天嘛！所以他們講什麼無極理天其實就是欲界天，而他們信仰修行的道就是求生天堂，所以他們也自稱天道，不只是我們爲他們所作的定義，但那個天道究竟不究竟？當然不究竟。

那麼基督教、天主教說：我們死後要生到天堂去。那麼在天堂裡面，在人間的一家人還會去天堂團圓，永遠當上帝的子民。說「子民」還算是客氣，其實就是上帝所牧養的羔羊。他們也這麼自稱，所以他們對上帝很恭敬。那麼請問，去到那邊以後，永遠當上帝的僕人，想要求得的只是去那邊不會死亡，然後人間的一家人在那裡又會重新團圓，正是在天堂組織他們的家庭，那麼請問他們的天堂在什麼地方？還是欲界啊！不外於欲界天！可是你要眞去探討他們的天堂是欲界的哪一天的時候，可就有問題了；因爲欲界六天之中，沒有哪一天是他們說的境界：生到四王天去，歸四大天王所統領，不是耶和華上帝，那他們那個天堂的境界顯然不是四王天的境界。可是你若要談到忉利天嘛，每一個天子有五百天女奉侍，每一個天女又各有七個婢女；好，他們一神教徒來世生到那邊去是一家團圓，跟人間一樣，不是去當天子或當天女，顯然他們的天堂也不是忉利天。再往上推尋夜摩天、兜率天、化樂天、他化自在天的境界，都跟他們講的天堂不一樣，那他們的天堂是什麼境界？正是想像的天堂，正是不知道欲界六天境界的人類想像出來的一個假天堂。

所以你去信仰一神教的時候，它等於是畫一個餅給你；給你的並不是眞正的餅，然後信徒們在人間吃了「餅」以後，生到天堂的結果卻不是眞的天堂，不曉得天堂在哪裡，只好重新再輪迴。但是，因爲他們求生的天界顯然不離欲界，就算他們死後眞的可以生天好了，仍然是在欲界天的範圍裡，所以他們也是天道。他們這個天道還及不上色界天，所以我說上帝沒辦法跟我對話，爲什麼呢？因爲連三界中的世間法他也沒辦法對話，那我要如何跟他講未到地定？他可就不懂了。我再來說明初禪、二禪，他也不懂啊，那麼上帝能跟我談什麼？我只問：「你上帝住在欲界六天中的哪一天？」他還得怕被我拆穿呢。我就把欲界六天的境界一一爲他說明，再問：「你是什麼天的境界？你的境界都不符合欲界六天的境界。」他如果硬要瞎掰說：「我的境界就是你講的他化自在天。」我就說：「那麼請你把《聖經》改一改。《舊約》得改，《新約》也得改，全部都要改正。然後你要昭告你的所有信徒：《舊約》、《新約》講錯了，都要修改。」所以你說，上帝要怎麼跟我對話？你們如果知道他的內涵，你開口問他，他也沒辦法答覆你啊！好，那麼他們顯然是天道，談不上解脫道。

接著還有什麼道？佛講的道，他們全都不懂。佛講的道：聲聞道、緣覺道、菩薩道。佛陀所傳的是這三種道，這三種道的修行就有不同的法門與內涵；所以聲聞道斷我見、斷我所執以及斷我執，這樣就足夠成爲阿羅漢，出離三界生死；那麼如果　佛陀在世一定也會講緣覺道，緣覺道要學的法是什麼？就是十因緣、十二因緣啊！經由因緣觀來實證辟支佛的果位，這就是緣覺道。所以有「道」就一定有「法」，道只是一個總稱，其中就有應該修學的法。不同的道，所修學的法就不同，所以菩薩道除了要修聲聞道的四聖諦、八正道以外，也得要修緣覺道的因緣觀，然後還得要修證佛菩提道，先要明心開悟，實證般若智慧，能夠瞭解法界的實相，這就是菩薩道中的第一個部分。

那麼這個部分實證了，還得要繼續進修，要圓滿別相智，也就是要轉入相見道位裡面，好好把般若的別相智熏習圓滿，具足了才能進入初地的智慧與心境中，所以這時是連聲聞緣覺道都得要有一定的實證。也就是說，已經能夠斷除五個下分結，身口意行猶如阿羅漢一樣，有能力不再受生於人間，然後才能夠依其他部分的實證而入地，而這只是菩薩道的一部分而已。所以入地前一定要通達三乘菩提，那麼這樣的菩薩道，才是佛所說的道與法；而這個時候，只是剛剛具備了被具體授記的果位而已。也就是說，入地的時候一定會被授記，就可以指稱：將來你多少劫以後成佛？佛號是什麼？國土名稱是什麼？聲聞弟子、菩薩弟子共有多少人？將來正法、像法、末法時期各住世多久？這就可以明確授記。要從第二大阿僧祇劫之後才可以正式的分明授記，也就是說第一大阿僧祇劫已經過去了，進入第二大阿僧祇劫才會被作這樣很清楚的授記。否則都只是一般性的授記：多久以後可以成佛，但是佛號、四眾弟子等都還沒有完全定案。

所以菩薩所修的道，就是佛菩提道，因爲它可以使人成佛；因此從第二大阿僧祇劫開始，就要修證無生法忍，就是修習十度波羅蜜多；然後第二大阿僧祇劫之中滿足七地的修行，那是同時要把習氣種子給斷盡，不單單是斷除三界愛的現行而已；那麼三界愛的習氣種子都斷盡了，無始無明也斷除很多了，才能轉入第三大阿僧祇劫，轉入第八地中。這第三大阿僧祇劫針對如來藏中的各類無記性法種修完之後，還要在等覺位中整整百劫布施內外財，才能夠具足三十二種大人相，八十種隨形好，成爲一生補處的妙覺菩薩，然後才能成佛，這就是佛菩提的道以及所修的法。

佛菩提道所修的法，除了把二乘菩提函蓋在內，還得要明心和見性，然後依於眞如心的別相以及對眞如心所有一切種子的實證，才能夠圓滿。所以佛菩提道所修的內涵，與二乘菩提之道有共同的地方，就是聲聞緣覺道屬於同樣必修；但是也有不共之處，就是三界愛習氣種子的斷除，以及斷除一切非關三界愛的異熟愚，這是屬於無始無明的部分。那麼這樣了具足實證圓滿了，才可以說是佛菩提道，也才可以說是佛菩提道所應修的　切法。正因為這個部分不共二乘聖人，所以這部分的修學內涵就稱為別教——有別於二乘的解脫道。至於佛菩提道中所修三界愛現行的斷除——斷除我見與我執，就通於二乘道，因此是與二乘共道，就稱為大乘通教之法。這樣函蓋圓滿了，才能夠成為　佛陀所說的道與法。

如果在世間法中行俠仗義、替天行道，那叫作什麼道？叫作「俠道」；有的人就是立志一生要行俠仗義，寧可為世人打抱不平而死，絕不安逸苟活，這就是俠道。那麼世間還有什麼道？還有很多種道，譬如五術也稱之為道：山、醫、命、卜、相等五術之中，例如看風水，一天到晚觀山看水，他也有道啊！可是如果有道而無德，他專門收人錢財去破壞人家的地理風水，人家就會說這個人沒有道德。他有這個技術而沒有道德，就稱他為（導師以台語說：）「術仔」。（大眾笑…）他是有術而無道啊！道是正面的，光明的，而技術純粹只談技術面，不談道德，也不談後世的果報好或不好，只談世間法上這一世有沒有利益；由於有術而無道，就稱爲「術仔」。「仔」是一個兒子的子，加上人字旁，很多人翻譯台語「術仔」，往往誤會爲士卒的「卒」而翻譯成「卒仔」，其實不對，應該是技術的「術」。他有技術而沒有道，道是代表正面的、光明的心行。好，「山」類的風水師是如此，醫術也是如此，算命、卜卦的以及看臉相、手相、骨相的也是如此；所以有術的人也得要有道才行，下一世就可以有好果報；若是有術而無道，下一世就沒有好果報。這就是他們講的「道術」，道與術應該兼而有之，若是有術而無道，就被世人所看輕。

例如各朝歷代的開國君主，他們都會有學道有成的人幫忙，因此可以功成業就，成爲開國君主；可是有道也有術的人，當皇帝建國的功業成就時他可能就離開了。例如劉邦有個張良，可是劉邦的帝業成就時，張良就離去了。爲什麼要離去？因爲他看清楚了：這個人可以共患難而不能共享繁榮富貴，所以他什麼都不要，直接就走人了。據說雍正搞兵變，懂得遠交近攻，他當上皇帝之前也有一個術士，但這個術士也是看得很清楚，知道雍正這個人能共患難而不能共享榮華，所以雍正奪權成功，還沒有正式當皇帝，這個術士馬上就離開了。後來繼續跟隨在雍正身邊的人，有幾個好下場？很少。只有唯唯諾諾之臣有好下場，眞正想要作事的還眞的不行。因爲雍正的格是什麼格呢？他是能臣之格，本來不是當皇帝的料，因爲他的心胸不夠廣闊；有道也有術的人，看清楚了所扶植起來的帝王的心性，所以雍正的帝業成就時就得走人了。

那麼道與術一定是結合在一起，才會被世人所恭敬讚歎。例如醫生，醫生是救人生命的；可是這醫生如果獅子大開口：「要我動刀救人，一百萬元紅包先拿來再說。」那麼人家就說：「那個人有術而無道。」所以當面很奉承、很感激，可是病人才痊癒出院以後就立刻向別人說「伊是術仔」，立刻就開罵了，對不對？人家就是罵他沒有醫德。那麼會看面相、手相、骨相的人，又何嘗不是如此？他們藉這個技術去謀取世間的財路，卻是有一個限制；所以有很多非常厲害的算命師，鐵口直斷，從來沒有差錯，但是結果就是「無後」。頂頂厲害的人竟會沒有後代，他只能傳給外人、收作徒弟；而那個徒弟的情分就是最親的人，因爲就等於兒子。

他自己沒有辦法生兒子，生了也養不活，那麼那一種人，就是干預了因果；所以有時候看見了一個風水寶地，他從來都不敢講，因爲無德的人居之，將來掌權以後就會貽禍眾生。有時遇到一個所謂的眞命天子，他想：「這個人的後代將來大發了，對眾生是有利益的。」即使沒有代價，他也得把這個風水寶地送給那個人；那麼這個風水師未來世就很好過啦！雖然他今世沒有得到什麼好處，但是後世得大利，因爲他造福眾生，他是有術也有道。

同樣的道理，來到佛法中學的是三乘菩提之道，是無所得的實相智慧與解脫生死之道；可是如果學了三乘菩提的目的是要謀取錢財、謀取眷屬、謀取名聲、謀取社會地位，這個人其實是愚癡人，因爲他變成有術而無道的下等人了。他學成以後知道三乘菩提該怎麼修，然後用這個法去謀取世間利益；本來修學三乘菩提是要出離世間，結果他運用三乘菩提的實證來謀取世間的利益，那到底是上升還是下墮？當然是要下墮了。他已經迷失了，這其實是迷失於三乘菩提了。在三乘菩提上實證之後，應該是繼續往前進發；而繼續往前進發所應作的事情，應該是今世利、後世利。如果實證了三乘菩提之後，落回世間法中去求財色名食睡，去求世間的名聞利養，那是反墮於世間法中，這時就說他道心退了，他其實是只有乾慧而不是實證三乘菩提的人。

雖然他還有三乘菩提的實證，可是那實證已經變成他的知識，只成為知識而沒有智慧與解脫的實質；他的智慧與解脫的功德並沒有現前，所以反墮於世間法去追求，那我們就可以說他是「術仔」。為什麼他只是術仔？因為有術而無道嘛！他如果道心堅固，就依於三乘菩提之道，不論法或者次法，都繼續往前去修行，那就有道也有術。也就是說，術就是方法；菩薩必須有道德也有方法，否則若是有方法而無道德，那就是退轉的人。本來是轉依於三乘菩提的智慧來安身立命，結果卻因為貪著人間的五欲而退轉了，回到世間法財色名食睡裡面打滾，那就變成有方法而無道德。

那麼 佛陀說「如是諸子等，學習我道法」，這是說：「這些無量無數的菩薩摩訶薩們，都在學習我所說的道，也在修學我所說的三乘菩提勝法。」這樣才叫作學習道與法。所以道有技術面，偏在心性的改正上面；法也有技術面，偏在方法的實踐上面。法總合起來能夠使人心性向上提升，就稱為道，而法即是實修的方法，所以道還是依法的技術面來說，就是次第與方法；可是「道」有提出一個終極目標，法只是一個層次又一個層次的細節。那麼有道也有法的人，他利樂眾生的時候不計較自己的世間利益，而是純粹去付出，那就是有道也有法。

如果有法可以傳，但傳法時卻一定要求學人供養；學人若沒有作大供養，就不肯傳法，其實是不利於自己的。就像密宗那些人都是這樣，不論傳個什麼法，就一定要有多少錢供養。而他們傳的法是什麼呢？也許只跟你傳一個咒語，把那個咒語相應的打手印也告訴你，身印要怎麼安住也告訴你，但是傳給你這個咒，要價台幣五十萬元。若是另一個咒，要收費一百萬元台幣！可是喇嘛們傳那個咒法，是眞的可以利益眾生嗎？答案是不行。這就表示他們既無道，亦無法，因爲那只是藉著鬼神感應而已；可是藉著鬼神感應來達到所求的目的，將來得要回報鬼神啊！萬一將來沒有能力回報的時候又該怎麼辦？或者將來鬼神所求的回報不如其分，那時候該怎麼辦？若對鬼神要求的回報無法作到，就只好被鬼神弄得七葷八素，最後住進精神病院去。

鬼神可不跟你講義氣啊！特別是低層次的鬼神。而密宗那一些咒驅遣的都是什麼類的鬼神？都屬於山精鬼魅啊！那一種鬼神是不講義氣的，既然密宗那些信徒驅使了他們那麼多年，他們也眞的很努力奔走來完成持咒者的要求，他們圖的是將來得到回報啊！可是這個修持密法的人，並不知道鬼神將來會要求什麼樣的回報；因為並沒有溝通過啊！那鬼神以為說：「我幫他把事情作好了，將來他一定是要回報我這個。」問題是傳法的喇嘛沒有事先告知，他們自己也不知道這種道理；那麼持這個咒的人將來要怎麼回報，就是個大問題。

這是因為喇嘛們自己也不知道，結果持咒的人三五年內一時解決問題了，然而後面呢，鬼神要求回報的時候，他作不到，那時更大的問題就來了。像這樣的傳法者跟受法者，雙方都是「今世後世無益」。喇嘛們拿了信徒的錢財，對自己會有利益嗎？沒有啊！他們拿了信徒的錢財以後只是花天酒地用掉了。例如一群喇嘛住在一〇一大樓裡面的某一層某一戶裡，聽說那裡面都是空啤酒罐等等，丟得滿地都是，並且還有洋酒的酒瓶。那就是喇嘛住的地方，那你說這樣子，這一世對他們有利嗎？沒有利益嘛！只是每天混混沌沌過日子，心裡還在愁著說：「未來還有沒有誰可以給我騙錢財。」我說這樣的人，不如打個麻醉針去睡到死算了，因為同樣都是混沌嘛！所以那就是無道亦無法。

那麼有道也有法的人，該怎麼傳法？一定要把如實的人天道，以及聲聞道、緣覺道、菩薩道加以一一宣說，要如實解說而不是曲解了來說，也不是誤會以後隨便亂說。並且還有一個要點，就是傳法的時候「法」與「次法」全都要傳，不能只傳法而不傳次法。如果只傳法而不傳次法，那就會有過失。例如你們上課的時候，親教師有時會談論許多的次法，那正是他們的慈悲；如果他們只傳法而不傳次法，一定是他們的心態有問題。目前我們親教師們心態有沒有問題？沒有啦！所以我們親教師在課程中會演說法，也會演說次法，二者同時教導。

但我以前是有這個過失，我此生弘法的最早幾年，大約是剛開始弘法的六、七年中，我都是只說法而不說次法。但我當年有這樣的背景：我當時只是客座講席的心態，並沒有想要當法主；我也沒有要建立道場，我只是想有人繼承了這個法以後，他們可以沒有私心去傳法，那我就歸隱山林去了。那時我想的不是山林，而是田野；所以我在故鄉買了一塊地，在重劃區，旁邊都是稻田；可是後來回去看望老爸，晚上睡覺了，十二點雞開始啼，到了一點雞也啼，兩點也啼，啼到天快亮時還在啼。（大眾笑…）因為重劃的住宅區裡面，道路的燈都很亮啊！牠分不清楚是不是天亮了，覺得好亮好亮，牠就叫啦。後來我覺得這樣子不行，將來退隱下來以後一定沒法子靜修禪定；於是又跑去我同修的故鄉，在明航寺旁邊買一塊地，目的是幹甚麼？就是把法交棒以後想要歸隱田野啊！可是後來眼看著沒辦法了，想退下來已不可能了；我本來的計畫是二〇〇一年就要退隱下來的。我先問諸位：我退下來到底好不好？（大眾回答：不好！）不好喔？當年有好些人一直希望我退隱的，所以後來他們才會說我講話沒有誠信，是因為我退不下來，因為他們想要當同修會的領導啊！可是所有的老師們都不服他們，堅持不許我退隱，那我也沒辦法，少數服從多數，我也只好食言而肥，所以我現在比十年前胖一點點。（大眾笑…）（編案：這是二〇一一年九月所說。）

那麼我想的就是歸隱田野，這是我從來的想法，不曾改變過。我不想利用這個法去賺什麼錢，打從一開始我就不賺錢，也不接受錢財珠寶等供養的，我還貼上油錢、貼上時間，我也捐款護持。所以一開始有很多人說：「我們想要印老師的書出去流通，這麼好的法不該失傳。」我說：「那也行！不如就找三個人出來，一個管收錢，一個管帳，一個管出納。」我們一開始就是這樣子。即使後來不得不買了九樓這個講堂，眼看著也是退不下來；然後爲了書的流通，因爲不能全部都印成結緣書，經費不夠；如果我們正智出版社的書全部都印成結緣書，那一年要花多少錢？可能得要上億元，只要被人家索取出版社的這一些書，正覺就會缺錢而倒閉，眞的無以爲繼，正覺同修會也就垮了，那是一年要花好幾千萬、上億元呢！

所以後來我獨資成立了正智出版社，但出版社的業務也是一樣模式處理的：出納歸出納，管帳簿的歸帳簿，管存摺的歸存摺，那麼發行銷售則是另外一批人，全都是分開的，而我不曾把盈餘納爲己有。在正智出版社中，我管什麼？我管寫書跟編輯，其餘諸事都不管。這就是說，有道也有法的時候，一定是今世利、後世利！也許有人想：「唉呀！你太笨了，你出資成立出版社，又是自己寫的書，賺了錢本來就該是你的；你竟然都沒拿到自己口袋去，好笨、好笨、好笨，這有什麼今世利？」是啊！看起來是沒有今世利，可是至少有後世利吧？有！有後世利，因爲只要誰買了一本書，那我就有法布施的功德；我作了佛法的布施，賣書的那些錢，扣了稅以後我又捐出來利樂眾生，我們正覺同修會就可以使用這些錢啊！全部用在正法上，使正法久住及利益學佛人，那我又另外有一層法布施與財布施了。

那你們買書的時候，其實也接受了我的財施，爲什麼呢？我每一本書的每一頁都是寫得滿滿的，法義又是極勝妙的，才賣兩百塊錢。你們看盧勝彥的書，它是橫式的排版，那書裡的字本來就很少了；然後有時又是一行只有一個字，加上兩個標點符號；（大眾笑…）你們要找到我的書裡頭一行只有一字、兩字的，永遠都找不到；凡是只有一個字、兩個字的那一行，我往往會把字距壓縮，把那個空間留下來給下一行使用；所以你們很難找到一行是只有一個字、兩個字的。而且有時某一段的最後一行若是只有四個字、五個字，也是前面有好幾行滿滿的法義說明，所以我的書是「大碗擱滿墘」。（閩南語）

其實若要依成本來說，我那些書應該要賣兩百五十元才夠本，因爲每本書都應該給付作者著作權費；可是我不要，三百多頁法義勝妙的書，我只要賣兩百元就好（編案：後來爲因應成本不斷上漲，書價於二〇一五年略作調整）；所以你們不管是誰買了我的書，都已經被我布施了台幣五十塊錢；這也是我作布施的福德，但這個無形的福德大家都看不見，都是被人家種了福田還不知道。會外也有人打電話來：「欸！我買一整套，算多少錢？」我吩咐賣的同修說：「九折啦！」「才只有九折喔？」啊！他還要繼續講價，我說：「好啦！

八五折。」偶爾還降到八折賣，當然是賠本，不能再低了。因爲我們得要維持跟總經銷之間的關係，不能賣得太便宜，否則總經銷會抗議的。可是我打九折、打八五折，並沒有不悅，因爲我又布施了，他是主動要求被我種福田。

在次法上，你怎麼樣看得透徹，這事情很重要。所以我們不像密宗的書全都是言不及義，而且每一本都是很貴的五、六百塊錢。我們的書所說都是眞實義，而且說得很多、很廣、很深妙，並且內容分量也很足夠，卻賣得很便宜。那我爲什麼要這樣作？因爲要看今世利與後世利。今世利就是我完成了法布施、財布施的功德，從世間法上來看，我眞是笨，那麼好的一本書才賣兩百塊錢；現在隨便哪個大師的書，言不及義而且裡面的內容很少，動不動就是三百元、三百五啊！那就是說他們沒有考慮到今世利、後世利。從表面上看來，我是損失了今世利，其實不然，我完成了布施的功德，這就是我的今世利啊！

至於在「法」上，你們可以從我的書上讀出來，可是我在「次法」上怎麼修行呢？你們不會感覺到。那我們如何在次法上同樣可以修集到福德？這就是我們親教師們要教給諸位的地方。如果諸位這方面也能學好，那你們就可以快速具足法與次法；法與次法具足的時候，那你的道業進展就會非常快速。所以在學法的時候越精明的、越靈光的人，往往在佛菩提道中越吃虧，因爲他們只看到世間法以及法的本身，可是他們沒有看到佛菩提道裡面應該修的次法，因此他們的後世利就被自己所損害。這就是我們學佛菩提道的時候，爲什麼要談到道與法的緣故。

那麼因爲早期我一直想要歸隱田野，所以不在次法上面講解什麼。這也是因爲我若是剛開始弘法時就講解次法，大家會說：「欸！這蕭師兄又要我幹什麼了！」那時我與大眾都是以師兄弟相稱的，我從來沒有要求大家要稱我爲老師，所以都讓他們稱我爲師兄。這也就是說，當年我在次法上都沒有教導大家。如果當年在次法上有教導，我就應該先告訴他們：「你們應該稱我爲老師，不該稱爲師兄。」但因爲我的想法很簡單：只要有人繼承了這個法，有能力攝受廣大有情時，我就歸隱田野去了。所以我從來沒有糾正過大眾對我的稱呼，大家也就相沿成習，都叫我師兄：「蕭師兄！你這件事情……。」因爲我的心態是隨時準備要歸隱田野的。

可是，後來正覺同修會成立，也有人要求傳菩薩戒，於是大家就主動開始改口，就改叫我老師了；從那時開始的這一叫，就叫到現在都叫老師了，再也沒有人叫我師兄啦。那我以前因爲是客座講席的心態，所以我不談次法，也因爲大家可能心裡想：「這蕭師兄是不是要我們捐錢？還是要我們恭敬他？」但因爲我沒有那個企圖，只是想要把法傳出去而已，假使有人承接了，我就準備退隱，因此我不講授次法。但是不講次法，時間久了就會有問題出現，因爲大家對我沒有恭敬心，對法也就跟著沒有恭敬；對法沒有恭敬的時候就會胡搞起來，因此就有前後三次法難事件發生，這就是沒有教導次法所產生的後遺症。所以現在我們親教師們都會在法與次法上面平衡教導，就是預防大家於法不恭敬，然後產生了「後世不利」的狀況。因此在佛菩提道裡面，道與法兩者都必須要兼顧，不能單單注重於法而不能注重於道。言歸正傳，世尊說這一些菩薩摩訶薩們無量無邊，都學習 世尊所傳的道與法；表示這些人對法與次法全部都在修學，不是單單只要法。

那麼我們施設兩年半的禪淨班課程，就可以把法與次法全部都傳授，那麼有一些人來同修會只想要法，不願修學次法；身爲菩薩應該如何，他們不想學，「只要你把所悟得的是什麼東西，直接告訴我就好」，所以往往新開的禪淨班，才剛剛開放小參，立即就有學員問親教師：「我這個是不是？」如果老師說：「是。」那麼下課時就向老師說「莎喲娜啦」（日語，告別之意），然後就不來啦！他們的目的只是要法。至於正法的存亡，正法的將來，以及眾生未來會如何，他們都不考慮，只考慮：「我能得到這個法，將來可以獲得開悟聖者的身分，然後我可以在世間法上得到什麼利益。」這就是他們的想法。所以現在幾乎每個道場都有派人到正覺同修會來，目的是什麼？就是盜法嘛！是想要竊盜正法密意。也有基督教的人進來，這也有啊！可是他信奉基督教，卻想要學得佛法的密意，這很不合理欸！他應該學基督法才對！因為既不是佛弟子，怎麼可以修學佛法的般若密意呢？所以說，法與次法應當互相配合。

那麼這一些從娑婆世界下方虛空前來的菩薩摩訶薩們無量無邊，他們「晝夜常精進」，是白天努力修行，晚上也努力修行；這麼辛勤努力的目的是為了什麼呢？是為了佛菩提道。在會外的道場所謂的學佛都很輕鬆，沒有什麼壓力，最多就是去幫忙打工，身體累一點而已，可是大家嘻嘻哈哈一會兒就過完一天了，然後說是法喜充滿。可是在同修會裡面學法會有壓力，轉眼看著已經學上兩年啦，哎呀！只剩下半年；這兩年才過，就預備著要報禪三了：「那我去了禪三時，萬一沒有通過，下山回來是不是滿臉無光、羞於見人？」往往有壓力，對不對？我知道有很多人有這種壓力啊！其實這是不必要的壓力。有時候想：「唉呀！我報名精進禪三，到底能不能錄取？」所以報名表遞出去以後，看著打三的日子快到了：「啊！我怎麼還沒有接到錄取通知？」也有人接到教學組寄來的信，想要打開時手都會抖，這就是壓力嘛！但其實不必要有壓力，因為放眼現在天下佛教界，有什麼大師開悟了？只有在正覺才有。所有開悟的人都集中在這裡，所以你才會有壓力。

如果是在會外所有的道場中，根本不會有壓力。如果會有壓力，就只有一種情形，師父打電話來說：「這大殿要裝修，沒有錢。」（大眾笑⋯⋯）不然說：「我們本山一個月電費要五十幾萬元，大家都不太護持⋯⋯」那你聽到這個電話，心想：「怎麼辦？景氣不好，錢不好賺，三個孩子都在讀書：一個大學，一個高中，一個初中，都在花我的錢，師父又一天到晚說他沒錢。」那就有壓力了。但你們有沒有聽過我們親教師開口說：「我們想要買下整棟大樓，但是沒有錢，請諸位樂捐。」有沒有？（大眾齊說：沒有！）沒有啊！

我們老師只會教導你說，如何是時節施、自手施、至心施、信心施等等，會教導說：如何是施的果報，如何是施的因，後果是如何，以及布施時有哪幾種福田等。會把布施的因果道理告訴你，但是不會跟你勸募說：「會裡現在需要幹什麼，老是不夠錢。」我們的老師們從來沒有喊過窮，我個人也沒有喊過窮啊！雖然我們不像那些大山頭都是幾十億、幾百億元，但是我們從來不喊窮；因爲我們沒有什麼野心，我們若是想要作什麼，都是因爲弘法上有需要；所以我們從來不搞門面、不搞派頭，我們只要最基本的、買下可以讓大家共修的場所就夠了，所以我們沒有金錢的壓力。

我們也不想給諸位金錢的壓力，但是會給諸位「法」的壓力。所以你們來正覺學法，不可以原地踏步，因此老師們就會不斷地把勝妙法教給你們；但有時往往教得太深，有的同修就說：「喔！這個太深，我壓力好大，來上課都不太聽得懂。」於是他就趕快轉班。這就是說，來到正覺同修會修學，是會有不同層面的壓力，但不會有錢財上的壓力，只是在學法的修行上面你會有壓力。因爲，也許在進階班裡經過一個禪三以後發覺：「我旁邊的同修怎麼不見了？」原來他改去增上班了，「唉呀！我怎麼老是在這裡？」於是就有了壓力，對不對？其實，有這個壓力才是好的，這樣才會推著自己前進！一定要有動力，否則呢，老是在混日子。

混日子的代名詞叫作什麼？（有人回答：……）對嘛！就是等死！（大眾笑：……）如果要等死的話，不必進來同修會。因此來同修會學法會有壓力，壓力的來源就是法的實證與否。那麼為了法就必須要精進，有時在法上不能突破，其中的原因是什麼，就要自己檢討：例如福德不夠、性障太重等等，都應該自己去檢討。把那一些欠缺的部分補足了，不開悟也難。所以有時候有的同修作義工時簡直是拼命在作，而他一直沒有想要求快速開悟，可是佛菩薩就常常會去夢裡面指點他。就是有這樣的同修啊！因為他真的感動了佛菩薩。所以有一天在禪三道場破參的時候想：「啊！原來菩薩在夢裡面為我指點的就是這個，我那時好笨哪！怎麼都不知道。」有好多人就是這樣的，而且不在少數。那有時候，他夢見我，夢見多了都覺得不好意思——醒來就覺得不好意思。直到明心以後，才終於知道我在夢裡對他作了那一些事情，目的是什麼。本來以為我只是責備他不精進，所以去他的夢裡打他，後來終於知道為什麼被打。

所以只要他努力去作，一定會有感應，至於是什麼樣的感應，可就不一定人人相同了。但這些感應的緣由就是因爲「精進」的緣故：救護眾生精進，護持正法精進，努力聽經聞法精進，在看話頭的功夫鍛鍊上也精進；都因爲常行精進的緣故，所以就會有感應。那麼這樣精進的目的是在幹什麼？是爲了求佛道啊！如果不是爲了求佛道，那麼精進是要幹什麼？世間人大都懂得吃喝玩樂，難道我們不懂嗎？我們又不比他們笨，那我們爲什麼不去吃喝玩樂，每週都來正覺講堂聽經，座位又只是那麼一個小小位置，就坐在那邊兩個多鐘頭。如果你是來九樓聽，那至少要兩個半多鐘頭，得提前來坐，晚了就得去別的樓層聽經，那麼坐在別的樓層就不用整整兩個半鐘頭啦。你看，來正覺講堂聽經，有那麼多的辛苦！可是爲什麼要繼續這樣子每週都來？爲了佛菩提道啊！所以凡有所爲，只要是爲了求佛菩提道，全部都是正確的；至於修行的時候，只要是夠精進，佛菩薩就一定會有感應。

那麼 佛說這一些菩薩摩訶薩們，就是這樣勤求佛道，而他們住在哪裡呢？住在娑婆世界下方的虛空中安住啊！這個「下方空中住」到底是個什麼世界？這就是 釋迦如來方便施設的實報莊嚴土，給這一些菩薩摩訶薩們所住的地方。他們在這個娑婆世界下方的虛空中安住，都是努力在修行，所有的時間從無空過，這樣的進步是很快的。可是想要到這個地方去安住修行，得要很大的福德，福德不夠還去不了；還得要很高的證量，證量不夠也去不了。這一些菩薩們「志念力堅固，常懃求智慧」，他們的志向是很高的，不是卑劣心，不是輕下心，所以他們因爲這個緣故，使得法上的勝解非常強；因此他們對於法的憶念就很堅固，不會遺失。念力的堅固跟勝解以及他的志願強不強，有直接的關聯；如果勝解不夠，那是記不住的；用死背的方式，不可能記得住實相般若勝妙的義理；如果那個志願不夠強，對於佛法有輕下心，認爲這個不重要，那他就不會把這個法很深刻地記住，就沒有念力。表示他只有念根而沒有念力，所以「志念力堅固」，是要由兩個部分來完成，就是勝解具足，以及有增上的重法之心，因此對於法就不會遺失。那他們這樣子作的目的就是爲了要殷懃地求證佛菩提智啊！

而且這些菩薩摩訶薩們都可以爲人說法，所以他們「說種種妙法，其心無所畏」。有很多人能說法，但都要看是什麼場合的啊！如果在外面道場說法，隨便說一說都行；因爲只要你們在進階班待上個三、五年，出去外面任何道場說法，他們都會說：「你為何這麼有智慧？」還不必到增上班來，單只是進階班所學也就夠了。那為什麼會這樣？因為你所說出來的法，他們聽都沒聽過；例如我們講如來藏、講眞如，這幾年佛教界聽慣了；可是如果十年前你爲人演講眞如，或是講如來藏，大部分人都沒聽過；而且沒聽過的人是大山頭的大和尚，不只是座下的小法師們。他們從來沒講過眞如、沒聽過眞如，我就說他們也太瞎了！眞的叫作瞎！因爲他們寺廟裡面有《大正藏》，有《龍藏》、《嘉興藏》、《磧砂藏》，他們有好多的藏經啊！當上了大山頭的大法師，竟然連《大藏經》都沒有讀一些，眞的好奇怪！眞如或如來藏可都是《大藏經》中處處演述的法義啊！

以前有一位大法師在美濃閉關六年，竟然不是讀《大藏經》，他讀什麼？讀日本人的著作，而且只是凡夫位的日本人著作，就是那個鈴木大拙的著作。這樣到底他在閉什麼關？然後出關來，就覺得自己好像是金光閃閃一般，因爲他有一個頭銜啊——閉關六年。哇！這個講出來，眞的嚇死人；請問諸位有誰閉過關六年？其他所有大師們又有誰閉關六年的？連我也沒有啊！我自己參究眞如佛性的時候，那時也只有閉關十九天啊！可是閉關的實質到底是什麼？應該有閱藏的收穫或者開悟明心的收穫，但他都沒有，竟然出關以後連眞如都沒讀過、都沒聽過。

所以說，那一些眞如佛性的妙法，他們大法師們是連聽都沒聽過的；可是你們在正覺的進階班裡面熏習三、五年，隨便到哪個大山頭去說法，他們都會認爲你說的都是聞所未聞法，因爲他們以前沒聽過；因此你們只要在進階班待久了，隨便哪個大山頭都可以上去說法，可以「其心無所畏」。眞的不必有所畏懼，我把實話說給你們聽，這是眞的啊！那，如果你破參明心了，更沒有問題啦！因爲他們如果聽說，你這位菩薩是正覺同修會裡面被印證開悟的人，他們就換另外一副眼睛來看你，因爲他們知道你有實相般若了；所以你們出去外面的道場說法當然可以「其心無所畏」。如果是我們的助教老師、親教師們，那更無所畏懼啊！因爲有法的實質嘛！而這一些下方來的大菩薩們，可比咱們大家都要高喔！因爲他們都已經入地了，有不少人是一地又一地，加了好幾地上去了，自然可以「說種種妙法，其心無所畏」。

「我於伽耶城，菩提樹下坐，得成最正覺，轉無上法輪；爾乃教化之，令初發道心；今皆住不退，悉當得成佛。」世尊接著說明：「我在菩提伽耶城外，在菩提樹下宴坐，參究之後得以成爲至高無上的正等正覺，開始運轉無上法輪；」這就是說世尊所示現的是在菩提伽耶城郊的菩提樹下端坐參禪，並不是修定。釋迦如來是捨棄了六年的苦行，然後把身體沐浴乾淨，接受了牧牛女的乳粥供養，再接受牧童的那一大把細草，於是走到樹下把細草鋪平了，坐在那裡參究。是這樣參究而成佛的，不是在那裡打坐入定而成佛的；因此成佛是靠智慧，不是靠打坐的一念不生。

世尊參究實相及眼見佛性而成佛之後，觀察如何利樂眾生，當時就發覺這事情很困難，因爲要利樂眾生的時候，該從何說起呢？眾生完全不懂，這麼深妙的佛法要怎麼說明？諸位想想看，你們在增上班學那麼多的法，或者在進階班學了那麼多的法以後，到外面去，遇到一般道場的學佛人，都還不是世俗人喔！而是號稱眞正學佛的人，你想要跟他說明佛菩提道五十二個階位是要修什麼法？得證什麼境界？你想想，他們會聽得懂嗎？一定聽不懂啊！你說要證眞如，他們會問說：「眞如是什麼？」他們連我見的內涵都不懂，何況這是大乘法中所證的眞如，眞是無從說起欸！那你只好設想低一點的層次，爲他們講講因緣法好了。

所以爲他們宣講十因緣、十二因緣，可是他們能聽懂嗎？也是聽不懂啊！例如你說「識緣名色」時，他們立即會問：「請問：名色是什麼？請問：識是什麼？」眞是無從說起欸！於是只好再降下來講更低層次的法，只好爲他們講聲聞道，先說明五陰、十八界，然後才能爲他們演說苦、空、無我、無常。他們終於說：「喔！這個可以聽懂了。」對呀，終於可以聽懂了，所以你只好從聲聞道開始講啊！於是從苦聖諦開始講。

可是你把四聖諦詳細演說了一遍，他們就能法眼清淨而得初果嗎？不行欸！所以你還得要再爲他們講第二遍：這是應該斷的、應該知的、應該修的、應該滅的。這樣講完了，也才只有二轉八行法輪而已，最後還要重講一遍四聖諦說：這個苦你必須要親自去觀察，確實是苦；這些是集，你必須要親自去觀察，一一觀察這些都是集；這些苦與集，你應該要去滅，要從實質上去滅除，不是只有知道應滅，而要在實質上眞的滅，在實質上滅了以後你才可以出三界；但實質上要滅它，該怎麼滅？這個八正道要如實履行，一一達成道的實修才能滅盡。這樣才叫作「三轉四聖諦法輪」，或者叫作「三轉十二行法輪」。

所以　佛陀度五比丘也眞是不容易啊！爲他們講解了整整一個下午，聲聞四聖諦要細講三遍；好在他們都能成爲阿羅漢，憍陳如是在講第一遍時就成爲阿羅漢；其他則是要講第二遍，有的人是要等到講第三遍才成爲阿羅漢。第三遍講完時，就是三轉十二行法輪，是三轉四聖諦法輪。那如果他們像現在會外的學佛一般，連「施論、戒論、生天之論」都不懂或不瞭解，或者是瞭解以後對「欲爲不淨、上漏爲患、出要爲上」的道理不瞭解，或瞭解而不信受，根本就連聲聞初果的四聖諦都還不該聽聞的啊！那麼你說，你在同修會學的這個明心與見性的法，到外面去演說時，他們聽得懂嗎？根本就不懂啊！好在我們有好多的書不斷地向會外流通出去，所以現在你們在外也許可以遇到一些有緣人，爲他們講起來時他們還容易接受，在以前是不可能的。可是這一些娑婆世界下方空中住的菩薩摩訶薩們，他們都是地上菩薩，想一想他們可以在娑婆世界下方空中住，那至少得是幾地菩薩？至少是幾地？至少得要四地菩薩啦！最少一定要三地滿心而且已有意生身了，那你說他們爲眾生或者爲別人說法的時候，心中會有恐懼嗎？當然不會啊！

這一些人到底是怎麼樣證得這樣的境界？其實是先有　釋迦如來在菩提

樹下示現成佛；示現成佛之後再觀察說法的因緣，應該從初轉法輪二乘道開始講，第二轉法輪講實相般若，第三轉法輪講唯識種智、方廣諸經。可是初轉法輪的時期，世尊晚上也要同時去度這些菩薩們，專爲他們講解唯識種智的深妙法，快速增益他們的證量，因此說「得成最正覺，轉無上法輪；爾乃教化之，令初發道心」，從表面上看來是這樣，好像是 佛陀成佛以後才開始教化他們；然後初發道心就到達四地、五地、六地去了。表面上看來是這樣，我說的是「表面」；於是這一些人，「全部住於行不退的菩薩地中，這一些菩薩們未來全部都會成佛。」

「我今說實語，汝等一心信，我從久遠來，教化是等眾。」最後 世尊吩咐說：「我如今說的都是眞實語，你們大家都要一心信受，不要懷疑地信受我的說法。我其實從很久遠以來，就不斷地教化這一些菩薩眾們。」意思就是說，這一些菩薩們，並不是 世尊這一世示現成佛以後才開始教化他們的，他們能夠修到今天的層次，並不是單在這一世修成的，而是很久遠、很久遠以來就跟著 世尊修學；世尊不斷地教化他們，所以才有今天這樣的成績。可是 世尊這樣說完，大家就能信嗎？因爲顯然很難信啊！所以 彌勒菩薩認爲大衆會覺得有可疑之處，應當要爲大家請問；連自己是妙覺菩薩都會有這個疑惑，何況其他的菩薩們，當然得要請問啊！因爲從來沒有看過釋迦如來教化這一些菩薩們，所以他就提出來問：

經文：【爾時，彌勒菩薩摩訶薩及無數諸菩薩等，心生疑惑，怪未曾有而作是念：「云何世尊於少時間、教化如是無量無邊阿僧祇諸大菩薩，令住阿耨多羅三藐三菩提？」即白佛言：「世尊！如來爲太子時，出於釋宮，去伽耶城不遠，坐於道場，得成阿耨多羅三藐三菩提。從是已來，始過四十餘年。世尊！云何於此少時大作佛事，以佛勢力、以佛功德，教化如是無量大菩薩衆，當成阿耨多羅三藐三菩提？世尊！此大菩薩衆，假使有人於千萬億劫數不能盡，不得其邊。斯等久遠已來，於無量無邊諸佛所，植諸善根，成就菩薩道，常修梵行；世尊！如此之事，世所難信。譬如有人色美髮黑，年二十五，指百歲人，言是我子；其百歲人亦指年少，言是我父，生育我等。是事難信。佛亦如是，得道已來其實未久，而此大衆諸菩薩等，已於無量千萬億劫，爲佛道故懃行精進，善入、出、住無量百千萬億三昧，得大神通，久修梵行，善能次第習諸善法，巧於問答，人中之寶，一切世間甚爲希有。今日世尊方云：『得佛道時，初令發心，教化示導，令向阿耨多羅三藐三菩提。』世尊得佛未久，乃能作此大功德事。我等雖復信佛隨宜所說，佛所出言未曾虛妄，佛所知者皆悉通達；然諸新發意菩薩，於佛滅後若聞是語，或不信受而起破法罪業因緣。唯然，世尊！願爲解說，除我等疑，及未來世諸善男子聞此事已，亦不生疑。」

語譯：【當世尊說完上面開示時，彌勒菩薩摩訶薩以及無數的諸菩薩大眾等人，心中生起了疑惑，覺得很奇怪，因爲這是不曾有過的事情，所以心中這樣子想：「爲什麼世尊在很短的時間裡面，便教化了像這樣無量無邊阿僧祇的諸大菩薩們，讓他們住於無上正等正覺之中？」這樣想過之後彌勒菩薩摩訶薩就向世尊稟白說：「世尊！如來您以前當太子的時候，出於釋迦族的皇宮，去到菩提伽耶城不遠的地方，坐在道場，參究之後終於得以成爲無上正等正覺。從那時以來到如今，也不過才只有四十餘年。世尊！您是如何能在這麼短的時間裡大作佛事，以佛陀的勢力、佛陀的功德，教化了像這樣無量無邊不可數的大菩薩眾，使他們將來可以成爲無上正等正覺的世尊呢？

世尊！對這一些大菩薩眾的數目，假使有人擅長於計算，讓他以千萬億劫來計算他們的數目，也都還算不盡啊！根本就不知道他們人數的邊際。這一些菩薩眾們，久遠劫以來已經在無量無邊的諸佛所在，種植了種種的善根，而且也成就了菩薩道，永遠都在修習清淨的梵行；世尊！像這樣的事情，是世間之人所難以信受的。

譬如有一個人容色俊美、頭髮黑亮，只有二十五歲，指著一個百歲的人說『那是我的兒子』；而那個已經年滿百歲的人也指著那個年少的人說『那是我父親，生育了我們眾人』。這事情眞的很難令人信受。佛陀您也是像這樣子，得道以來到現在才不過四十餘年，而這些大眾諸菩薩們，已經在無量千萬億劫，爲了佛道的緣故而精勤地修習不曾止息，他們也善於進入、出離或安住於無量百千萬億三昧，而且他們都已經獲得大神通，都是很久遠以來就修學清淨行的人，並且善能次第修習種種善法，而且智慧巧辯能夠爲人作種種的問答，他們是人中之寶，在一切世間都是非常稀有的人，而世尊今日才說：『證得佛道時，才第一次讓他們發心，教化他們、示導他們，教他們向無上正等正覺進發。』可是世尊您得佛不久，竟然能夠作這種大功德事。

我們雖然相信佛陀的各種隨宜所說，也知道佛陀所說出來的話不曾是虛妄的，而佛陀所知道的也全部都已通達；然而所有的新發意菩薩們，將來佛陀您示現進入滅度以後，他們如果聽到這一些話，有可能不信受而生起破法的罪業因緣。我彌勒一心請求您，世尊！希望您為我們解說，除掉我們心中的疑惑，同時也可以使未來世諸善男子們聽聞此事之後，心中不會生起疑惑。」】今天剛好把這一段語譯完畢。

講義：《妙法蓮華經》上週講到一百四十二頁第四行，這一段已經語譯完畢，今天我們再來一一解說。這一段經文是因為大眾有疑惑，彌勒菩薩也一樣有疑而為大家說出他自己心中同有的疑惑，其實是為無量無數菩薩眾們請問。聽到 世尊開示說那些大菩薩們都是 世尊所度的弟子，大家心裡面覺得難以理解。這種疑惑人人皆有，原因是這種現象不是人間所曾看見的，更不可能是用思惟想像所能理解的，於是提出來請示。在人間常常有許多人說要眼見為憑，問題是沒有看見的就代表不存在嗎？其實不然！例如常常有人提出主張：「凡是不能用儀器檢驗的就不算數，凡是不能使每一個人都體驗到的就不算數。」一般人也會相信這樣的說法，可是其中就是會有問題啊！

假使必須是能用儀器檢驗的才算數，那麼請問精神狀態能用儀器檢驗嗎？例如精神科的醫生，他們解釋鬼神界的事情，我都覺得很可笑，鬼神界的事情他們曾經瞭解嗎？並不瞭解。

爲了維護精神科醫師的權威與營業，所以他們自始至終都認爲那只是精神妄想：「世間哪有鬼神？」如果沒有鬼神，應當也可以說世間沒有中陰身——人死了沒有中陰，那是不是說每一個人都是藉各種諸緣來共生？這也會成爲諸法由他生而有過失。也因爲儀器不可能檢驗有沒有鬼神，既沒辦法檢驗就可以證明鬼神不存在，他們可以這麼說嗎？那麼問題來了，我就要問他們：「請問：你家每到端午、中秋、過年三節，你拜祖先幹嘛？你是閒著無聊嗎？既然你認爲儀器不能檢驗的就是不存在的，你們又說那只是一種精神狀態，不能證實鬼神的存在，所以人家著了鬼、著了神、著了魔，都說那只是一種精神狀態；既然你的儀器沒辦法檢驗各種不同的精神狀態，你就不能夠證明你所謂的『只是一種精神妄想』的說法可以成立。因爲你主張要儀器能檢驗的才算數，那你判定人家是精神妄想，有沒有透過儀器檢驗？沒有啊！你也是一直用自己的意識來判斷而已，那你這樣講的並沒有經由儀器來檢驗，當然也不算數；那你家裡也不必供祖先、不必拜祖先。因為祖先有沒有存在，你也無法用儀器檢驗證實啊！」所以他們有很多說法其實是自相矛盾的。

以前曾經有一貫道的講師主張說：「你們正覺的開悟，能不能用儀器檢驗？若不能用儀器檢驗來證明，那就不算數。」問題是：儀器是物質，正覺悟的是如來藏，是心，物質能檢驗心嗎？不可能！好！那就算是真的要用儀器來檢驗有沒有開悟，請問：這個儀器是不是要由正覺來發明才算數？因為他們還沒有開悟的人，如何能發明檢驗的儀器呢？這個儀器應該檢驗的開悟境界是什麼境界，也得先弄清楚才能發明檢驗的儀器啊！他們沒悟的人所發明的儀器，要如何來檢驗開悟的人？哪能知道該怎麼樣發明那個儀器呢？當然要由正覺發明的儀器來檢驗才算數。問題是，我們正覺檢驗有沒有證悟時用不著儀器，何必多此一舉？

所以世間有很多事情，都是一般人所不知的；而這一些事情呢，存在於三界世間裡面，也存在於各人五陰世間裡面，都是唯證乃知的事。例如我們正覺弘法以前，佛教界有很多種荒謬的說法：「如來藏是外道神我。」又說：

「第七識、第八識是方便施設而不可實證，因爲現代沒有人實證，有誰能證明祂的存在？」他們還說得振振有辭呢！問題是我們實證了，而我們實證後說出來的法，幾十年來沒有演變，都是同一個法；只有越說越廣，越說越深，越來越妙，但從來不會自相矛盾。如果是想像而編造的說法，一定會前後自相矛盾；就像印順法師寫的書一樣，前一段跟後一段自相矛盾，前一頁跟後一頁又自相矛盾。因爲他都是用想像的，他的思想之中並沒有一個主體；當我們所證的是有主體而眞實存在的眞如心，依於這個實證，從你的現觀而演說出來，不論是你怎麼演說，永遠是不會演變的，所以我們說的法前後二十年來都不演變。

這不是世間一般人所知，但他們不能因爲自己不知道或無法實證，就來否定說「世間沒有如來藏」，就來否定說：「佛性無形無色，怎麼可能肉眼看得見？」不可因爲他自己沒有體驗、無法體驗，就說別人也必然像他一樣體驗不到。人間有許多愚癡人，就像七、八年前還曾經有人說：「美國去月球探險，阿姆斯壯登陸月球，那只是他們自己拍攝的影片，用來欺騙人的。」都還有這回事啊！五、六年前還有洋人在講：「他們佛教說兩千五百多年前，釋迦牟尼佛在人間證涅槃、傳教，但歷史上根本沒有釋迦牟尼佛這個人出現過。」可憐的是當時竟然還有少數台灣佛教徒相信，那還能稱爲佛教徒嗎？就好像有人自稱是他老爸的兒子，結果竟不承認他老爸曾經存在，都是一樣的愚癡。

所以說，人類的意識、凡夫的意識所不能瞭解的，並不代表那個事實不存在；同樣的道理，凡夫菩薩、賢位菩薩、聖位菩薩所不能理解的事情，不能代表它眞的不存在。因爲自己還沒有到達那個層次，所以不瞭解，這本來是正常的事；聰明的人、眞正有智慧的人，寧可承認是自己愚癡，寧可承認是自己的智慧還沒有到達那麼高的層次，而不會去隨便加以否認，否則就不是有智慧的人。例如以前我們有過三次法難，那三次法難都是同一種原因；事相上的也就不談，單說法上的就好；他們總是會找機會來跟我談一談：「欸！老師！這個法，我看是不是應該這樣？您這樣講，這一點是不是有問題？」我通常會告訴他們：「沒有問題，不必修改。」然後我把原因簡單說明一下，不會講到很細緻、很廣。我會大概、簡單地說明一下，他們若有智慧的話，聽完就瞭解了，我又何必說那麼多呢？因爲大家都很忙啊！

但是他們因爲慢心作祟，往往以爲我隨便解釋個三、五分鐘便講完了，心中大概認爲說：「唉呀！那你只是狡辯而已，無法詳細爲我們講解。」不信邪啊！所以一群人離開討論了以後，就開始暗中否定正法了。可是當他們開始正式否定的時候，我就不會是簡單的說明了，當我講出來時就會顯示他們一大堆的錯誤，一定會讓他們無法回應。但我這個人不喜歡一開始就當面把人家破盡，一定留一點餘地給他們。我只說明他們的看法在什麼地方會有問題，我總是大略講一下就好，不必當面細說而把他們講到一文不值。對大眾應該有個基本的尊敬，這是作人應該有的原則。我一直秉持這個原則，向來都不願當面把人家破斥得太難看，當然都只是大略提點一下就好，我認爲他們證悟以後應該有智慧聽得懂我所作的簡略解釋，但他們不信，發動了第一次法難。第二次法難時也是如此，第三次依舊是如此。當然，第三次法難時最熱鬧，唉！眞的最熱鬧，所以第三次法難時寫的書就很多了。

那麼這些事實在告訴我們什麼道理？是說，世尊有時候只作略說，不代表　佛還有很多妙法不知道。而是因爲　佛陀認爲你對祂的信心夠了，智慧應該也足夠了，所以只要稍微說明一下你就會信受；若是還沒有到必須詳細說明的時候，就不必詳細說，因此只要略說就夠了，這就是我們應該要效法的地方。當人家有疑問提出來時，雖然那個提問會有一萬種的過失，你當時只要跟他講個五、六種就夠了，不需要拖著人家從早上講到晚上吧？除非他不信，寫了文章出來正式否定，那你就必須要作比較深入的回應，你才要寫出很多法義辨正啊！否則的話，適可而止是最好的應對方法。

但他們很不瞭解我的爲人，誤以爲說：「唉呀！你看蕭老師也只能夠回應這幾點而已。」他不曉得我要是眞回應起來，那可是沒完沒了的。那篇〈略說第九識與第八識並存…等之過失〉列舉出來比較大的四百多個過失，我只是依據《成唯識論》寫到卷三爲止；可是光這四百多個過失，每一個過失又可以產生兩個情況，每一個情況都會是過失，那這樣就有八百多個過失，將近九百個了；衍生出來的九百個過失，每一個過失又會各有兩個情況，而那兩個情況又都會是過失，那就是加倍再加倍，就會變成等差級數或是等比級數？是等比級數？因爲每一個過失都加倍，那麼再一次加倍就是四倍，四倍再加一倍過失就變成八倍。那過失是無量無邊的，如果哪天閒得慌，我當然可以把它繼續寫下去；每一個過失再寫兩個，兩個狀況又都是過失；這兩個過失再寫出各兩個狀況，這下面的各兩個狀況又都是過失；像這樣衍生下去，四二得八；這八個過失又各有兩個情況，八再乘二，變成很多的過失，過失無量無邊啊！但是大家都忙著弘法事務，我也沒那麼多時間，所以依《成唯識論》的內容寫到卷三，我想也就夠了，不想再寫了，因此就只呈現一千二百多個過失。

同樣的道理，這證實說，假使我們自己有所不知，假使我們自己有所疑惑，都應當歸咎於自己的智慧不夠而不能理解，不要去胡亂地推定說 佛陀講錯了。我這個人算是很膽大的，對不對？佛教界沒有人像我這麼大膽，敢公開徵求被我辨正法義的大師們來開無遮大會；因爲我的無遮大會邀請是印在書上，並不是只有在某個地方貼一個月、兩個月，我是印在書上永遠流通的法義辨正無遮大會邀請聲明。你們在佛教界，且不說現代，在歷史上，你們能找出來幾個？能找到兩個、三個就很厲害了，可是往往這兩個、三個人其實本來就是同一個人。

事實上，現代佛教界有人像我這麼大膽嗎？我把所有大法師、大居士們全部推翻了。本來我沒有想要推翻他們，我只是講我的法；可是他們要聯合起來否定我，了義正法就危如累卵了，那我就得把他們全部推翻。我後來也想：「長痛不如短痛，我遲早都要面對這些人，不如全部把那些否定正法的人全部拈出來，一次面對；他們都沒辦法應付我的法義辨正，那我就永遠解決這些戕害眾生法身慧命的毒瘤。」這就是我的想法，因爲遲早都得要面對他們。那麼我這樣全面辨正大師們，算是很膽大了，可是我從來不敢去懷疑佛所說的經典有什麼不對，除非那部經典是僞經而且證據確鑿。如果是僞經，我一定列舉出理由或根據，例如六字大明咒所根據的經典，我就判它是僞經。也許你們以爲我是今年或去年才判定它，其實不然，在二〇〇三年法難前就有人提出來問我了，我那時就告訴他，有好多證據可以證明它是僞經，因爲不但事上不符佛教，理上也不符佛法；所以大家都被密宗「哄」了竟然都還不知道，我就乾脆說那六字大明咒「唵、嘛、呢、叭、咪、吽」，叫作「俺矇你把你哄」；眞的哄了天下人，大家還被哄得很迷信，迷信到一塌糊塗！

可是眞正的經典，我從來不敢懷疑；其中若還有我所不知道的，我就說：「我還沒有修到那個地步，我不知道眞正的意涵。」但我不能推翻它，因爲在還沒有成佛之前，所不知道的法義還有太多了；想一想，阿羅漢迴心大乘修好四加行的時候，也才不過是三賢位中的第六住滿心位；明心不退了只不過才第七住位！眼見佛性時也才只是第十住位！如果不是 世尊不斷地引導提獎，誰能入地來接受 世尊詳細的明授記？眞的不可能啊！可是入地了就很行嗎？其實也還不行；縱使你敢公然召開法義辨正無遮大會，也還是不敢去懷疑諸佛世尊啊！因為無遮大會的事情跟慢或無慢無關，只是要彰顯了義正法的究竟與眞實，不是為了誇耀自己。

所以說，尚未成佛以前，都一樣會有許多不知道的事情；連 彌勒菩薩摩訶薩是一生補處的妙覺菩薩，他都公開承認自己還不知道，所以要來請問世尊。那麼大家想想看，那一些末法時代全力否定如來藏妙法的凡夫大師們，竟然敢說：「《法華經》是後人長期編造的，那都是神話故事。」所以我說，最敢毀謗三寶的人全都是凡夫，其次是善知識濫慈悲幫助的剛見道、對般若的總相智還沒有通達而隨時都可能退轉的人。凡是進入初行位中，乃至入地了，我敢跟你保證：他一定不敢誹謗正法與 世尊。因為他很清楚知道自己距離佛地太遙遠了！剛剛明心的人往往會以為說：「啊！我快要成佛了！」若是還沒有開悟也還沒有斷我見的人，他們總是會公開宣說：「我成佛了！」這就是末法時代佛教界的世間相。所以這種事情不要把它當作神話，寧可推爲己所不知，是因爲自己的智慧太粗淺。

言歸正傳，彌勒菩薩摩訶薩以及法會上的無數菩薩等，此時心生疑惑本是正常的事；雖然有疑惑，可是他們不敢懷疑 佛陀的所說，但總是要提出來請問釋疑啊！於是心中「**怪未曾有而作是念**」：「**到底是什麼緣故，世尊成佛才幾十年之間，便已教化了這麼多的無量無邊阿僧祇諸大菩薩們，讓他們住於無上正等正覺中？**」因爲那些菩薩們眞的無法計算，有六萬恆河沙數的諸地大菩薩領眾。且別說恆河沙，光是北台灣的白沙灣那些沙，你就數不完了，若是下游的恆河沙，又比白沙灣的沙大約細六倍。而且恆河下游很寬廣，你在河岸這邊坐船，可以從恆河那一邊水面看著太陽冒出來；我親自去看過了，在恆河看日出。在哪個地方看的？在瓦拉那西。那麼你想，恆河有多寬？在這岸上了船，看不到對岸，所以搭著船看著太陽從另一邊水面浮上來。那你想，一條恆河沙就沒辦法計算清楚了，他們卻是六萬條恆河沙數目的領頭大菩薩眾，眞的令你難以想像了吧！然而還不只如此，這六萬恆河沙數大菩薩眾，每一位大菩薩又各帶領著六萬恆河沙數的大菩薩；有的人是帶領五萬恆河沙數大菩薩眾，有的菩薩是帶領四萬恆河沙，下至沒有眷屬而單獨一人，這樣加起來，人數眞的是無量無邊啊！所以叫作「無量無邊阿僧祇諸大菩薩」。這些菩薩們至少都在初地以上，其實應該說是都在四地以上，因爲他們住於娑婆世界下方虛空中，都是有意生身的人。

由於心中有這個疑惑，也需要代替大眾請問，所以 彌勒菩薩向 世尊稟白：「世尊！如來您這一世當太子的時候，離開淨飯王的王宮，去到距離伽耶城不遠的郊外，坐於道場修行，後來成爲無上正等正覺。從那個時候開始算起，直到現在也只不過四十八、九年的時光。在這四十餘年的時間裡，世尊！您怎麼可能在這麼短的時間，作了這麼偉大的佛事？以佛陀的大勢力，以佛陀的大功德，教化了這麼多的無量無數無法計算的大菩薩眾，而且都是證量很高，不久以後都會成爲無上正等正覺。世尊！這一些大菩薩眾們，假使有人很會算數，讓他在千萬億劫中來計算，也一樣沒辦法算得清楚，根本就無法算出他們人數的邊際。可是這一些菩薩大眾，世尊您又說，久遠劫以來教化這一些菩薩眾；可是久遠劫以來這些菩薩眾們，一定也是曾在無量無邊諸佛的所在種植了很多善根，都曾經禮拜、恭敬、讚歎、承事、供養而跟著修學，種了很多的善根才能成就菩薩道，這麼長久的時間，永遠都在修清淨行。然而世尊您成佛才四十餘年，像這樣的事情，世間人眞的很難相信；這就好像說，有一個人，容貌還很俊美，臉上都沒有皺紋，身體很健康，頭髮也都是烏黑的，年紀才二十五歲，結果竟然指著一個髮白面皺、牙齒搖動、眼光昏暗的老人說：『這個百歲老人是我兒子。』怪的是這一位百歲的老人竟然也指著那個年輕俊美的少年說：『他是我的父親，生育了我們這些人。』這件事情眞的很難使人相信。佛陀您也是這個樣子啊！您就像那個二十五歲的年輕人一樣，得道以來其實沒有很久，然而這六萬恆河沙數大菩薩們率領著無量無邊的大菩薩眾，他們已經在無量千萬億劫之中，爲了求佛道的緣故，世世勤行精進，奉事過無量無邊諸佛，他們的證量那麼高，善於進入、善於出離、善於安住於無量百千萬億三昧；他們都得到了大神通，也是千萬億劫久修梵行了；他們各個都善能依照佛菩提道的次第，修學熏習種種善法；而且都很有善巧方便，能夠爲大眾作各種問答，這是人中之寶啊！一切世間，不論是什麼樣的世間，從地獄世間、畜生世間、鬼道世間、人世間、欲界天世間、色界天世間以及無色界世間，一切的世間裡面再也找不到像他們這樣的人，像這樣的菩薩們在世間根本找不到，而您成佛才四十餘年，怎麼可能度化這樣的菩薩出來？」

問得有沒有道理？有道理啊！但其實沒道理！因爲這只是從世間表相所見而提出來請問的。所以看來似乎有道理，其實沒道理，因爲　彌勒菩薩隨從諸佛聽過多少遍《法華經》了，怎麼可能不知道其中的道理，他只是要裝作不知，才好代替大眾向　世尊請問啊！但一般人都是不會相信這個事實，總是會懷疑不信的。就好比說，以前有很多人不信蕭平實，原因是甚麼？他們都說：「**蕭平實這一世學佛才五年，五年後就明心又眼見佛性，這哪有可能？**」我說，這有什麼稀奇？我不但如此自己參究出來還看見了佛性，我還是先被聖嚴法師嚴重誤導，所學的全都是與佛法實證顚倒的知見呢！結果我轉個一百八十度回來參究，我當場就自己開悟了。

所以我初學佛「才五年」那有甚麼稀罕？那種錯誤的知見，再學上五十年就能開悟嗎？再給他學上五百年好了，一樣是悟不了的！能悟的就是能悟，不能開悟的就是再給他五千年時光，他也還是悟不了，因爲他的知見都是錯誤的，又沒有看話頭的定力功夫。也許有人想說：「你未免言過其實了吧？」那我乾脆講重一點的話好了：再給他五萬年，他也悟不了。爲什麼呢？因爲五萬年後正法已不在人間了，（大眾笑…）而他的知見與方向都是錯誤的，又沒禪宗看話頭的功夫，那還能悟入啊？所以學法時不能光看表相，如果光看表相而不能接受我開悟的事實，我說那些大山頭的大和尚們，個個都要撞牆死掉算了。爲什麼呢？因爲他們大多數是少年出家或者青年出家，然後想：「我們一世弄得一大片山頭，大雄寶殿蓋起來就像皇帝住的金鑾寶殿；但這個蕭平實不過是個居士，學佛以來才不過五年，什麼既明心又眼見佛性？佛性無形無色，還說什麼他以肉眼看得見，豈有此理？」可是遇到了我，我偏說：「就有此理！」

那你們就用我這個例子來瞭解，我學佛五年時光全都被人誤導，都是往開悟的相反方向學去；那個錯誤方向他自己還沒走到底，我這個受學的人卻已經走到底了，爲什麼呢？因爲他所教的東西，我如實去履踐的結果，我履踐得比他更徹底，他自己都還作不到呢！他說要能夠一切放下，一念不生，我修得比他更徹底啊！爲什麼呢？因爲他教弟子們數息，每年冬夏各一次的禪七，他和大眾全都是數息；他辦的是禪七，參加他的禪七可苦了，那七天之中，不是讓你可以隨時去洗手、喝水的，得要放香了才行。

但我們的禪三是很輕鬆的，只要隨時舉個手，表示想要上洗手間去，隨時都可以去，沒有人會阻止你；也許坐著參到膝蓋痠痛，雖然膀胱不急，但是膝蓋急，舉個手向糾察老師表示要去喝水，也就自由出去了，對不對？眞的好自由。但他們打禪七沒這樣的，這一上座，引磬還沒有敲，你就不許放腿；到第四天或者第五天，才可以散盤打坐，眞的不像我們打禪三這麼輕鬆。可是那麼嚴格的禪七，絕大多數的信徒，包括堂頭和尚自己，都還作不到一念不生。但我半年後就自己會了「六妙門」，自己就能一念不生了，而我當時還不知道那叫作六妙門。

他們禪七裡都是在心裡數息：「一啊、二啊、三啊……美國大峽谷好美、好壯觀……」哇！完了！（大眾笑…）又要從一開始數起。「喔！這一回，不行！我一定要好好數。」於是重新開始數息：「一啊、二啊、三啊、四啊、五啊……我兒子不曉得又跑到哪裡去？」啊！不斷地聯想下去好一會兒了，才想到說：「我不是正在數息嗎？又想到哪裡去了？不行！」於是甩了自己巴掌，（平實導師輕輕地甩自己一巴掌，大眾爆笑…）罵自己說：「再也不許打妄想！」這回終於好好開始數息了，數啊、數啊、數啊，才數到七，又起了一個念頭，「欸！我這回可以數到七……」哇！又完了。（大眾又爆笑…）有沒有人能夠從一數到十而不打妄想的？沒有！因爲他自己都沒有方便善巧，學法的大眾也就可想而知了。

所以他們好多人打了十幾年禪七，都沒有辦法保持一念不生。可是我不必啊！我才半年就已經可以很長久的一念不生了。我才剛學數息不久，我就說：「唉呀！這樣不是辦法啦！應該要有方法吧？」所以我說：「好啊！妄想多，這個簡單，你覺知心既然喜歡攀緣，我就讓你攀緣多一點，讓你來不及攀。」於是我把一個呼吸分成前五與後五，就從鼻子到丹田，區隔出五個點來數，吸氣時就開始一啊、二啊、三啊、四啊、五啊；呼氣時就從丹田往上數到鼻子去：一啊、二啊、三啊、四啊、五啊；這樣就可以讓覺知心忙著數息了，對不對？那麼每一次呼與吸就要數十個位置，這樣覺知心就很忙了，忙得沒時間攀緣各種煩惱了。

已經這樣數習慣了，不打妄想了，就開始回來一個呼吸數一個數字，那很快就可以數到十而沒有妄想生起，都沒問題啊！於是連著一個上午都一直可以從一數到十，心中都不會有妄想。後來覺得這樣數息，不就是從一到十總共有十個妄念連續不斷嗎？一就是一個妄念，二又是一個妄念，三又是一個妄念，那爲什麼我要這麼麻煩？我把十個妄念濃縮成一個妄念，好不好？好啊！然後一上坐就開始數呼吸：「一……」我就把它「一」到底，（大眾笑…）我自己發展出來，我就一直把它「一」到底。

到後來，我又覺得這個「一」留在心中也是太吵了，眞的好吵欸！因爲你根本不需要用那個「一」嘛！於是就把「一」捨了，然後就坐在完全無念的狀態中，什麼都不用攀緣；這時也不必管呼吸，就完全無念了，就這樣子，一坐就是一下午，半天時間一會兒就過去了。等到張開眼睛時說：「啊？怎麼天暗了？」感覺上才不過十幾分鐘，天已經暗了。這時才知道，原來一個下午已經過去了！發覺天暗時，第二個知覺就是發覺肚子餓了。就這樣子過了半天啊！

然而有時候也許事情多，因爲那時我還沒有退休，有時候事情多，會有一點煩，就開始有事情在心裡面出現了；那麼既然不能一念不生，我就從無念狀態退回來，我就再來「一……」，本來都沒有「一」，現在又回去開始「一……」。如果「一……」還不行，還是會有妄想生起來，那我就再退回來數：一、二、三、四、五，數到十。結果沒問題了，再推進數「一……」；如果數「一」沒問題了，再推進，就把「一」捨了，就只是停在無念的狀態中，心就漸漸清淨了。後來有一次讀到智顗法師寫的《摩訶止觀》，才知道這原來叫作「六妙門」。總而言之，就是「數、隨、止、觀、還、淨」六個法；但我自己就會啊，那教禪的大法師自己也不懂這個六妙門。我這一世在修學佛法的過程中，都是自己先會了，後來才讀到經論中的說法而知道那究竟是什麼。就像〈大勢至菩薩念佛圓通章〉的無相念佛方法，我也是自己先會的啊！然後才讀到《楞嚴經》所說，才知道原來是這個念佛圓通法門。

那麼這代表什麼道理？代表說，這都是往世帶到這一世來，現在修行了才會開始現行。所以他們數息數不到底，我卻是半年就數到底了；然後我接著探究說，那學禪到底是要幹什麼？要開悟明心啊！那麼開悟的境界是什麼？沒有人知道。問問那一些被印證開悟的人，他們也講不出個所以然，只說悟境就是一念不生、了了分明。然後看到他們寫的書，所謂見道的報告中都說坐到心花兒朵朵開，說就是開悟，就是見性了。我說，心花朵朵開是不是依舊屬於人間的境界？是啊！可是人家是大法師啊！是大家公認的開悟者，所以我不該否定他。於是我就連著五年用他的方法用功，我就持續一念不生，看看到底什麼時候會開悟？就這樣一念不生住了四、五年時光呢！

後來我開始發覺不對，覺得應該要改變，是因爲看到古德的書中說明看話頭的功夫時，我就知道說：「啊！話頭應該是這樣才對，大法師他們以前都講錯了。」所以我開始看話頭。改爲看話頭以後可就輕鬆了，可是持續看話頭以後，看到後來疑情生起來時，可就苦不堪言了！因爲有了疑情以後，可是你到底開悟時是要悟個什麼？是應該怎樣才可以開悟？到底是要怎麼樣的境界才叫作開悟，全都不知道，因爲這些，大法師從來都沒有講過啊！後來想，我應該都把它們丟了，因爲那都是在意識境界裡面。後來我又想：「這樣不是辦法。」因爲後來我也知道他都沒有看話頭的功夫啊！他還要來問我這個看話頭的功夫是怎麼鍛鍊起來的。

那我不如就在家裡自己參禪，什麼都不管，大門不出、二門不邁，老實說，我家也沒有三門；那時住在士林舊宅，三層樓的房子就只有圍牆一個外門；好啊！我就關在房子裡，不讀書、不看報紙、不看電視新聞，什麼都不管，我吃飽了就是上去打坐。也好，我那個同修都不理我在幹什麼，她只管我有沒有吃飯，也不會找我說：「欸！你來幫我幹些事情。」我就在整整十九天裡，自己努力參禪；但是整整實修了十九天，都沒有用，因爲那時跟著大法師學來的知見全都不對啊！他教的都是錯誤的。到了第十九天下午用過齋，我又上三樓去坐；那時還不算是正式的佛堂，只有一個孩子用的小書桌，他們長大了不用，我就拿來擺在牆邊，那三樓整個房間是空的，我自己弄個紅紙貼一貼，把三張佛卡放上去，再弄個小香爐供起來；就這樣子，就在那邊打坐。

到了第十九天下午大約三點半了，我想這樣不行，我說：「這個打坐求開悟的方法一定是有問題的，我何不自己來？」我就探究說，到底開悟應該是怎麼樣？我又想，禪宗不是講明心見性嗎？既然講明心見性，一定是「有心可明」、「有性可見」。有心可明，總不可能是我們平常所知道的這個覺知心，應該不會是這個一念不生的覺知心；假使開悟是悟得這個大家都知道的覺知心，何必要你開悟了才來知道祂？你隨便問個三歲娃兒，他也知道覺知心，所以一定不是悟得這個心。好！那麼「見性」，為什麼不講「明心明性」而要說是「見」性？那一定是有個「性」可以看見，那個性究竟是什麼？當然一定是佛性啊！就這樣去探究，前後不過半個鐘頭，往世的印象生起來時，我就全部解決了！

那時我覺得，這個「心」好像沒什麼用處，這本來就有的啊！覺得這個心好像沒什麼稀奇，因為祂很現成；我找到這個眞如心時，也沒有辦法藉這個心把過去世所有東西都挖出來；想要知道我上一世姓甚名誰，想知道我上一世的老爸叫作誰，我老媽叫作誰，有什麼子女？我上一世作過什麼事業？也都沒辦法，那時覺得這個眞如心也好像沒什麼。倒是佛性很稀奇喔！放耳所聽都是佛性。破參以前都覺得後面那所幼稚園眞是吵死人，這時候剛好放學，我也才剛剛參究出來；幼稚園正好放學，那老闆多會作怪，你們知道嗎？他去買一個鐘，就是消防車後面掛的那個響鐘；以前消防車都會有二個消防員攀在車後，其中一個人就一直敲鐘：「鏗、鏗、鏗、鏗……」有沒有？就是這麼大的鐘。他每逢下課時就敲那個鐘，聲音非常大。以前聽到總是覺得好吵，因為我窗外就是他家幼稚園，中間只隔著一層玻璃，吵得很！

可是那時我聽起來都不覺得吵，因爲我是在聽佛性。啊！整個聲音裡全都是佛性。聽了好一會兒，接著眼睛張開看著牆壁；因爲那時是面壁而坐參禪，「喔！牆壁上也有佛性可見！」那時覺得好奇特！看了一會兒，緩緩轉過頭去，因爲怕動得太強烈時佛性會消失不見了，所以很小心，緩緩轉過頭去看見那邊窗下桌上供的佛卡，也看那個香爐，才一看，欸！那邊也有佛性，好奇怪！所以我當時聽了好幾分鐘佛性以後，張開眼睛看到牆壁也有佛性，看了一、兩分鐘轉過頭去看那邊的佛卡、看那個供桌上，反正所看到的都有佛性。於是緩慢地下座，走到窗戶旁邊；把窗戶打開，幼稚園放學了，孩子在他們的中庭玩著，正是我的窗外，一看孩子們，欸！他們全都有佛性啊！於是繼續看下去，覺得好新鮮、好奇特，看了一會兒說：「奇怪！我到底在笑什麼？」原來是因爲孩子在笑所以我笑，就會直接感應。我就站在那邊一直看著、看著，整整看了半個多鐘頭，後來有孩子跑來跑去玩耍跌倒了，可能很痛就哭起來，然後就掉下眼淚呼喚：「媽媽！媽媽！」就哭著叫媽媽。但媽媽還沒有下班，老師哄他也沒有用。然後我突然發覺說，爲什麼我臉龐上涼涼地？原來我也跟著孩子流淚，可是我的心都沒有動。心完全沒有動，竟然會跟眾生心相應。我說這眞的好奇怪喔！那我講這個過程的意思是指什麼？是說，其實我參禪到破參，是說明我眞正參禪與破參，前後只有半個鐘頭而已，這與此世學佛修行多少年其實無關。

他們一直在教數息，教了十幾年都鼓勵大家要數息，還說數息的修行要修到數而不數。我倒是要問一句說：什麼叫作「數而不數」？數就是數，怎麼能叫作數而不數？只有六妙門的「**數隨止觀還淨**」，最後不必攀緣任何東西或者想法、事物，就可以一念不生。一個下午就只是一念不生，一直到你下座。他們全都作不到的教人的法門，我自己半年就走到底了，他們卻還沒有走到一半，才只是剛剛跨出一步而已。我覺得他們教的法門根本不行，乾脆回來用自己的方法參究，而我半個鐘頭就把明心與見性都解決了！這種事情，誰能相信？可是你不信也不行，因爲我事實上就是這樣走過來的啊！

因爲悟得容易，所以我們早期去打禪三時，我根本不注重那個開悟明心的事，我把明心的內容直接明講了，然後教你用看話頭的功夫去參佛性。剛開始的前三、四次禪三都是這樣的，張老師可以爲我作證。當時在第二次禪三開始時，我就把悟得如來藏的部分內容增加了一點，然後每經過一次禪三，我就越補充越多。到後來反而避免引導見性的事，認爲明心所證的如來藏才是最重要的。因爲如果這個部分沒有弄得很深厚、智慧很好，將來見了佛性也照樣會退轉。所以現在反而是注重明心這個部分，但是佛性呢，也是因爲眞的很難看見，所以到後期，也就是經過三、四年以後就開始一直轉變禪三實證的內容，注重在明心而把眼見佛性的事情延後。

那麼，我說明這些事情，在證明什麼？證明說，其實每一個人、每一尊佛、每一位大菩薩們，你看待他們的時候，都應該從過去一劫、兩劫、五劫、一萬劫、五萬劫、十萬阿僧祇劫等等，要這樣往過去很多劫的修學而累積下來看待，不能夠單看這一世，單看這一世是不準確的。如果要單看這一世，各大山頭的大和尙們都該氣得撞牆死掉算了！不然就是晚上睡覺的時候，越想越氣，明天早上自殺死了。人比人，氣死人嘛！對不對？對呀：「這蕭平實才學佛五年，老僧我少小出家，學到現在八十歲了還悟不了，你蕭平實悟個什麼！」因此，以前有一位法師央求張老師來見我，他是來作說客的，眼見作不成說客，任務無法達成，所以最後他乾脆說：「欸！你們說什麼半年就明心見性，我不相信啦！我只要三十年能夠明心就滿足了，我不敢說見性啦。」我當時伸手砍下來說：「好！就讓你三十年明心。」現在還要再等幾年？過去十幾年，快要二十年了，因爲《念佛三昧修學次第》正要出版的時候他來作說客嘛！所以他想要明心的話，最快還要再十來年，大約十二、三年，否則他一定悟不了的，因爲我的嘴很毒。（大眾笑…）那，諸位！你想，我前面五年所學的都是錯誤的，都是被引導往錯誤的方向去；最後那天的下午我放棄了，拉回來自己解決，半個小時之後，明心與見性統統解決，這表示什麼呢？是說明我自己往世證悟的種子還在，才能夠自己拿出來重新明心又眼見佛性。

世尊也是這樣示現的，先來人間受生以後出生，故意示現成一個凡夫，然後拜訪所有外道們，當外道們說出他們的境界時，世尊聽完了把雙腿一盤上來，才坐幾分鐘就實證了，原來只是禪定的境界，於是當場告訴外道說：「你這個境界不是不生不死的涅槃。」就這樣，乃至於最後證得非想非非想定，是遇到鬱頭藍弗，世尊請問：「如何是涅槃？」那外道就告訴 悉達多太子說：「這就是涅槃的境界。」世尊聽完解說，才一上座就發起非想非非想定，知道這個不是涅槃，知道這只是非想非非想定，就這樣示現啊！

既然外道們都不行，於是自己來參究；接著是示現靜坐六年修苦行，日食一麻一麥；因爲這個五濁惡世的眾生善根不夠，得要示現難行的苦行，才有辦法服眾。所以每天打坐入定，日食一麻一麥，這人間可就沒有人作得到了。但最後還是得放棄苦行，在黃昏時分沐浴、喝了乳糜，坐下來參究而全部解決了，就從初夜明心到日出之前眼見佛性，只是一個晚上便成佛了。世尊示現成佛並不是很多年欸！祂是在一個晚上成佛的啊！那時在初夜以手按地時降魔、明心，大圓鏡智現前；把所有的法開始拿出來整理，到了天將明時，東方明星出現的時候眼見佛性，成所作智現前。所以 世尊成佛是一個晚上的事，不是很多年的事，而前面那些全都只是一種示現而已。

所以不能單看表相，單看表相的人都沒辦法相信說，世尊成佛才四十九年，竟然度得那麼多的大菩薩眾。因爲講《法華經》時已是成佛後最後八年的事，世尊究竟是什麼時候度了這無量無邊阿僧祇的大菩薩眾們？誰也沒看見啊，是事難信，眞的是難信之事！而且這一些大菩薩無量無邊阿僧祇，他們全都可以被叫作「仁波切」。仁波切這個名詞也被密宗濫用了，仁波切翻譯過來是什麼意思？就是人中之寶。人中之寶就是仁波切，但密宗最會盜用佛法名相。他們把人中之寶拿來用在那一些凡夫喇嘛身上，所以密宗裡其實不曾有過一位仁波切，只有佛法中才眞的有仁波切；而西藏密宗裡全都是凡夫，沒有仁波切。至於古時覺囊巴的篤補巴、多羅那他等一派人，其實不該叫作藏傳佛教，應該正名爲傳統佛教，因爲本質正是傳統佛教的正法。又因爲「從地踊出」的這些菩薩們都是證量很高的人，說他們是「人中之寶」當然名符其實。其實不必談到這些無量無邊的大菩薩眾，你們諸位來到正覺同修會中，只要斷了我見又明心不退了，你們就是「人中之寶」。

哪一天遇見了密宗所謂的仁波切們，你們就問：「請問你是仁波切嗎？」他一定說：「是啊！我是仁波切啊。」你再問他：「你是眞的仁波切嗎？」他一定說：「眞的啊！」那你就告訴他：「我告訴你喔！仁波切是什麼意思，」他一定不等你說完就開口說：「仁波切還不知道！仁波切就是人中之寶啊！」那你就問他：「請問人中之寶需要有什麼本質？」他當然會講上一堆，你就趕快把他的話打斷：「人中之寶，第一個應該有的本質，就是斷我見，要先證聲聞初果。這只是第一個本質，還不是具足人中之寶的本質。如今這第一個本質，我請問你：斷了我見沒？」「有啊！我不但斷我見，我都成佛了。」

那你就考他：「你懂不懂什麼叫作我見？」你就跟他講解我見的內容，當你把我見的內涵講完時，他可就閉嘴不答了。然後你問他：「那麼再請問，你還是仁波切嗎？你落在識陰的境界中，根本就沒有斷我見啊！你連聲聞初果都不是啊！請問你還能稱爲仁波切嗎？」他就不敢答話了。你再告訴他：「仁波切的第二個條件，要懂得法界實相。你知道法界實相是什麼嗎？」這時他當然不敢答話，只會臉上青筋畢露，你就告訴他：「法界實相就是萬法的本源！我請問你，你這個五陰是從哪裡來的？」他可就不敢答話了；因爲他如果答話說：「我這五陰就是從意識中出生的。」你就告訴他：「你的意識晚上睡著以後哪裡去了？」且不要說死後，他就不敢答啦。

所以我說密宗裡面從來就沒有「人中之寶」，只有正統佛教中才有人中之寶。並且這段經文中講的「人中之寶」是四地以上的菩薩，他們都在娑婆世界下方虛空中住。那你想世尊成佛不過四十幾年，竟然能夠度得這一些奉事過無量無邊諸佛、無量千萬億劫裡面久修佛法的大菩薩們，而他們都是必定會成佛的大菩薩。凡夫們總是想：「你成佛才四十幾年，他們已經很多阿僧祇劫學佛了，這要怎麼相信？」沒辦法信啊！從表面上看來，你眞的無法相信，所以彌勒菩薩爲大眾提出來問：「世尊！您今天才說您得佛道的時候，第一次令他們發心，教化他們、開示他們、引導他們，讓他們向無上正等正覺前進，可是世尊您得佛未久，竟然能夠作出這樣的大功德事，我彌勒菩薩跟所有的這一些大菩薩眾們，雖然至誠信受佛陀您隨著各種方便而說的開示，我們也知道佛陀您一向所發出之言語都不曾虛妄；而佛陀您對於一切所知全部都通達，沒有遺漏；然而我們是這樣知道的，未來那一些新發意的菩薩們，將來在佛陀您滅度之後，如果現在這些聽聞您說法的菩薩們將來轉述的時候，他們聽到這些話，很有可能不信受，然後生起了破壞佛法的罪業因緣。這時我們正心誠意、一心一意希望世尊您爲我們大眾解說，除掉我們心中的疑惑；那麼我們的疑惑除掉了，未來世諸善男子們聽聞的時候，就不會生疑了。」

這樣說得也有道理，因爲有疑直須問，如果等到世尊不在了才想要問，可就來不及了。有疑本來就應該問，最怕的是疑而不問；有疑而不問的人遲早會退轉，因爲他會自己亂想以後就自以爲是。有疑就提出來問，然後獲得解答，自己再去衡量這個解答如理不如理；若是如理的，就信受，問題就解決了。所以彌勒菩薩其實是在爲大家請求世尊解除疑惑，爲了要讓大家記憶深刻，所以彌勒菩薩就重新用偈說了一遍：

經文：【爾時彌勒菩薩欲重宣此義，而說偈言：「

佛昔從釋種，出家近伽耶，坐於菩提樹，爾來尚未久；
此諸佛子等，其數不可量，久已行佛道，住於神通力，
善學菩薩道，不染世間法，如蓮華在水，從地而踊出。
皆起恭敬心，住於世尊前；是事難思議，云何而可信？
佛得道甚近，所成就甚多，願爲除眾疑，如實分別說。
譬如少壯人，年始二十五，示人百歲子，髮白而面皺，
是等我所生，子亦說是父；父少而子老，舉世所不信。
世尊亦如是，得道來甚近；是諸菩薩等，志固無怯弱，
從無量劫來，而行菩薩道，巧於難問答，其心無所畏，
忍辱心決定，端正有威德，十方佛所讚；善能分別說，
不樂在人眾，常好在禪定，爲求佛道故，於下空中住。

我等從佛聞，於此事無疑；願佛爲未來，演說令開解。
若有於此經，生疑不信者，即當墮惡道。願今爲解說，
是無量菩薩，云何於少時，教化令發心，而住不退地？」】

語譯：【這時彌勒菩薩想要重新宣誓說，這種疑惑是應該加以澄清的，因此以偈頌重新說了一遍：

「佛陀您以前從釋迦種族出家，來到了距離伽耶城不遠的郊外，坐在菩提樹下，在那時成佛到今天以來不過四十餘年，時間並不是很久；

這些在法華會上從地踊出的佛弟子們，他們的數目無量無邊阿僧祇，人數是無法測量的，而且他們也已經很久以來就修行佛菩提道，每一個人也都住於神通力之中，

他們都善於修學菩薩道，也都不染著於世間法，他們心地清淨猶如蓮花從污泥中出生而示現在水面，今天他們從地下踊了出來。

這些菩薩們全都生起了恭敬心，安住於世尊面前；這種事情確實很難令人思議，根本無法想像，如何能夠叫世間人信受呢？

佛陀得道以來並不是很久遠，才只有四十幾年，而您所成就的弟子們竟

然有這麼多，祈願世尊您爲大眾解除無量無邊的疑惑，依據實際上的情況來爲大眾廣作分別和說明。

就好像一個少壯之人，長成以來才不過二十五歲，竟然出示了一百歲的兒子們給別人看，這些百歲之子的頭髮都已經斑駁，顏面也已經有了許多的皺紋，而這少壯之人向大家說：『這一些百歲之子都是我所生。』這一些百歲的兒子們也說：『這位少壯的二十五歲年輕人是父親。』像這樣子，父親年少然而兒子卻是年老，這是全世界的人都無法相信的。

世尊您現在的示現也是像這樣子，得道以來才不過四十餘年，而從地踊出的這些無量阿僧祇菩薩眾，他們的心志堅固膽識很高，沒有絲毫的怯弱之心，他們卻是從無量劫以來就已經很精勤地世世清淨修行菩薩道；

而且他們都有方便善巧，對於別人的質難請問都善於解答，所以他們的心志從來沒有任何的畏懼，而且他們能夠忍於種種苦，忍於一切眾生的加害，而且能於甚深法中得忍不退，並且這無量阿僧祇菩薩眾們，每一個人都是生來就很端正威嚴而且威德很重，全部都是十方諸佛所讚歎的菩薩；

他們也都善能爲人分別諸法，並且一一加以詳細解釋演說給眾生聽，心地清淨而不樂於在大眾之中喧鬧，永遠都愛好住在禪定之中，他們都是爲了求得無上正等正覺的佛菩提道，所以在娑婆世界下方的虛空中住，不與污濁的人類住於人間。

我們這一些菩薩摩訶薩們隨從世尊以來，對於您所説的法從來信受不疑，對這些從地踊出的無量阿僧祇菩薩們都是您所度化的事情，我們心中也不曾懷疑；但我們一心祈願佛陀，您要爲未來的眾生針對此事加以演説，令未來世聽聞的眾生可以心開意解而無懷疑；

未來世中，如果有人對這一部《妙華蓮華經》中從地踊出的這些菩薩眾難可思議之事，產生了疑惑而不相信的人，他們可能會因此毀謗正法而下墮於惡道。

我們祈願世尊於現在爲大眾解説，這無量阿僧祇的大菩薩們，您是怎麼樣能夠在短短的四十幾年之中，教化他們發起無上正等正覺之心，而且還可以住於行不退的地步呢？」】

講義：以上是彌勒菩薩於重頌重新再問一遍的大致意思。世尊出家的時候，祂的父王很擔心；因爲祂出生的時候很奇特，接生的女人爲祂沐浴時，自然而然就是一股清涼冷水與一股溫暖的熱水混合起來，剛好可以為祂清洗乾淨。但這只是肉身的出生，世尊的意生身卻是由應身的肉胎中出現，再從佛母摩耶夫人腋下先行出離。因為祂的如來藏來人間受生，當然是在應身的色身中，可是無妨意生身先離開；意生身要從哪裡離開都行，但不能從母親頭上離開，這對母親就太不敬；既然在人間示現為人，也要遵守人間的禮儀，所以摩耶夫人剛好扶著那棵樹的時候，祂的意生身就在這個時候從腋下出離，然後色身一樣從產道出生。

當色身出生了，正在為那個身體沐浴的時候，九龍吐水供養，也有溫水也有清涼水，混起來時溫度剛剛好。沐浴完了，意生身就回到色身裡面，行走七步，一手指天一手指地，說了一句名言，就是禪宗祖師們早就講過、聽過的一句：「**天上天下唯我獨尊。**」當大家每年五月浴佛的時候，那尊　悉達多太子的像不就是這樣雕成的嗎？請問，祂一個小孩子怎麼可以是「**天上天下唯我獨尊**」？當然不是講　悉達多太子這個身體，祂是在告訴大眾：每一個人身上都有一個「**天上天下唯我獨尊**」的心。也許有人聽到這裡產生了一個問號：「**眞的嗎？再怎麼珍貴也不會比天**

主珍貴吧？」好，這個疑問也問得好，但是問題來了。一旦問了，就會有問題，爲什麼呢？你到底是指哪一天的天主？四王天距離人間最近，有四位天王，你是指哪一位？也許有人想：「唉呀！他問的四王天太低了，我問的是忉利天。」好！那忉利天裡面總共有三十三天，你問的是哪一個天主？「我當然不問那四方各八天等三十二天，那都不夠瞧。中天的天主總管其餘三十二天，我問中天天主玉皇上帝，」或者叫作釋提桓因，「他的境界最高。」或許又有人說：「他才剛問的天主層次都還不夠高，上面還有焰摩天，再上去有兜率天、化樂天、他化自在天，他化自在天最高啦……」，他還沒講完，別人又說：「你問的都是欲界天，我告訴你，上面還有初禪天主、二禪天主、三禪天主、四禪天主，你爲什麼不問？」「喔！對喔！有四禪天主，那層次更高。那無色界的天主，是不是更高，就比悉達多太子境界更高了。」

對不起，無色界沒有天主，無色界天的眾生只有精神而沒有形體，誰要來統帥誰？能被統帥，正因爲有這個身體；假使你們都能變化，變成沒有身體，誰管得著你？沒有人管得著你啦！所以你如果能變成沒有身體，大家就覺得你好恐怖！爲什麼呢？譬如這個國王暴虐無道，你變成沒有身體以後，等他睡覺了，每天就在他房間裡出現，又變成有身體了，連著打他好幾巴掌，每天晚上去打他。等他早上醒來說：「好痛！好痛！衛兵！衛兵！衛兵！」他一直叫，大家闖進門來，你又變成沒有身體走掉了，對你無可奈何。每天晚上都去打他，你看他怕不怕你？你只是打他，已經顯示你隨時可以要他的命；到了那邊身體示現出來，拿把刀把他刺了不就解決了嗎？但你沒有解決他，他就知道說：「人家只是不想殺我，不是殺不了我。」他就覺得你好恐怖，再也不敢殘暴人民了。

所以，會被管轄的原因就是因為有身體。好，諸天天主最高的層次到哪裡為止？到色界天為止，無色界就沒有天主了。那麼這樣看來，四禪天的天主是最高層次的了；然而四禪天的天主，他那個五陰是從哪裡來的？是他的五陰自己出生的嗎？那叫「自生」或「無因生」，是荒謬的邪說，不合因明學或邏輯學。所以說，一神教的上帝，他的五陰是從哪裡來的？是他的五陰自己沒來由就忽然出生的嗎？那就變成無因生，這不合法界實相；如果他是別人生的，例如是由他媽媽生的，那他還是人家的兒子，能大到哪裡去？再大也大不過他的媽媽吧，就別說什麼「唯我獨尊」了。

那麼上帝也沒有辦法說明他的五陰是從哪裡來的，卻自稱他是自己本來就在的神；問題是，上帝那個神不離五陰，上帝以自己的覺知心作為獨自尊大的究竟心。但那個攝屬五陰的覺知心是有生之法，不是本來就在的無生之法，依舊不是究竟法，他那個傲慢而又壞脾氣的覺知心，當然是被生的法，怎能說是究竟的本住法？當然不能說是「天上天下唯我獨尊」的常住法。如果上帝說：「我的本住法才是究竟法，我不是以這個天身或覺知心作唯我獨尊的究竟法。」那麼上帝就應該教導信眾們，哪個心才是本住的究竟法？然而上帝對這個道理卻是完全無知的，還敢宣稱自己是全知全能的神，眞是說謊騙人還不會臉紅的傢伙。由此證明一神教的上帝只不過是個凡夫。但你卻可以告訴他：「你身上有一個比你這個天主五陰更珍貴的，祂才是眞天主；可是祂從來不跟你爭天主的寶座，你的天主寶座其實是祂給你的。」那你想，四禪天的天主是三界中最珍貴的，一神教的上帝都還沒聽過四禪天的境界呢？哪能見得著四禪天主？接著問題來了，沒有他身中那個眞天主，還能有他這個五陰的天主嗎？欸！所以那個天主也不珍貴，不論是哪一天的天主都一樣。

所以　佛陀剛降生時，指天指地行走七步說：「天上天下唯我獨尊。」只是為了要示現給眾生看：以一個人類的五陰來修行是可以解脫生死，是可以實證唯我獨尊的生命本源，而且悟後次第進修以後是可以成佛的。這樣可以讓大家看得見，才願意努力修學。如果諸佛都是一出生就是究竟佛，那你要不要學佛？當然不學。因為祂是跟我不同的種類，是生來已經是佛；而我們人類生來就是人，再怎麼樣修行也還是人，那就不必學佛啦！所以一神教的教義說，上帝永遠是上帝，信上帝而往生到天國的人們永遠都是他的奴僕，永遠沒有機會當上帝，永遠不平等，那你要不要學上帝？「我可不要啊！因為我永遠都是比你低一等。」在佛教裡可不是如此，諸佛都是說：「你們好好學習、修行，將來都可以跟我完全一樣，都會成佛。」這才有道理啊！在一神教裡，上帝永遠是上帝，他的奴僕永遠是奴僕，這個民主不民主？這叫作獨裁。

所以上帝是獨裁者，對異教徒降大水淹、放大火燒，又把異教徒交給他的信眾去殺害；上帝造了這麼多的惡業，他在天主寶座上面壽算終了而捨報以後該怎麼辦？他自己都還不知道因果律的可怕與恐懼，你說他會有什麼智慧？怪不得上帝沒有解脫道智慧，沒有般若智慧，老實說，他連人天善法因果律的智慧都沒有，還自稱是全知的呢。可是佛陀不一樣，才一下生就告訴大家「天上天下唯我獨尊」，先把應化來生人間所要教導的宗旨宣示給人們。接著就是最困難的事了：示現成什麼都不知道而如同一般的嬰兒一樣。這事情最是難。然後就示現如同一般人類這樣成長，這是眞正的人類，絕不是神、不是鬼，經由修行證悟而可以成佛，來利益人們。

那麼大家看到說，佛菩薩是眞正的人類：來人間受生出胎成長，然後也成就家庭生了孩子，最後出家修行成佛；這證明人類經由正確的修行，最後是可以成佛的；成佛以後的智慧，諸天天神不能測量。這樣看來，我們人類是比眞神假神都更高明，因爲連唯一的眞神也沒辦法成佛啊！上帝、天主都沒辦法成佛，而人類可以成佛，證得究竟的解脫與智慧，那你要當天主、當神？還是要當人？（有人回答，聽不清楚。）請你們大聲一點好不好？（大眾回答：當人！）這麼沒信心！啊？請問第二講堂的同修：你們要當人、還是當神？要當神的請舉手？沒有人舉手喔！再請問一次第二講堂的同修：你們要當人的請舉手。我應該補充說，要當神的人就不要舉手。喔，大家都舉手了！好！

謝謝！請放手。世尊就是告訴我們這個道理：「人」才是最珍貴的。人間是三界六道的樞紐，想要上升天界的人，可以在人間設法上升；會下墮的人，也是因為在人間造惡業而可以下墮；想要上升或下墮，都是各人自己選擇造作出來的，所以出生以後若是果報不好，都別怪天怪地。佛法中不談宿命論，而是由自己選擇及造業來受福報或惡報的。往世所造的業在這裡可以受報，但是你也可以轉變它，成為重罪輕報、輕罪免報，就看你怎麼作啊！所以佛教不是宿命論的，你是可以轉變它的。

那麼這樣示現之後，讓大家知道如法的修行真的可以成佛，而且是以人身來成佛，不是以天身或者鬼神之身來成佛的，人類之偉大就在這裡。那麼悉達多太子出家了，遠到伽耶城，在伽耶城的郊外出家修行；可是祂剛出生的時候，淨飯王很擔心，是因為太子出生時都會請相師來看，相師才剛一看，一則以喜一則以憂；因為若是向國王講了占相的結果，國王一定很憂心，歡喜的卻是：「啊！我遇見了即將成佛的聖者。」卻又因為自己年紀大了無法親承受學而難過起來，所以抱著嬰兒在端詳時就說：「可惜我沒有因緣隨祂受學妙法了。」因此就掉下淚來。這是因為　太子成長而出家的時候，他知道自己一定早就死了，不在人間了。

國王不知道他的想法，以爲有什麼壞事，當然很憂心地問：「你爲什麼哭啊？難道有什麼不祥嗎？」「不是！您這位太子將來如果不是出家成佛，就是當轉輪聖王。可是我看祂不會去當轉輪聖王，因爲轉輪聖王三十二大人相不明顯，您這位太子三十二大人相非常清楚分明，所以祂將來會出家成佛。」糟糕！這麼一講，換國王擔心了：「那我王位要傳給誰？」所以就趕快興建太子住的宮殿，想要留住太子別出家。因此就有春宮、夏宮、秋宮、冬宮四季不同的宮殿，然後找來好多美麗的女人陪著祂，想要讓祂不出家。若是太子貪著於五欲時，從佛法的本質來說就是下墮了，而淨飯王的目的是希望祂流連於人間五欲的。但是祂來示現成佛，一定不違初衷，所以最後還是出家，於伽耶城不遠處出家修行。最後放棄六年苦行，於菩提樹下參禪成佛，這就是 世尊特地示現的因緣。

可是 世尊這樣示現成佛，接著三轉法輪以來，畢竟才四十幾年；這四十幾年能度得多少人？大家都跟在身邊看著：今天什麼人來，明天什麼人來，都成爲 佛的弟子；昨天半夜裡有天神來求法……等，全都看得見啊！

然而從來沒看過這麼多的大菩薩們被 世尊所教化，所以大家沒有辦法想像「從地踊出」的這件事情。並且這一些無量無邊的菩薩眾們，智慧勝妙，威德深厚，而且各有神通力，住於這個娑婆世界下方的虛空中，數量太多了根本沒辦法計算。如果看到這些大菩薩的證量，當然就知道這些菩薩絕對不是一世、二世修行佛法，而是無數劫前就已經開始修行的了。問題是 世尊成佛才四十餘年，如何可能教化這麼多的菩薩眾？而且這些菩薩眾的證量都是很高的，那些二乘聖者們也難以想像啊！所以他們都是「善學菩薩道，不染世間法，如蓮華在水」，而他們都在這個時機突然「從地踊出」，卻不因為他們的證量那麼高而對 佛陀有慢心，各個都生起恭敬心在 世尊之前安住，這如何能令人相信？從人間的表相上來看，真的不能令人相信啊！因為 佛陀成道的時間才四十餘年，所成就的這些菩薩摩訶薩們，數目太多了沒辦法計算，他們的證量卻一定是修學很多劫的了，這當然要請 世尊為大眾說明。

這個事情當然是像世間人說的：二十五歲而年輕少壯、容顏俊美的人，指著百歲人說那是他的兒子。從世間法來講，你沒有辦法信受的，沒有任何人會信受。如果要杜撰一下，只好這樣杜撰說：「唉呀！因為這個二十五歲的年輕人，其實他已經一千多歲啦！他因爲修仙道長生不老，返老還童，所以看來只是二十五歲。」只能這樣杜撰。其實不用杜撰啦！在佛法中眞的不用杜撰，因爲佛道的修行不是只有一世可以成就的。明明就告訴你說：這一些菩薩弟子們都是菩薩摩訶薩，已經是無量劫以來修行佛菩提道了。如果這一些弟子——這一些大菩薩眾們——無量劫以來久已修行佛菩提道，那麼度這一些菩薩們的 世尊不正是更早嗎？怎麼可能只有四十幾年中才度化他們。只是大眾一時間腦袋瓜糾結著，轉不過來，所以要爲大眾釋疑。

由此證明了什麼道理？證明了佛菩提道就是要修行三大阿僧祇劫。阿羅漢可以一世成就——如果自己的條件足夠又遇到眞善知識，但佛菩提道卻不可能。這就證明 世尊在人間示現成佛，眞的要叫作示現；一定有過去世的實證，爲了我們大家得度的因緣成熟了，所以祂感應我們而來人間受生示現。因此說這一些菩薩眾們的證量那麼高，他們所證的佛菩提道顯然不是一世所得；而他們「志固無怯弱」，也顯示他們是從無量劫來就是久行菩薩道的人；那諸位看看這一些菩薩們，他們這樣的證量若是沒有三地滿心，一定是辦不到的；所以每一個人都「巧於難問答，其心無所畏」，不管誰來質難或者依善心而提出請問，他們都能答覆，爲人解惑釋疑。

不但如此，他們「忍辱心決定」，這個就不容易了。一般而言，談忍辱時都只有在生忍的層面，是對眾生的不合理對待能夠接受，最多只是這樣，可是要談到法忍可就作不到了；而且法忍之中還有不同的層次，單說最簡單的好了，單說二乘菩提的聲聞道就好，都還不說緣覺法，只說聲聞法；在聲聞法中說名色虛妄，談到色陰的虛妄，特別是講五色根的虛妄，小孩子往往就不接受了。可是等到他六、七歲時，看到隔壁老爺爺往生了：「媽媽！他爲什麼都不起床？」媽媽說：「因爲他死了！」「媽媽！什麼叫作死？」媽媽一時間也不知道該怎麼答，對不對？只好講了一大堆：「因爲年紀很大了，身體漸漸就壞了，不能動了，什麼都不知道了，就是死。如果不趕快把他埋葬了，就會發臭腐爛，他已經什麼都不知道了，這樣就叫作死了。」小孩子懵懵懂懂，其實還是不知道死到底是什麼，可是他聽得懂其中一部分：「那個身體會壞掉、會爛掉，覺知心不知道所有的事情了。」所以他對死的初步定義，就是身體會壞掉、覺知心不能了別。

從此以後他就知道每一個人都會死，「那我將來老了，我這個身體也會壞掉。」所以六、七歲的時候他知道說：「不能說這個身體就是眞正的我。」可是他從此開始認定能覺能知的心：「我能跑跑跳跳，能夠跟人家說話這個覺知心我，就是眞實的我，這個就是我。」他就認定這個覺知心爲我。一直到後來學佛了，還是不肯死掉這個我；甚至成爲一方大師了，有個大師後來都還成爲中華佛學研究所的所長，也還是不肯死掉這個覺知心的假我。

可是 世尊在聲聞法中明明說，這能知能覺的心是二法因緣生，也就是藉著根與塵相觸而出生的。但是覺知心這個名，還得與五色根一起緣於「識」才能存在；換句話說，是有另一個「識」出生了名與色，所以才會有這個覺知心。但這個覺知心虛妄，這就是二乘法最基本的法義—覺知心虛妄—識陰虛妄。但是聲聞法中這個最粗淺的道理，有多少人能夠接受？你們去看看各大山頭，我們弘法以來不斷地說明意識虛妄，持續地說明識陰虛妄已經有二十個年頭了，如今曾有哪一個大山頭、哪一個小山頭的法師們，肯承認說意識、識陰覺知心虛妄的？都還沒有。

我們如實演說五陰、識陰、意識虛妄的道理已經二十個年頭了，你還是沒有辦法找到會外有哪個善知識寫一篇文章、寫一本書出來說意識或識陰是虛妄的，你依舊找不到啊！這表示什麼？表示他們於二乘法依舊不能生忍——不能接受。我們幾乎每一本書中都有說意識是虛妄的，又怕他們不知道，所以舉出很多種不同狀況的意識來說明。他們說離念靈知不是意識，我就舉出來幾種狀況的離念靈知，從欲界定一直講到非非想定，說這些都是意識，這些意識全都離念，並且這種離念靈知比他們講的離念靈知層次更高，但全都是意識，都是虛妄！然而到現在爲止，你們看看海峽兩岸所有大小山頭，有哪個法師出來說意識或識陰覺知心是虛妄的？顯然他們對於二乘法都還不能得忍。連最粗淺的二乘菩提這個法都不能得忍辱，何況不可思議的大乘眞如妙法？

我們不斷地說意識虛妄，對他們而言其實是一種侮辱欸！如果他們能接受我們這個侮辱——忍於我們說的意識虛妄的侮辱，就是獲得這個法的忍辱功德——能忍，就是能接受。可是他們沒辦法接受啊！那你要再講因緣法中的「**識緣名色**」、「**齊識而還，不能過彼**」，他們更不能接受了。接著要再講如來藏妙眞如性，他們更不會接受的。因爲，他們如果承認眞的有如來藏可證，慘了，大家明天一早都來問師父：「**師父！那我們如何證如來藏？**」那他怎麼辦？就像人家講笑話說的雞蛋炒鴨蛋，不然就涼拌！眞的沒辦法啊！他沒辦法呀！那他該怎麼辦？所以他只好絕口不提，絕不承認有如來藏可證。這就顯示他們是沒有這個忍辱心的。

若是要談到這個忍辱心的「**心得決定**」這個定力，就更不可能了。你們不要以爲說，這個「**忍辱心決定**」很容易，其實這個定力是很難生起的。不要以爲這個定力是指禪定，我告訴你：禪定中的欲界定的定力其實不算什麼。其實連色界定的定力也都不算什麼，就不必說欲界定的定力了。就算你證得無色界定好了，從般若的「**心得決定**」這定力來說，證得非想非非想定那個定力也不算什麼啦！能夠對於二乘菩提所說五陰十八界虛妄的法，獲得忍辱心，能夠心得決定，這個定的力量才大，這種定的力量可以令你永遠不墮三惡道。可是證得非非想定的力量，得到了又怎麼樣？萬一不能接受聲聞菩提的內涵，出來反對說：「**不對！你們講的不對，我住在非非想定裡面，這個才是涅槃；你說的斷我見或斷我執，那都是錯誤的，不是眞正涅槃。你不應該否定意識，你是邪見、你要下墮地獄。**」他還罵你喲！結果呢，罵完以後未來捨報是他下地獄，不是你。那你說，哪一種定力比較好？當然是智慧上的「心得決定」這個定力才好嘛！他那個禪定的力量沒什麼用，是因爲可能會由定生慢而造惡業，是因爲得禪定者往往心中會起慢。可是你有智慧而且心得決定，產生了這個決定性的定力，會引導你不斷地上升，永離三惡道，這不是更好嗎？所以這個二乘菩提的心得決定，現代那些大師們都是還沒有生起的，那我們同修會中已經很多人有這種定力了。然而這些大菩薩們可不僅如此，他們還有因緣法的忍辱力，還有大乘法的忍辱力，那就只好等下週分解。

《妙法蓮華經》上週講到一百四十二頁倒數第一行的第一句「忍辱心決定」。忍辱這一度很難修，一般道場說的忍辱範圍很狹窄，最多只是談到眾生忍；這是因爲他們的認知，都落在五陰十八界裡面，談不到二乘法說的解脫界，更談不到大乘法中的實相界，所以他們所能夠說的菩薩六度中的忍辱度，就唯有在「眾生忍」上面，最多再加上「我所」之忍，也就是教大家怎麼放下啦、不要貪財啦、不要貪吃啦、不要貪名等等；這眾生忍只是說一些表面話，其實他們自己也作不到；因爲眾生只要稍微說他們不夠好，他們心裡面就氣得不得了！那如果徒眾或者弟子四眾心裡面對他們不服氣，他們就不斷嘀嘀咕咕地說：「這個徒弟，應該把他趕出去，讓他留在我這寺院裡面，眞是個麻煩。」只是不敢公開講而已。可是講經說法時都說：「不管什麼樣的徒弟，我都要攝受。」講得很好聽。可是他們心裡面厭惡的那一些徒弟，不多久就告長假、離開啦！因爲他是住持和尚啊，那護法神必須要這樣處理！所以就有一些因緣使他討厭的徒弟們離開了。

那我們正覺卻是想方設法讓他們怎麼樣可以回來，可就是喚不回來，都因爲這面子很重要。其實面子扒下來秤一秤，絕對不會超過一兩重，賣不了什麼錢；可是他們那一張面子，大概看得比五千億元還要有價值，無可奈何。所以這個「生忍」對我們而言不是問題，那問題就是「法忍」了；因爲法忍眞的很難，所以有的人進步很慢，因爲我們沒有辦法一次給他們太多，知道他們一定不能於深妙法得忍；所以我們就觀察因緣，隨順次第來教授。那麼我們上週關於這一句「忍辱心決定」，有說了聲聞法的忍辱：也就是說，當你認定離念靈知是虛妄心，認定如來藏才是眞實心；但外面的學佛人或大師們都不能忍，只有同修會裡面的你們能忍，所以他們要不斷地攻擊說：「如來藏是外道神我，意識是常住的，你們否定人家，公開講什麼『粗意識、細意識、極細意識都是生滅法』，你們是在謗法。」這已經表示他們對於聲聞法的忍辱沒有成功。

包括我們寫了這麼多書，連《識蘊眞義》都詳細講了，再加上《阿含正義》七本書中也講了那麼多，但他們還是不能於聲聞法得忍；所以當我們說意識是虛妄的時候，他們認爲我們是在羞辱他們，不是在幫助他們建立正知見，因此不能接受我們的說法；這就顯示他們於聲聞法沒有得忍，所以他們的忍辱度仍然談不上聲聞法的忍辱。老實說，他們之中其實有很多寺院修的是密宗，所以對「否定我所」的忍就已經無法接受了，那你要叫他們否定五陰自我，說離念靈知、有念靈知、粗意識、細意識都是虛妄的，他們都無法接受。因此，他們絕對沒有聲聞法的法忍，連聲聞法的法眼淨都得不到，更別說要斷五個下分結、五個上分結而對聲聞法有具足法忍。所以他們在聲聞法上忍辱心尚未生起，更不要說「心得決定」。

那麼就談緣覺法吧，我這一世初學佛的時候就已經聽到很多善知識在講因緣觀，也讀過不少善知識講解的書；那一些書本在學法過程中，轉送的轉送、丟棄的丟棄，留下的沒幾本，因爲覺得那些泛泛而談的書都不必要保留。

其實我年輕的時候一直有個觀念，想要寫了貼在書櫥上，可是一直沒貼，因爲覺得貼了會讓人家講話，何必呢？那就貼在腦海裡面說：「什麼都可以出借，只有兩樣不能出借：書與老婆不外借。」（大衆笑⋯）就這兩樣不外借。但我沒有貼在書櫥上，只貼在腦海裡面。爲什麼說是這兩樣？因爲覺得知識很重要，所以書籍不能隨便外借。可是後來學佛以後，不管誰借書都無所謂；因此我舊宅二樓書架上那一些世間書，可能還剩下兩百本左右，其他的大部分都不見了！被借走了，人家也忘了還。這就是說，當我學佛五年破參之後，重讀那一些善知識所寫的佛法書籍後，覺得他們根本就是亂講。可是有的人初學佛，此世學佛才一、兩年，那些東西對他們還是有用的，所以有人要，就借給他吧。至於有關密宗的那兩百多冊，全都移給編譯組保存，當作是《狂密與眞密》的證據資料。

所以我舊宅那個書架大概還有差不多兩百本書，內容很雜。我讀的書很雜，從古錢幣到音樂的，例如《梅劇精譜》等等，我都有，我學得很雜。但也因爲以前有稍微蒐集研究古錢幣，所以後來接觸到宗教時，那恩主公廟裡有一本小冊子，我就幫它修改，因爲裡面錯得很離譜。例如有一本善書裡面講到新疆的阿克蘇，其實它都寫錯了，但也沒有人知道，我就把它修改爲正確的「阿克蘇」。那是從蒐集錢幣和加以研究而學起來的，阿克蘇的意思其實應該叫作「白水」。就這樣子，後來覺得那些都不重要，但它錯得很離譜，我就幫它修改，重新製版去印出來再放回去，歡迎人家翻印勸人行善，算是我這一世對道教善書的回應之一。

我的存書很雜，因爲讀得很雜；什麼書都很用心讀，包括《西廂記》、《金瓶梅》。但是《金瓶梅》沒有讀完，讀了三分之一就不想再讀，一直放著。可是後來覺得那都是糟糠之書，所以如果有人借了，要還就還，不還的我也不問，當作沒那回事。所以我年輕時花了很多錢買書，讀得很雜，但後來學佛又破參後，發覺那些善知識寫的所謂佛法書籍，都是在誤導眾生；然而話說回來，對於剛學佛一、兩年的人來講，那還是有用的，所以有人要，就送啦。以前還有一部圓瑛法師註解的《楞嚴經》或什麼經，我都忘記是註解什麼經典了，反正都送人了；所以現在手上也沒幾本佛書，大多是年輕時所買的世間法書籍，大約還有兩百本；大師們寫的佛書，我手裡幾乎都沒有了，全部移給編譯組保存作檔案資料。

這就是說，他們因緣法也講了很多，但爲什麼他們對因緣法講了很多，卻沒有人實證？幾乎每個法師都會講因緣法，二十年前、十八年前的佛教界，常常有人說：「佛法？所有佛法我都知道了，佛法就只是四聖諦、八正道跟十二因緣。這些我都知道了，還有什麼佛法是我不知道的？」以前都是這樣講的。也有人說：「佛法不只如此，還有禪宗的明心見性，要親見本地風光啊！」除此以外，你們有聽過什麼別的佛法沒有？再也沒有了。那麼也有人寫作唯識學的書籍說：「唯識學是作學問的內容，跟佛法的實證無關。」對他們而言，實際上也跟佛法無關，因爲他們眞的只是拿來作學問，全都沒有實證，也不認爲那是可以實證的佛法。

香港曾經有兩位很有名的唯識學專家，後來我讀到其中一位的著作，發覺說：怎麼書裡面也是錯得一塌糊塗！但這都是正常的。而大法師們講因緣法時講很多，一直到我寫《阿含正義》之前，想要看看別人有哪一些講過十因緣法，但也沒有人能講。後來發覺只有釋印順講過，但釋印順講過的究竟是講什麼呢？大意是說，有十二因緣、十因緣，可是他沒有講解十因緣的內容，因爲他對十因緣也不懂，他以爲十因緣、十二因緣只是增說與減說的差別。這是因為佛陀有時把十二因緣增說為十八因緣、十九因緣、二十因緣不等，就是把它講得更微細；所以十二因緣法增說時，還會說到「因愛有求」、「因守有護」，於是因護有作，就有刀杖與諍訟等等，那固然都是增說；但十因緣跟十二因緣的關係，並不是因緣法的增說或減說，他根本就不懂。以外就沒讀過什麼人曾經講過十因緣法。所以我想，這因緣法的觀行，如果不把十因緣帶進來講的話，末法時代不管誰修因緣法，都不可能成就；連斷我見都不可能，更別說要成為辟支佛啦！所以我就另闢專章來講十因緣跟十二因緣的關聯，希望佛門四眾都能如實瞭解十因緣法是什麼道理。

這意思是在說明什麼？說明末法時代所有大師們對緣覺法都是不能忍的。《阿含正義》出版也有很多年了（編案：這是二〇一一年十一月一日所說，《阿含正義》七輯於二〇〇七年八月出版完畢）。可是《阿含正義》所說的十因緣法，有多少人讀後得忍？到目前為止，佛教界還沒有看到。台灣如是，海峽對岸那邊也是一樣。所以到現在為止，還沒有大師公開承認說：十因緣法講的「名色緣識」，「齊識而還，不能過彼」的聖教是如實說。還沒有人出來表白過啊！他們都是讀了也就讀了，心裡還是不肯接受。可能有人還會在私底下說：「這都是那個蕭平實自己講的。那蕭平實的姿態好像是釋迦牟尼佛一樣，這十因緣法是蕭平實自己講的。」但其實是釋迦牟尼佛講的啊！不是我蕭平實講的。蕭平實只是把它引證出來加以解釋，只是把它說清楚、講明白而已；當然是 佛陀講的，蕭平實沒有那麼厲害可以自創佛法。

我們特闢專章專節來講因緣法，把十因緣的內容加以解釋，說明有情之所以會有老病死，是因爲「生」，之所以會「生」是因爲「有」，乃至因爲「取」所以有「有」；一直往前推溯到哪裡呢？推溯到「名色」，但總要推溯說「名色從哪裡來」的吧？如果「名色」之前就已經一無所有，就應該每一個人都是「無因生」或者「他生」；除了「無因生」或「他生」以外，可以再加上一個：每一個人都是「共生」，由父母與四大爲緣共生。然而 龍樹早就講過：「諸法不自生，亦不從他生，不共不無因，是故知無生。」名色不會是自生的，也不會單單是眾緣就能共生名色，所以名色之前一定有個因，否則三乘菩提就可以切割而變成互相沒有關聯了。就好像表面看來，禪宗的明心見性是跟聲聞法、緣覺法沒有一個共通之處，似乎都沒有聯結了，那麼三乘菩提就支離破碎了；那麼顯然應該把二乘菩提切割到佛法之外，因爲它跟大乘佛法就沒有關聯了。

也眞的有人這樣作，那就是印順法師。所以他所說的佛法是支離破碎的：這個法跟那個法無關聯，那個法跟另一法無關聯，互相並無關聯；講到什麼算什麼，然後統統說是佛法，可是三乘菩提之間卻互無關聯。他的師父太虛大師就看出他這一點，所以寫文章責備這個徒弟印順法師，說他所講的佛法是割裂的、是支離破碎的。因此釋印順對聲聞法就已經不能生忍了，更別說是大乘法；因爲聲聞法滅了五陰十八界之後，入了無餘涅槃，三界我已經完全不存在了，可是並非斷滅空啊！仍然有個無餘涅槃中的本際或者實際，是常住不變的。佛有說過阿羅漢所證的涅槃是「寂滅、清涼」，也曾經說是「常住不變」。如果是斷滅空，不應該叫作「常住」，對不對？也不應該說是「常住不變」。可是明明　佛陀說阿羅漢證的涅槃是常住不變的，正因爲常住不變才可以說是「無我、寂滅、清涼」啊！如果是斷滅空，有什麼清涼可說？斷滅空當然也沒有熱惱，因爲什麼都沒有啊！可是　佛陀明明這麼說，就表示無餘涅槃中的那個實際、本際，就是禪宗明心破參時所明的心！

那麼緣覺法亦復如此，修學十二因緣法無法心得決定，原因就是不懂十因緣。所以幾百年來修學因緣法的人很多，爲何不能證得緣覺果？緣覺果同樣是斷五個上分結、五個下分結，同樣也是可以在死時入無餘涅槃的；可是爲何那些學因緣法的大師、小師乃至居士們，仍然不能斷除我見呢？爲何至今仍然落在名色裡面呢？也許有人不信我的說法：「哪有落在名色裡面？人家都否定名色啊！」但問題是，他們所謂的否定名色，並沒有具足否定啊！他們否定名色時都只否定色陰，也許有人也把受想行陰否定，可是對於識陰呢？識陰中的六識心，他只否定粗意識以及前五識，但是細意識並沒有否定啊！而他們定義的細意識是什麼呢？同樣是離念靈知：「我打坐時一念不生，這就是細意識。」釋印順則另有可能認定直覺就是細意識，這其實還是識陰六識具足，所以他們的識陰並沒有死掉啊！哪裡有否定名色？

這是因爲細意識還是識陰所含攝的，所以對「名」還沒有否定盡！甚至於有人說「名色虛妄」，可是他開示的開悟境界是說：「師父說法的一念心，清清楚楚、明明白白、處處作主；諸位在座位上聽法的心，一樣很清楚明白，而且能夠處處作主，這就是眞如佛性！名色則是虛妄的，不要落在名色裡面。」結果他自己所謂的眞如佛性全都落在名色裡面，也教導弟子們落在名色裡面。因爲清清楚楚、明明白白的心，就已是六識具足、識陰具足了，正好是名色中的名啊！那他教導大家要保持清清楚楚、明明白白、處處作主，那個清清楚楚、明明白白正是六識具足；有沒有誰聽經聞法的時候只有意識而沒有前五識？諸位找找看，看有沒有這種人：聽經聞法的時候沒有前五識。你如果眞的能找到這種人，那我告訴你，你比　佛陀還厲害；不必說我，我不算什麼。但那是不可能的事。

可是他們就敢睜眼說瞎話，說他們已經遠離識陰六識了，而這些事實已表示他們沒有眞的把名色否定，仍然認定「名」是眞實我，只是口頭上說「名色是生滅法」，實際上還是把名色的大部分認定爲眞實法，我見根本就沒有斷除。他們因此落在名色裡面，就不可能再往前去推究名色從哪裡來；因爲他們已經錯把名認定是眞實我，是常住不壞、是實相，認爲那就是本地風光，認爲這就是有情本來面目，認爲這就是終極法，就不可能再找一個更終極的法了，所以他們都不會再往名色的前頭去尋找眞如心。

正因爲這個緣故，我們才需要把名色的全部內涵不斷地講解、再三講解；我幾乎在每一本書裡都有講解說明名色的內涵，特別是注重在識陰上面來說明：識陰中的每一個識都是名所含攝。講清楚之後，現在繼續主張說離念靈知就是眞如佛性的人，已經越來越少、越來越少；現在幾乎沒聽見、沒讀見了，因爲他們心裡害怕：「**我如果繼續講離念靈知就是眞如佛性，人家就會看穿我，說我沒開悟。**」所以他們不敢再講離念靈知—識陰六識—就是眞如佛性了。

接著就是要教育他們：你修學十二因緣法，把每一個因緣法都弄清楚了，仍然不能證得辟支佛果的原因，是因爲你沒有修學十因緣。十二因緣不斷地修學，結果說：名色是因爲往世的識陰不斷地熏習世間法，所以才會有這一世的名色；往世識陰之所以會在三界法裡面不斷熏習，是因爲無明；但是無明的內涵是什麼，竟不知道。他們最多只是說：「**無明就是因爲我見我執。**」可是眞要說到斷我見、斷我執的時候，他們卻又不肯眞的斷，又說那清楚明白的心、一念不生的心就是眞如佛性，那正好落在無明裡面，不離我見無明啊！嘴裡面說要斷無明，心裡面卻不肯斷無明，本質上就是不肯斷無明的人，所以我們只好繼續說明無明是什麼樣的內涵，然後繼續說明：無明不可能自己存在，無明是依於名色才能夠顯示它的存在，否則無明要藉什麼來現行？一定要藉名色才能使無明現行，可是人死了以後名色消失了，投胎去了，那時無明是要寄存在哪裡？難道會在虛空中嗎？沒這個道理！無明是一世又一世連接著啊！就跟業種一樣是一世又一世連接不斷的！那麼死後無明到底寄存於哪裡？無明現行時就是跟覺知心、意根在一起，未現行時就和覺知心種子、意根種子同時存在如來藏中！那麼死後呢，全部都一起儲存在如來藏裡面，投胎以後就帶到下一世去了。所以說，因緣法探究到十二因緣而探究到無明時，從無明再檢查回來，順序是對的，並沒有錯！但爲什麼還是不能成爲緣覺聖者？爲什麼依舊無法斷那五個上分結，出離三界生死？因爲他害怕，害怕說：「我如果把自己給滅了，無明全部滅了以後，未來世沒有識陰這六個識時，就沒有名色，那就變成斷滅空了。」所以他只好從名裡面再找一部分出來說：「這部分不是名，是眞如佛性。」所以把識陰裡面的離念靈知或是直覺拿出來說：「這個是細意識，是常住不滅的眞如，不歸屬於名所攝。」於是他無法否定名色的全部，我見分明存在，死後只好繼續去投胎而不能出離欲界生死。

如果我們教導他們學習十因緣：名色由識生。所以老病死推究到名色以後，要再推究名色從哪裡來？名色由識生，是說另有一個本識出生了名色；但是對於名的內涵得要先具足了知：不管是粗意識、細意識、極細意識，乃至於有人發明說「不可知的意識」，一樣還是意識。意識都是「意法因緣生」，都歸屬於「名」所攝，不外於識陰。那麼「名」是從哪裡來的？色陰又是從哪裡來的？都是從「名」中的識陰六識以外的另一個本識中出生，而那個本識就是第八識如來藏，就是無餘涅槃中的本際，由祂出生了名色。那你由名色往前推，推究到這一個本識之時，前面再也沒有任何一法可得，一切法最多只能推究到這個本識爲止。一切法——所謂的萬法，就只能推究到這個本識爲止，再往前去推究時就沒有任何一法可得，這時只好「齊識而還」；就只能推究到這個本識爲止，再過去就沒有任何一法可得了，只好回來，這就是「齊識而還，不能過彼」的眞義。

沒有這個本識，就沒有名色可得；所推究一切法，若超過這個本識時，就沒有任何一法可得了；這時就知道說：「原來我死時把名色滅了以後不再受生，就是無餘涅槃。」就懂得說：「當我如實觀行十二因緣，知道我名色眞的是完全虛妄；包括十二因緣中有很多都是名所攝的心所法，我這樣觀察之後，在將來死後不再受生而把名色滅了，那我還有那個本識如來藏繼續存在，所以我並不是斷滅空，我不用害怕變成斷滅。」這樣子，他修十二因緣觀時才能成就，才會真的願意在將來捨報後，把名色滅盡而且絕對不去投胎。如果他這樣子如實觀行而且心得決定時，並且也有深厚的未到定而發起初禪了，那他至少可以得中般涅槃；除非他還有大惡業未受報，否則他就可以得中般涅槃啦！那是最下品的緣覺，其實也不錯。

但他假使真的能夠這樣證得緣覺果，是緣於什麼而證得的？是緣於十因緣的現觀。有十因緣的如實現觀，他來修學十二因緣法的時候才能得忍。忍法現前就是心得決定，有了這個法上的定心所，就是緣覺法的「忍辱心決定」。這個十因緣法本來是四阿含中世尊早就說過的，具載於《阿含經》中，只是一直都沒有人知道，都把它錯解了，誤以爲說：十因緣法增說以後就變成十二因緣，十二因緣再增說就變成十五因緣、十九因緣等等，就和釋印順一樣誤會因緣法了。但其實不是：十因緣法跟十二因緣法的關係並不是增說與滅說，因爲十因緣法是在告訴大家名色之所從生，是告訴大家名色到底是從哪裡來的，說明名色是從本識中出生的，而本識是萬法的本源，推究超過這個本識時就沒有任何一法存在。而十二因緣法只是告訴大家說：爲什麼眾生會不斷地輪轉呢？是因爲無明，是錯把名色當作常住的自我，這就是十二因緣法中說的無明的主要內涵。眾生有了無明而不斷地有名色出生，所以世世輪轉生死，可是名色究竟從哪裡來的？是從本識生出來的。

若不知道本識能出生名色，這也是無明的一種。可是幾百年來佛教界沒有人知道這個無明一直存在；六、七十年前有人知道，可是他沒有出世弘法；那個人住在江浙，只是當一個居士，因爲戰亂時期也幹不了什麼。所以這幾百年來沒有人知道；更早之前知道的人是在密宗覺囊巴，已經被幹掉了，所以後來就沒有人知道；因此說，這六、七百年來的正統佛教四眾弟子很可憐，因爲中國皇帝都信奉密宗，都喜愛識陰境界的雙身法，你根本沒有辦法出來利樂有情。即使到現在，中國廣大土地上還有一個被政府承認的大邪教，是天下第一大邪教，而且還不是普通的邪！但仍然被中國政府承認爲合法的宗教，那你說現代的正統佛弟子悲哀不悲哀啊？但是卻又無可奈何。

那我們應該作的就是這一件事情，要告訴他們十二因緣法修學不成就，即是因爲不懂十因緣法；由於不懂十因緣而有無明，所以十二因緣法的無明就無法打破，於是怎麼修學都不能成就因緣觀。那我們寫了《阿含正義》告訴大家這個道理，現在終於漸漸的有人懂了：原來修學十二因緣法之前，先要去對十因緣作種種的思惟。而且要現前觀察：雖然那個本識不是自己所能證的，但是依因明學或邏輯學而推斷時，一定推得出來：名色既然都是被生的，而無明是依附於本識和名色，得要跟名色同時存在，無明自己沒有主體；無明既然沒有主體，不可能自己存在，那它要存在哪裡？人死了以後，中陰身滅了還沒有入胎之前，在眞正住胎之前，請問無明應該住在哪裡？無明會自己存在喔？不可能啊！那麼是不是無明會斷滅？那可好了：人們只要死掉了，無明就會自動斷滅，那麼所有人死掉以後就會變成阿羅漢，都可以入涅槃啦！所以一切凡夫死後都會變成阿羅漢，都入涅槃；那麼把時間推溯到不可計數無量無邊阿僧祇劫之前來說，從那時開始，經過不可計數無量無邊阿僧祇劫之後來到現在時，三界中的眾生不就都入涅槃了嗎？可是你看現在眾生仍然這麼多，可見不是那樣講的。

無明不可能自己存在，就如同業種不會自己單獨存在；無明與業種也不會斷滅，都因爲有本識執持著。本識出生了名色，無明就跟著名色一同存在而表現出來。當大家知道說：老病死由於生，生是因爲有，有是因爲取，往前一直推究到名色的時候，要繼續推究名色從哪裡來？當然是因爲無明「我見我執」啊！可是無明我見我執不可能出生名色，那又是哪個法出生了名色？是因爲有一個本識，這個本識含藏著眾生無明的種子、諸業種子以及名色的種子；由於這個智慧的緣故就可以推斷出來，名色一定出一個識所生，因此懂得「**名色從識生**」的道理，這方面的無明就滅除了，然後再來探討我見與我執的內涵，再修行而加以斷除，才能得解脫。

名色總不能由物生吧？名色總不能由虛空生吧？也不可能自己生自己吧？當然也不可能單由眾緣而無根本因持種，就能由諸緣共生吧？所以一定是由一個本識藉著諸緣來出生的，當然是每一個有情各有他自己的本識。知道了這個道理以後，他的無明才可以斷除；這是斷什麼無明？斷二乘菩提所說的無明，這時連聲聞道的無明都可以同時斷除，也就是我見與我執都可以開始斷除了。於是他知道了這個道理，從這一個識，回頭順著再觀察回來：本識生了名色，所以名色才會有境界觸，才會有外六入，然後才有內六塵的六入，才會有觸……等，於是有老病死；這麼順觀回來的時候，就全部都沒問題啦！於是他可以重新再來把十二因緣順觀：原來我就是眞的因爲沒有斷這個無明，才會有一世又一世的意識不斷去執著諸法，害得我意根就像是十六爪章魚一樣什麼都抓取，於是就會一世又一世一直有名色，最後就是會有不斷絕的生老病死苦，於是他的因緣觀就可以順觀回來而沒有錯誤。

爲了證實是不是眞的這樣子，就對十二因緣法一一再作逆觀而證明：眞的是無明導致生死，如果我把無明斷了，我確認眞的有一個名色在，而這個名色一定由那個本識所生，本識則是永遠不壞滅的；那我把這一世的名色滅了不再受生，我不就解脫了嗎？所以我先要滅那個無明：無論如何要認定那個本識是眞實存在的，祂可以生名色；因爲物不能生心，物不能生有情，那一定是「識」才能生有情啊！那麼這個無明斷了，再把十二因緣再順觀一次，確定無誤；當他已經先修證五停心觀而得未到地定以後再發起初禪了，這時再逆觀十二因緣，斷了無明不就可以斷我執了嗎？於是因緣觀的修學得以成就。有了因緣法的法忍，心得決定，這就是緣覺法中的「忍辱心決定」。當他對因緣法得忍，人家再怎麼罵他說：「你的講法不對，你是邪魔外道，因爲你說的都與諸方大師不同。」他也都無所謂，這就是他的忍辱功夫顯現出來了。因爲他「心得決定」，所以他成爲辟支佛，這就是第二種的法忍。

接著他會去探討，如果他是通教菩薩，不是決定性的聲聞緣覺，那他一定會探討：「那這樣子，我就能成佛嗎？」一定會發覺還是不行：「佛陀那麼有智慧，爲什麼我差祂那麼多？」不但差佛陀那麼多，想想看：「佛陀座下的七住位、八住位、九住位、十住位菩薩說的法，我都還聽不懂；可是這些七八九住、十住乃至十行、十迴向位的菩薩，距離佛陀都還很遙遠，所以對諸地菩薩都是很恭敬。」那他就知道說：「我證得因緣法，得這個法忍，跟佛法的實證還是沒有直接關聯。」沒有證眞如以前都沒有直接關聯，但他是一個通教菩薩，因爲他證得的二乘菩提，在理上能通大乘菩提啊！爲什麼能通？正因爲這個本識！如果不是相信有這個本識，那二乘菩提就跟佛法無關了，而菩薩也不必實證二乘菩提，那麼佛陀就用不著先演說二乘菩提了，諸位想想是不是這樣？是啊！一定是嘛！就算你心裡想說「不是」也說不出來，因爲事實擺在眼前，就是這樣。

這時就要去尋求如何能夠在大乘法中得見道，然後他會去尋找說：「看誰可以幫我證得十因緣法所說的名色所緣的識。這個名色之所從來的識是哪一個？我成爲辟支佛、成爲緣覺，我很清楚知道名色一定由一個心來出生的；可是那個心在哪裡？我還不知道，因此我無法了知實相，我因此產生不了般若智慧，導致我聽不懂七住菩薩的說法。兩位七住菩薩在那邊互相說法，他們才剛開悟般若而已，他們連出三界都還辦不到；可是他們卻說現前已經看見無餘涅槃中的本際，已能現前看見無餘涅槃中是怎麼樣的解脫，但我竟然聽不懂，顯然我這個緣覺法所證還不是成佛之道。可是他們卻知道我說的內容，那我就必須要去尋求一個能幫我實證這個涅槃本際的人。」

於是他去尋找善知識，終於有菩薩願意教導他，可是菩薩提出一個條件：你不能再以緣覺自居，也不能再以阿羅漢自居，你要認定你是一個第六住位的菩薩。這時他得要接受，若是他不接受，菩薩就不教他實證佛法般若，爲什麼呢？如果有一個徒弟一天到晚說：「我解脫的證量比你高。」那你要不要教他實證佛法般若？他自己也不可能學得進去啊！來求師父教導的人，一定自稱弟子，一定稱對方爲師。一日爲師、終身爲父，所以每天口稱「師父、師父」，對不對？對嘛！這樣師父才可能收他作徒弟啊！如果這個徒弟一天到晚說：「師父！我證量比你高。」師父一定不收這個徒弟。如果你有這麼一個徒弟，你肯繼續認他作徒弟嗎？早就說：「你可以自立門戶，不要再留下來。我這一灘水太淺了，容不下你這一條巨龍。」一定如此嘛！不論誰都是如此。因爲既然他證量比你高，你怎麼能收他作徒弟，你還能教他什麼？

所以他必須得接受說：「我在二乘菩提上，容或證量比師父高；但是在大乘菩提中我是完全不懂的，師父的證量一定遠超過我。我拜您爲師，我願意當第六住菩薩，您是七住菩薩，所以我應該拜您爲師。」「將來悟了呢？」「悟了以後，我還是奉您爲師，我仍然是您的徒弟。」要這樣才行。這樣七住菩薩才願意教他，因爲他承認自己是菩薩了，已經承認他是未悟的菩薩，於是幫他證悟；證悟了以後，他終於跟師父一樣了，也可以看見無餘涅槃中的本際，那他就感恩戴德。不會因爲他原本有阿羅漢、辟支佛的證量，就瞧不起幫助他證得般若的師父。雖然因爲他的師父還沒有辦法斷五個下分結、五個上分結，也沒有辦法當辟支佛，可是這一些智慧他的師父都有。這時他就眞的奉這個師父爲師，盡形壽都不會改變。

我知道，現場一定有人聽了不太信受：「哪有可能？人家是阿羅漢，是辟支佛歟！他的師父還只是七住位而已，都還沒有辦法斷五下分結、五上分結。」可是我告訴你：眞實證得阿羅漢、辟支佛果的人，他根本就是無我的，他悟了般若以後絕對不會跟師父計較說：「師父！你還沒有斷五下分結、五上分結，所以我悟了般若以後，依舊是您不如我。」絕對不會，否則的話，那所謂的阿羅漢、辟支佛的果證，一定都是大妄語。這是無可改變的，這也是阿羅漢、辟支佛迴小向大成爲別教菩薩的宿命，而他們也不會怨自己有這個宿命，都會歡喜接受，因爲他們已經證得無我了，所以不會計較這個身分。

那麼這時他在大乘法中只是大乘眞見道位中的「忍辱心決定」，人家否定他說：「唉呀！你被那個凡夫騙了，你本來是辟支佛，本來是阿羅漢，爲什麼要讓那個凡夫給騙了？」但他知道自己沒有被騙，因爲他用二乘菩提的究竟果，來印證這位七住位的師父教他親證的如來藏時，他來印證的時候發覺完全沒有衝突，是完全互相符合的。而且將來自己入了涅槃，除了那一個第八識心以外，就不可能還有別的法存在。他觀察的結果知道事實確是如此，所以人家再怎麼罵他，他都能得忍，一樣是心得決定都不改變，這就是他在大乘法眞見道位的忍辱心。

可是他會去探究：「現在我證得這個眞如心，十迴向位菩薩、初地菩薩一樣是見道位；這初地入地心的菩薩一樣是見道位，爲什麼他的智慧那麼好？而我七住位的般若智慧竟然差他這麼多！」他未來也一定會比對出來：「爲什麼龍樹菩薩講的那一些中道之理，我沒有辦法自己想了就寫出來？這是爲什麼？」他將來一定會發覺的啊！「同樣是見道的人，初地入地心也是見道位，第七住位也是見道位，爲什麼同樣是見道位而我七住位的智慧都不如初地？竟然相差這麼多，距離爲何這麼遠？」他一定會去觀察，有一天必然會去問師父，或者請問佛陀；不然就是去請問層次更高的菩薩，那時菩薩會告訴他：「你找到如來藏時只是眞見道，眞見道是很殊勝的，因爲若沒有眞見道，就無法進入相見道位進修，相見道是依止於眞見道才能產生的。」相見道位的智慧是遠超過眞見道的，所以剛明心的時候，會以爲自己眞是不得了：「喔！我開悟了！開悟了！」可是才剛遇到半年前或一年前、兩年前證悟的人，一談起法的時候，他會發覺說：「爲什麼這個我不懂，那個我也不懂？」

事實上，他所不懂的還多著呢！這時才知道說：「果然大乘見道還眞的要有眞見道跟相見道。」去請問上地菩薩，上地菩薩說：「見道位必須要進修到通達，要把相見道位的內容全部具足修好了，配合其他的條件，才可以入地。進入初地心了，才能叫作『通達位』。」也就是見道的所有內涵已經全部通達了，配合其他條件而轉入初地，接著繼續進修十度波羅蜜多，從此時開始，才能叫作初地的住地心，才能成爲修道位的菩薩，開始正式修學成佛之道。從這時起才能叫作「修道位」，在這之前都還只是見道而已。

這時他心裡面想：「大乘法中光是見道就這麼難修，那麼從七住位到初地入地心那要修多久？」師父說：「第一大阿僧祇劫分成三十心，你還有二十三心要修。」「啊？」很驚訝呢：「一大阿僧祇劫的三十心，我開悟了才只到達第七心而已，後面還有二十三心。」哇！這一下心都涼了。所以他可能會因此而懈怠一週、懈怠一個月、懈怠一年，也有可能會懈怠了好幾年。後來終於想：「可是我最後還是得要走這一條路，現在不走，我什麼時候再來走？再去流轉生死五十劫、五十個阿僧祇劫之後，我還是要走這一條路，都因爲最究竟的路就是這一條曠大久遠的佛菩提道，再也沒有別的路了。」所以想過了以後，雖然心有一點冷，有一點灰心，想一想：「我還是得要走這一條路。」於是不得不，就在不很情願的狀態下又開始走上這一條路，三賢位中的菩薩們有很多人都是這樣的。眞的太多了！也許你們想說：「那大概是因爲我們剛悟不久，離凡夫位還很近，那舍利弗他們應該不會吧？」我告訴你們，佛陀早說過啦：淨目天子法才以及王子舍利弗，很久以前悟了以後怎麼樣呢？由於當時沒有善知識攝受，所以退失而轉入外道法中。這樣的人之中，有的人退失整整一個大劫，有的人退失整整十個大劫，十個大劫裡面無惡不造。當然得去受報；受報很多劫以後，才能回到人間再度修學佛法。

所以在大乘法中見道不退，還眞的不容易啊！如果大乘見道的這個眞見道，是所有人都一悟以後就永遠不退轉，那麼《金剛經》也不會告訴你說：假使後末世有人受持「此經」──此經就是如來藏──而被人輕賤時，他仍然不退轉，那他的先世罪業悉皆消滅！爲什麼會這樣講？正因爲大乘的見道內涵很難令人信受啊！由於這個第八識太現成了，眞的太平凡又太實在，所以第八識就叫作蕭平實；但是人們沒辦法信受的原因，就是由於祂太平實，所以就沒有辦法接受。當他信受以後如果把所悟內容告訴一般學人，往往會被人家嘲笑；特別是在後末世，也就是在《金剛經》說的末法時期剩下最後五百年的時節，如果你繼續信受奉持此經如來藏，當你被人家嘲笑時應該慶幸；因爲那些人幫你消滅了先世罪業，使你先世罪業悉皆消滅。只要那時你還是不退轉，那你最後就會跟著 月光菩薩修學，一定會證得阿羅漢果或者辟支佛果；因爲當 月光菩薩發覺世間正法不可能繼續弘傳的時候，他就會帶著大家入山隱居；凡是跟著他入山隱居的人，每一個人至少都是阿羅漢。那你想想，還不必等到 彌勒菩薩來降生人間，還不必等到五億七千六百萬年後，你跟著 月光菩薩就能夠成爲阿羅漢，這樣好不好？好啊！提前五億七千六百萬年解脫，有什麼不好？雖然在末法最後五百年時會被人家罵，但你不要退轉，要繼續認定「此經」眞實常住，是實相境界。人家如果罵你愚癡，你就說：「感謝！感謝！謝謝您來幫我消除先世罪業。」如果你能夠這樣，那你就是「忍辱心決定」。

到了最後五百年時你能不能這樣，就看我今天說的法義，你有沒有牢牢記住，有沒有眞實地認定是如此，也就是看你心中有沒有眞的接受。如果你今晚心得決定說：「一定是這樣，我絕對信受，絕不改變！」那麼這個種子存在你心中，帶到未來世去，到那時，遇到人家嘲笑說：「啊！你這個傻子！

你師父告訴你說這個就是『此經』，你也信喔？」你就說：「對啊！我就是信啊！我早就是『忍辱心決定』，在九千多年前就學過而信受不疑啦！所以我現在是『忍辱心決定』，不管你怎麼嘲笑，我都一樣繼續信受到底。您得要繼續笑我才好，拜託你繼續笑我，每天相見了，你就笑我，我都很歡喜接受。」因爲他每天都來滅你的先世罪業，每天罵你一次、笑你一次，就已經把你先世罪業滅除了，接下來的修道可就輕鬆多了。

那你如果心裡面說：「啊！也許滅得還不夠徹底吧？」那就歡迎他每天來罵你啊！《金剛經》這麼說，表示什麼道理，表示「此經」在實證以後眞的很難忍。你證得這個如來藏時，正因爲祂太平實，所以你很難忍，因爲不是像你悟前想像的很奇特的樣子。如來藏不是神、不是鬼，不會變化神通，你如果證得如來藏以後說：「欸！如來藏！你也弄個神通讓我爽快爽快、炫耀一下吧！」但祂才不甩你呢！

所以古時有個比丘尼開悟了，好像是禾山比丘尼吧？人家來問她：「妳不是開悟了嗎？那妳變個神通給我瞧一瞧。」她就說：「不是神，不是鬼，變個什麼！」你瞧她一個女流之輩，悟了講話就是不一樣。那你想，證得這個如來藏，也不會有五神通來跟人家炫惑；證得如來藏以後也沒有辦法像人家一入定三天，不能表現啊！那看起來眞的很平凡實在，所以悟了以後看起來還是像悟前的凡夫一樣，也不會說：「悟了以後我就不怕熱，悟了以後就不怕冷。」還是跟平凡人一樣啊！可是你仍然「心得決定」，爲什麼呢？因爲你從此以後開始知道很多法界的……我們講得誘惑一點，就叫作內幕：「法界實相的內幕。」（大眾笑…）。

沒有眞實證悟的人都不知道，而你悟了就知道，就可以講出爲什麼不來不去的道理；又如，爲什麼要說不生不滅？爲什麼要說不生不死？爲什麼要講不增不減？爲什麼又是非一非異？不論什麼都可以講。也許有人說：「眞的嗎？那我就用顏色問你：不黑不白。你能不能講？」你也可以啊：「我告訴你，五陰名色都有黑暗法，那你可以藉著『此經』修行清淨以後呢，成爲阿羅漢了就沒有黑暗法，那就是白；二乘菩提的修行中一定有黑有白，凡夫是黑，阿羅漢是白。可是從如來藏來看，看凡夫、看阿羅漢，都沒有黑也沒有白；無妨現實中有黑有白，但從實相法界來看現象法界時，卻沒有黑也沒有白，這不就是『不黑不白』嗎？」欸！有道理啊！那他聽了也只能佩服啊！

縱使心裡不佩服，也不能反駁你呀。

也許他剛好看見花，花朵有綠有紅，你不能說非紅非綠；但其實也可以啊！都是因爲你有眼識能見顯色，你有意識能夠了別顯色的微細相，所以你覺知心中知道有紅有綠；但你這個紅與綠，是依附於如來藏所生的意識心、眼識心而存在的；當你的意識來觀察自己的如來藏，如來藏無妨變現綠葉的綠給你看，也變現紅花的紅給你看，其實還是你的如來藏變現的內相分，你根本沒有看見外相分的紅綠；那你這些紅與綠，是眞的紅、眞的綠嗎？我告訴你，不管你認爲是眞的紅、眞的綠，其實全都是如來藏變現的，所以非紅亦非綠，因爲如來藏的境界中無紅亦無綠。那你再回到如來藏的立場來看紅與綠，我告訴你如來藏不分別紅與綠，所以非紅亦非綠。這樣行不行？行啊！

這時你心裡面很安慰，認爲說：「當菩薩眞好，阿羅漢們都聽不懂。而我能夠現觀實相法界與現象法界就是這樣，非一亦非異。」所以你若是今天來問我說：「請問實相法界有紅有綠嗎？」我說：「有。」明天又來問，我說：「無。」後天又來問，我說：「非有亦非無。」「欸！師父！您怎麼每天說的不一樣？」我說：「我每天說的都一樣，只是你聽不懂，非汝境界。去！」

就把他趕走。那麼這時候你看看，連阿羅漢都聽不懂，凡夫大師們也都聽不懂。哇！那些大山頭們，每家都是一大片、幾百公頃，大雄寶殿蓋得跟皇帝住的金鑾殿一樣，可是你一點都不希罕，你還是「忍辱心決定」。因爲：「我這個智慧不是世間人所知，不是諸天天主所知，也不是阿羅漢、辟支佛所知。」所以你不會退轉。

但世間人看著就說：「哼！你連神通都沒有，說你是什麼賢聖？」你說：「隨便你罵，你罵的也眞是正確，因爲我既非賢也非聖，非賢非聖離兩邊。」「那你也沒有離開凡夫一邊啊。」你也可以說：「沒有關係！你就繼續罵我啊！但是呢，我既非凡夫亦非賢聖，我還是離兩邊，因爲我依如來藏而住。」那你就不會退轉。這就表示說，你有這個實相般若智慧，使你的忍辱心得以決定；你對大乘法的見道位智慧產生了心得決定的力量，這個力量支持著你。但這個力量的來源是什麼呢？正是實相的智慧。所以你因爲這個智慧的定力而使你永遠不退轉，不退轉的緣故，你的智慧就不斷地繼續增長；繼續增長擴增而使所知的範圍越來越廣，越不會退轉，這就是決定力啊！

所以說，一般人不知道定的全部意涵，一天到晚修打坐說：「我定力多麼強！你從來不打坐，只會無相念佛，沒定力。」那個人一入定三天，來找你炫耀時，你告訴他：「你這個定力太差了！」他反問說：「那你入定多久？」你告訴他：「我無始劫以來入定到現在。」（大眾笑…）「你現在不是在跟我講話嗎？」你就說：「我跟你講話的時候還是在定中。」「那你是什麼定？」「大龍之定。」「哈？有這個定喔？」「有啊！我這個才叫金剛三昧。」「那你何時會出定？」「告訴你，我永遠不出定。」（大眾笑…）「爲什麼如此？」「因爲我這個定不入也不出。」他可眞拿你沒奈何。因爲你能夠解釋那個原由，解釋以後又都有道理，全無破綻，他又無法破你啊！喔！所以你因此就在大乘法上有了定力，對不對？如果你這個實相智慧的定力不夠，被人家否定而退轉了，其他同修也就說你：「啊？那麼沒有定力！被人家一恐嚇就退轉了！」對不對？對啊！

我們在以前，大約八年前，會裡有好多人被恐嚇以後，心中惶惶然，不知所措；這表示他們對大乘法的見道還沒有定力，所以一被恐嚇就退轉了。對不對？於是跟著別人走了。到最後才知道跟錯人、走錯路了，心中後悔了，但又不敢回來會裡，仍然是因爲沒有定力。爲什麼說他們沒有定力？因爲：

「我到底要不要回去正覺？」老是猶豫，心中不得決定，這也是沒有定力。如果眞的有定力，打從一開始就說：「我就堅持留在會裡，常住不走。」如果定力差一點，其實也沒關係：「我再來思惟整理觀察，自己再多現觀一段時間看看。」於是心中決定說：「我就依照蕭老師講的《識蘊眞義》、《眞假開悟》等等，自己再來作現觀。你蕭老師如何說，我就一頁一頁、一行一行、一段一段，依於你教我證得的如來藏，來一一現觀。」觀察到最後的結果，自己證明都沒有錯啊！於是心得決定，定力增長了。

雖然有人曾經退轉過一週或二週，乃至退轉一個月、兩個月，這段時間都不來同修會了，其實也都沒有關係，經過這段時間依照同修會書中所說的法義親自觀行以後，欸！定力又升上來啦！於是心得決定，回來正法中安住，就當作完全沒有離開，這也行啊！就說：「我以前只是因爲有事情耽擱，沒辦法來共修，現在事情都處理好了，我再回來上課。」也行啊！我也接受啊！我也是眞心接受，不會去懷疑的；因爲我這個人憨直，不然怎麼叫作「平實」？那麼有些人也是眞的有病，暫時去養病，雖然說那一段時間生病的人多了一點，（大眾爆笑…）也對啊！那時 SARS 正流行啊！所以我們全都接受，我們都不怪任何人，因爲那都是正常的事嘛！我們當時甚至還宣布停課，那時候懷疑得 SARS 的人很多。最後《燈影》印出來，大家再詳讀一遍以後說：「沒有錯啊！我絕對相信蕭老師。」所以流行病結束後才一開課，大眾馬上就回來了。當 SARS 的流行期過去了，政府一宣布危險期過去了，會裡才一開課大家就回來，這就是「忍辱心決定」啊！

所以說，在法上生忍是很難的，特別是對大乘了義法。對一般凡夫而言，法的忍最困難的是什麼？是否定自己。因爲大師們每天都教導「要把握自我、要作自己」，又例如以前學校當學生時，老師教導大家：「要有尊嚴，要有智慧，要懂得如何在世間謀生，要如何在世間生存，要如何跟人家改善關係。」全都在教導如何維護「我」，所教的全部都是「我」與「我所」。從學校畢業以後這一些「我」繼續留在心中，後來進入佛門，大法師也教你「要把握自己，要當自己」，也是在教大家執著「我」，所教的全部都是「我」。如今遇到眞正的佛法時竟然說：這些「我」全都是假的，應該要「無我」。所以一般人對二乘或大乘法都很難得忍，但這也是無可奈何的事。

可是對於諸位而言，二乘法的忍還算是容易的，對大乘法的忍才是不容易的，因此正覺同修會二十年來才會有第一批、第二批、第三批退轉的人。為了希望大家悟後都不會退轉，所以我們就把證悟的門檻拉高；以前的鯉魚跳過龍門來當龍，條件很簡單，只要跳過一級就行；現在想要跳過來當飛龍，我們把龍門的門檻拉高了，而且是一關、二關乃至七關都得要躍過去。關雲長也只是過五關、斬六將，但現在你們想要跳過這個龍門來當飛龍，可得要過七關；你們想想看，容易不容易啊？難啊！為了保護大家永不退轉，我們就這樣作。像這樣一關又一關不斷地鍛鍊，結果是讓過關的人智慧增上而使他心得決定，到那時就是「忍辱心決定」，對大乘的見道永不退轉。那時在法上的定力是強到不得了，誰要來移轉他都不容易，那我禪三時的辛苦就沒有白作工。生一個兒子以後不久就夭折了，那就不生也罷！你們也應當如是觀，說：「我好不容易在母胎裡待了十個月，沒想到一出生不久就死了。那我還不如再等等，直到一對基因比較好的父母，我再來投胎和出生。」眞的應當這樣子。這也就是說，在大乘見道法中想要「忍辱心決定」，其實也是很困難的。

因此，這個大乘法的法忍很不容易堅固不動；但是說不容易，還有一個原因，也就是說，每一個階位的提升都要有相當的福德來配合，這很不容易。二乘道只要「施論、戒論、生天之論」都可以接受，就可以見道了；見道之後開始修道時就詳說「欲為不淨」，讓你進修梵行以後提升為三果人；接著五個下分結、五個上分結都只是見地上的問題，只是更深入的見地，藉由更深的見地把我執斷除掉，死後就能出三界。所以實證二乘法的見道時，所需要的福德比較少；除非你一世就想要證阿羅漢果，那就是像舍利弗、迦旃延、目犍連一樣，其實都是很多劫以來跟著世尊學法的。

所以菩薩道很不一樣，很多劫以來跟著世尊修學，就一直都在累積福德資糧；如果是這一劫中才剛開始學習的，從十信位滿足上來，每一個階位都要修集很多福德。例如剛剛完成十信位時，過去學佛以來只有一劫乃至十劫，現在才剛剛滿足十信位，想要修初住位的福德時，就要像慈濟的那一些委員們一樣，都還有滿肚子的貪、瞋、癡在作布施，所以對佛法的認知還是非常粗淺的，這就是初住位的住心菩薩。如果你們護持正法救護眾生的時候，沒有起貪、沒有起瞋，也已知道五陰十八界等我與我所全都虛妄，也知道唯有「此經」是萬法的本源，信受不疑而且在實修與求證之中，那已經不是初住位的菩薩，表示你學佛以來已經不只一劫乃至一萬大劫，應該已是第三住、第四住乃至第六住位的住心菩薩了。要這樣去判斷自己往世學佛以來有多久。

如果這一世布施的時候，沒有什麼貪、沒有什麼瞋，而且持戒也持得很歡喜而沒有煩惱，就知道自己學佛以來絕對不只兩萬劫、三萬劫，你們要知道這一點。這是因爲一個人的習性轉變是很困難的，將近一千年前，同樣在克勤大師座下的那十幾個人，到這一世爲止，心性幾乎都沒什麼改變，而我的濫慈悲到這一世也還是濫慈悲。這回禪三的第二個梯次，幾乎又要犯老毛病，但我第一天整個小參完了，第二天早晨上大殿禮佛時，佛的面色有一點嚴肅，我就知道：「唉！又犯濫慈悲了，佛陀在警示了。」心裡面馬上決定不要再亂放水。因爲第一天小參時放水放太多了，所以我就抓著兩位監香老師，要他們幫我補救，嚴格把關，於是情況稍微好一點。第三天禮佛時，佛陀顏色和霽，沒事了！我也就安心啦！

這是說，有時心性眞的很難改變，所以現在禪三時我也在學忍：你們哭的時候哭你們的，我就修忍啊！（大眾笑…）張老師寫的那兩個字，我就時時刻刻放在背上掛著啦，我眞的掛在背上「安忍」。張老師不是有寫「安忍」兩個字嗎？我平常在家裡也穿啊！禪三時我就把它掛在心中學安忍啦，就當作沒聽見、當作沒看見，然後觀察看看：他在哭什麼？（大眾笑…）我總得要瞭解一下嘛！我就去感應，看他究竟是在哭什麼？這也是我要學的忍。

那你想，將近一千年了，這些人到現在並沒什麼大改變。一千年前生性多疑的師兄，在這一世變成大法師了，依舊是生性多疑，眞是疑根難斷啊！那時他不信有如來藏可證，這一世依舊是疑，繼續不信如來藏。那一世愛誇大口的人，這一世依舊是愛誇大口，動不動就開口說：「**我打坐時，坐到萬里無雲萬里天……**」繼續愛誇大口；他是在那時就愛誇大口，這一世依舊沒有改變。那十來人之中，只有一個人有一點點改變；他是那一世都不講話而很沉默的人，在這一世竟然跟我多少會講一點，可是他跟別人也不太講什麼啊！那麼你想，一個人的心性容易改變嗎？很不容易欸！

所以你假使這一世進了正覺，在護持正法救濟有情的時候，例如你在發傳單保護大家不要再被密宗所騙等等，可是遇到學密的人對你破口大罵時，你只是有一點點小煩惱，並沒有跟他們對口大罵，對不對？你並沒有當街大聲回說：「請你回去讀過再說！對不起！對不起！你回家讀了再說！」而是默不作聲繼續發給路人，不當一回事。這表示你能忍於眾生忍，這個忍辱行是成功的，因為你不是強壓自己的心，而是你眞的如此。那你想想，你就是三住位的滿心菩薩了，這是一大阿僧祇劫的幾分之一？是三十分之三啊！也就是過完第一大阿僧祇劫的十分之一了，第三住位已經圓滿，因此你能忍於眾生忍。

然後在上課時，親教師告訴你說：「你這個意識是虛妄的，五色根也是虛妄的。」你都能忍。親教師又教導說：「十因緣是十二因緣的根本，名色一定由本識生。名色不可能被虛空生，名色不可能無因生，名色不可能單由根塵觸等眾緣共生。」你自己又想到一點說：「喔！名色當然不可能自生。」你們都能接受這些教導，對於二乘法的忍也有了。然後告訴你明心見性的事，說眞的有如來藏心可以實證，眞的可以明心開悟，所以這個能生名色的本識眞的可以實證，能取的覺知心與所取的六塵境界全都是自心如來藏所生的，你也都能一一思惟觀察而能夠接受，這表示第一大阿僧祇劫的三十分之六你已經過完啦！因為你已經「得忍辱」而能忍於能取與所取皆是本識所生。你可以這樣去觀察，因爲這個不是生來就能夠這樣，是一世又一世、一劫又一劫這樣熏習去轉變自己的種子，你才能夠作得到這樣。

以我自己的例子看來就是這樣，以前是濫慈悲，到現在還是會濫慈悲，沒有多少改變啊！只因爲看見這個梯次的男眾品質不錯，女眾品質也不錯，一時心喜，手頭又開始寬鬆了；當然 世尊見了會說：「這個像弟子又犯老毛病了。」所以面色有一點嚴肅。很奇怪，同樣一尊雕像，爲什麼面色會改變？本來第一天我看到佛像時覺得 佛陀很歡喜，雖然隔天起床後覺得睡眠有一點不足，其實心中也還是很歡喜，因爲想到這一梯次的他們品質很好；沒想到歡歡喜喜入了大殿去禮佛時，就歡喜不起來了。這就是心，就是能夠讓你感覺到 世尊的想法是什麼；祂想要讓你感覺到，你就會感覺到，就知道昨天的濫慈悲毛病又犯了。這就是說，人的習性很難改變，從這裡可以去判斷自己學佛以來已經多久；所以就算是你還沒有破參明心，但第一大阿僧祇劫的時程，你最少走過十分之一了，因爲第三住位應修學的已經完成了。

如果你再來觀察說：「我進了正覺五年，雖然還沒有辦法破參，可是我很精進，都沒有煩惱而繼續努力修學。」如果一直都是如此，每天觀察始終如此。又如有的人進來十年，有的人進來十五年，我們這回有學到第十四年才破參的人，都不丟臉，令人尊敬！學十四年以後才破參，報禪三好像才只有三次或四次，並不是每年都報名兩次，顯然很能夠安忍，並且很精進在努力。這意味著什麼？意味確實是個精進的人：「**證悟的因緣晚一點也沒有關係，我就晚一點，讓大家先報名、先悟，我晚一點都沒關係。我繼續努力護持正法，等我覺得有把握時再報名精進禪三。**」也有不少這種同修啊！所以也有人進同修會十一年，到這回禪三才報名第二次。而且也有人進了同修會十年，到現在都還沒有報過一次禪三；但他眞的很努力作義工，只要推廣組一通知他就來了，每次教學組送來禪三報名表時，我往往先看那個同修有沒有報名，這眞是精進度已經修學完成的菩薩，應該後面的靜慮與般若也學很久了。所以你們由自己的狀況就可以去判斷，究竟第一大阿僧祇劫，你走過多久了？其實都是可以判斷的。

所以「**忍辱心決定**」，是有很多層次差別的，因爲一個人的心性想要轉變是很困難的。你要是不信，例如家裡的某一位眷屬，你設法去改變他的心性，看多久能改成功？爲什麼搖頭？你們爲什麼搖頭？是因爲你發覺很難，對不對？「很難」還是講得客氣，其實往往會說是「幾乎不可能」。這是很多人心裡的話，只是不好講出來，因爲畢竟是家人；是在人間最親密的人，怎麼可以這樣講？我代你們講出來，你們就不必回答我。所以說，心性的改變不是短時間可以成功的，因此我所看見的，幾千年後那位很多疑的大師依舊是個凡夫，但因爲他多疑的心性而使他那時變成了女人，那你要怎麼說呢？其實就是退轉，這就是退轉哪！但退轉以後仍然是多疑，心性依舊沒有改變。

因此說，忍辱的層次是非常多的，在禪淨班裡不會講這個道理，因爲禪淨班的課程是接引初機的學人，所以通常只跟你說「生忍」，不說「法忍」。那你們既然聽的是《法華經》，《法華經》的經名最前面有兩個字，叫什麼？（大眾回答：妙法。）你看，既然是「妙法」，我當然不能夠像接引初機學人那樣演講；因爲你們是我的知音啊！我所知的若還不想全部告訴你們，那我要帶到墳墓去啊？當然要全部告訴你們。人家說「酒逢知己千杯少」，能遇到世出世間法的知音，是非常難得的，那我不告訴你們，要去告訴誰呢？所以這眞正的忍辱法得要告訴諸位，因爲這是《妙法蓮華經》，不是禪淨班；禪淨班的上課內容比起《妙法蓮華經》來，那是很遠、很遠，遠到不知多麼遠的距離；因爲這一部是圓教的經典，三乘菩提來到這一部經典中，整個收攝圓滿在裡面，所以這部經當然是很深妙的經典。文殊師利菩薩在大海龍宮說法很多、很多年，而那個大海龍宮的時間是很長的，他卻是不斷地講解這一部《法華經》；因爲是妙法，當然應該要把其中的所有深妙法告訴大家。

可是諸位也許想：那麼忍辱大概就是這樣子，法忍也就是這樣。其實不然，因爲就算是相見道位的內容修學完成了，接下來還有相見道位後期應該通達的安立諦智慧，以及種種功德和福德，才算眞的具足見道位的法忍，才算完成了第一大阿僧祇劫的見道內容。這時也許有人想：「原來講了這麼久，才只有見道位的『忍辱心決定』。」是啊！確實是如此。從初地心開始修到七地滿心則是另一個很漫長的過程，不過比起三賢位這一大阿僧祇劫來，算是好走一些了；雖然說是好走，但在三地滿心之前，菩薩遊戲人間，其實是遊行於人間被凡人們所糟蹋；正是這樣遊戲人間的，要有心理準備。你在人間遊行時，你所證、所說的法，不知要向誰人說。眞的不知道該怎麼說起，由於這個感嘆，不得不施設個方便，來說給有緣人聽聞。

萬一遇見個有緣人，你總不能一開始就爲他演講無生法忍吧？他完全沒有辦法聽懂啊！那他的學法因緣不就斷了？所以咱們就施設個方法，來寫出〈正覺總持咒〉，把三乘菩提講的「五陰十八界，涅槃如來藏」，就這樣綜合起來開始講；過了很多年，證悟的同修們多了，然後開始宣講一切種智的妙法。因爲剛開始時，你得要爲他演說五陰的法，不能一開始就講太深的法；所以對剛開始學佛的人，不能像我們禪三那樣，先講十八界然後回來講五陰；因爲對你們來講十八界很容易聽懂，然後我把它歸納爲五陰，就可以很快講完——我講五陰時就可以講很快。但是對一般人卻不行，因爲當你講解十八界時，他們完全聽不懂。

可是如果你遇到了一個根器很淺的人，可得要像 佛陀那樣先講「施論、戒論、生天之論」：布施有什麼因果？什麼樣的布施因，在未來世會得什麼樣的果？在不同的布施情況下，將來會得到不同的福德果報。要從這裡開始講，使他相信布施的因果，然後才能談得上持戒的因果及生天的方法與因果啊！所以，五種布施會得到五種不同的福果；種了毒田爲因，未來世將會收穫毒果；種貧窮田的人，將來得到的福德比較少；種報恩田的人，將來得到的福德比較多；種了功德田的人，將來得到的福德更多。這些布施的因果你得要先告訴他，這就是布施之論。

然後你來觀察他是不是心得決定，當他能夠接受了，心得決定了，你說這個人對於布施的因果，已經「忍辱心決定」。於是接下來，你就可以跟他談持戒保住人身的理論，然後告訴他說，爲什麼理論上會是這樣。再教導他：你應該如何受持戒法，未來世實現的果報將會如何。這就是「戒論」。這個正戒說完了，還得要幫他把邪戒排除掉；所謂邪戒，例如受持水戒，受持牛戒，受持食自落果戒；或者受持五熱炙身之戒，也有人受持長立不坐或長坐不臥之戒；或者懸髮刺股等，也有外道這樣作；甚至也有外道持塗灰之戒，還有其他自行施設的種種戒，林林總總說之不盡，都不如理。可是持那一些善戒或佛戒的因果是什麼，你得要告訴他呀！當你跟他說過了，他能接受，也叫作「心得決定」；這時他對於戒的定力生起來了，絕對不會退轉於戒。當你說得他完全信受了，這時你就可以說：「他對於持戒之論，已經『忍辱心決定』。」

當你觀察他到這個地步了，可以一面接下去講，一面觀察他眞的有接受了，接著就可以演說「**生天之論**」，那就得要為他講解世界悉檀：世界現象是什麼，欲界有哪些層次？持了五戒保住人身就不會下墮三惡道，三惡道又是什麼境界。然後告訴他，為什麼會下墮三惡道，把下墮的因與果告訴他：「**保住人身的因果，是因為你剛才聽的受持五戒的功德，你願意接受，就能夠繼續成為人類，不再下墮三惡道就是因為受持五戒。**」接著再告訴他：「**世界中並不是只有人間與三惡道，還有欲界天。**」至於欲界天該怎麼往生？要有什麼條件？又回來談戒了：要以五戒作基礎，這是不能廢掉的。

還得告訴他不能受持邪戒，例如有的外道戒告訴你應該要殺人，不殺人就會違背上帝的誥命。所以對異教徒要加以剪除，才有中古時代的十字軍東征。歐洲中古時代的黑暗期就是這樣產生的，都是源於不正確對待其他宗教教徒的邪戒，所以只有正戒才可以受持。接著要告訴他：想要往生於欲界天，得要加受十善戒：「**你一生都要行十善。**」那麼十善是什麼？這就得先告訴他什麼叫作十惡。把十惡告訴他以後，十惡反過來積極去行善，就是十善業道。這個生天之論他也可以接受了，表示他在這部分的忍辱心已得決定——「**忍辱心決定**」。

接著你得告訴他什麼呢？「天上不是只有欲界天而已，再上去還有色界天。」你就告訴他爲什麼能往生到初禪天，原理是什麼？該如何修？初禪的變化有三種差別，就一起爲他講清楚。所以說，生到初禪天去就有三種天，一般的初禪天就是梵眾天，生在初禪天中是被人家管理的，也得要繼續努力修禪定；如果初禪修得好一點，那叫作梵輔天，就告訴他爲什麼有的人可以當梵輔天；他聽了也接受了，再告訴他：初禪天中有梵眾天、梵輔天，總不能沒有一個總管理者吧？那個總管理者就叫作大梵天。那個大梵天爲什麼被稱爲大梵天？就得說明他的初禪是如何具足，整個善根發時如何遍身具足而不退轉；然後他還有八種演變，八種演變完了以後，接著又開始有八種細膩的轉變；這些都具足圓滿了，他也願意修慈無量心，把慈無量心具足成就了，所以他可以當初禪天主，就是大梵天王啊。

講到這裡你再觀察他能不能接受，他如果也能接受，就是對初禪天的生天之論「忍辱心決定」了。接著你就告訴他：二禪也有三天，三禪也有三天，再告訴他四禪天中有四天，你同時觀察他有沒有「忍辱心決定」。也許他會懷疑：「怎麼可能？四禪天中爲什麼就會特別有四天？」他或許就不相信了，那你就把廣果天等三天的往生之理說給他聽，「那這樣子，也就是只有三天啦！」「不！還有個無想天啊！」

那麼爲什麼會有無想天？就把道理也說給他聽：「因爲他錯會了涅槃，他也能滅掉覺知心，誤會那樣就是無餘涅槃，就是出三界。這是因爲他不曉得有一個本識如來藏，或者他不承認有這個本識，恐怕滅掉覺知心以後會變成斷滅空，所以他就留著四禪天的天身而滅掉覺知心，以爲那就是無餘涅槃；於是他成就了無想定，以爲那就是涅槃的境界，死後就這樣作『入涅槃想』，結果就生到無想天去。生到那裡去，他又趕快滅掉覺知心當作入涅槃；於是就有一個四禪天身住在那裡；只要他長壽而不中夭，於五百大劫一念不生；因爲沒有覺知心，跟人類睡著一模一樣，身體坐在那兒經過五百劫，什麼事情都不能成就。最後出定了，發覺自己怎麼沒有在無餘涅槃裡面？覺得不對時，已經下墮了。」那他聽了以後會懷疑眞的有這個無想天嗎？你告訴他，當他懷疑時，你就知道這個人對於四禪天的世界悉檀，還沒有「忍辱心決定」，你就知道了。

你知道了這一點，就不必再爲他講解五陰十八界；都不必講了，因爲他在這上面沒法得忍。心不得決定，有所懷疑時，你要再告訴他說「欲爲不淨、五陰苦空無我無常」，你想：他聽得進去嗎？一定聽不進心中去。那麼他對於二乘法就無法「忍辱心決定」，二乘菩提就都不必爲他講解了。那麼你想想看，要不要施設這些次第？當然要啊！假使你遇見了一個剛剛學佛的人，就對他講「一切最勝故，與此相應故……」（大眾笑…），他會問你說：「老兄！你到底在講什麼？佛法這麼難學，我不學了！」他不學了，也許一生氣就走了，或者不耐煩就走人了，所以你當然不能一開始就講這個深妙法。

所以我常常說，那一些所謂唯識學的專家們：那叫什麼專家？你要是眞懂唯識，就必須兩門具足：眞實唯識門，虛妄唯識門。可是虛妄唯識門的修學，若是想要眞的學到心裡面去，得要先懂眞實唯識門；否則虛妄唯識門的法義也只能是嘴巴講一講、文字上寫一寫，沒有辦法眞的熏習到他心中去的。而且也一定會講錯，最後一定會說：「欸！這個細意識，不屬於虛妄唯識門，就是眞如，就是結生相續識。」那麼他連我見都斷不了。可是，唯識學究竟是什麼東西啊？這個東西並不是東西，而是「增上慧學」，是菩薩所學的增上慧學，凡夫怎麼可能把虛妄唯識門熏習進去呢？一定只是嘴上講一講，當作學問拿來博取世間的名聞利養，對人家說：「你看！我是唯識學專家，唯識是最高的佛法喔！」實際上，他高在哪裡？他沒有高人一等。所以不能一開始就講那麼深的法義，你想要讓他對唯識眞義心得決定，先得要告訴他：「還有個眞實唯識門。」這眞實唯識門，可以引用《成唯識論》作為例子來說。卷一、卷二、卷三、卷四大多是講眞實唯識門，就是先告訴你這些。這是先跟你討論說：有情的生住異滅並不是由虛空成就的，不是極微、冥性等等。這樣告訴你說：必須是有第八識心，才能成就世界及一切有情。當他能夠聽得進去，才能夠認為他在大乘法的這個基本知見上，已經「忍辱心決定」。

你們看　佛陀，祂就是有這個次第施設：施論、戒論、生天之論。如果講到四禪天的境界時，他也聽得進去，你再告訴他四禪天中還有五不還天，這五不還天是三乘聖人所居住之處；四禪天人只有聽聞，不能到，也看不見。當他也能接受，你就知道說，這個人於三乘菩提可以考慮開始教導他了；但是你在世界悉檀上面還沒有說完，所以還得要說明在四禪天中還有一條歧路，不是只有無想天喔！就說明有許多人在第四禪中會往四空定修去，將來死後就生到無色界天去。這就是告訴他說，在色界天是什麼境界，也把四空定的境界告訴他；當他都能接受了，你想：「啊！這個人於世界悉檀心得決定了。」你就可以告訴他說：五陰無我無常。就把五陰的內容開始告訴他，那麼這個人就可以心得決定，對二乘菩提斷我見的法「忍辱心決定」。那你就是用這樣的次第來觀察他：剛剛講的二乘菩提、大乘菩提的見道，乃至於修道的「忍辱心決定」，那又有得講了。

我們上週《法華經》講「忍辱心決定」，談到這個心得決定的定力時，談到忍的層次，還沒有說完，這一週就繼續講解。在這一句經文上會講很多法義的原因，是因爲這也跟後面的經文有關聯，所以在這句上面多講一些，讓諸位瞭解爲什麼會有後面經文中的譬喻；因爲事實上確實是如此，那麼在這裡先把它講清楚，把那個意涵讓大家都瞭解了，後面經文中所講的譬喻，諸位就容易聽懂，我就不必回頭再來講解這一句。上週講到「得忍」，今天準備要從這個修道位的忍開始來說，可是上週因爲時間很匆促，看著結束的時間到了，只好先作個結論；但是對於三賢位中某一些人的層次，畢竟是還沒有說到，還是得要補說一下。

三賢位一定要有某一部分的人，對這部分菩薩的修證內容都具足了知及實修了，才能夠確定三賢位的部分已經實修完成了；否則大家都可以空口說白話：「我已經圓滿十住位」、「我圓滿十行位」、「我圓滿十迴向位」，大家都可以空口說白話。到末法時代的今天，特別是正覺同修會還沒有出現之前，以及正覺出現之後的十年內，台灣、大陸佛教界空口說白話的情形，大家眞是司空見慣，都已經是見怪不怪了。所以我一定要把三賢位的現觀說清楚，因爲這是一個實證的標準；如果對於這個現觀不能忍，那麼根本就沒有心得決定，不免成就大妄語業，所以我要來談這個部分。

例如十信位有個忍是什麼忍？在十信位之中，一定要有個忍，就是相信三寶的實有，信受三寶的境界確實可修可證，並且未來可以具足完成而成佛。這是最基本的忍，這也屬於法上的忍；所以說，十信的忍如果沒有完成，那他得繼續在外道法打轉，一直到有時入佛門、有時在外道裡面混，在兩邊混來混去，混到最後他說再也不去外道了，才算完成十信位中的一部分忍。然後遇到正法了，還是會因爲種種心態的緣故，與大善知識不很相應，只會與剛剛悟入的只有總相智的七住菩薩相應，所以老是停留在十信位的滿心位中，繼續進進退退難以實修。但他已經不接受外道了，這表示他對十信位的忍已經成就了，這是第一個部分的忍。

如果他進了佛門之後，也已經修學佛法，可是他始終不肯離開外道，這表示什麼？表示他於十信位的忍還沒有具足成就，這是很容易判定的。所以你們去看看禪淨班或者進階班裡面，若有誰是來到正覺以後每週都還繼續花一天、半天的時間在外道法中，或是花時間在佛門外道的道場裡面，你就知道這個人十信位還不滿足，你心裡面就可以悄悄地說——不可以公開出來講，你就說：「啊！原來老哥老姊你的十信位還沒有滿足，怪不得還要再繼續熏習十信位之法，那你就沒辦法破參開悟。」十信位的功德還沒有滿足，當然不可能破參明心嘛！這是個很簡單的檢驗方法，就是說他十信位的忍還沒有完成。

接著修初住位的布施、二住位的持戒、三住位的忍辱、四住位精進乃至到第十住位了；第十住位道業的完成是不是可以空口說白話，無憑無據就說「我第十住位完成了」？總得有一個依憑，對不對？這個依憑就是「如幻觀」。那麼如幻觀有兩個部分，第一個部分是依照《大般涅槃經》所說的內涵：眼見佛性了，可以在山河大地上看見自己的佛性，在別人身上看見別人的佛性，也可以在別人身上看見自己的佛性。在見性的當下，所見的五陰、十八界、山河大地，整個都是虛幻的。這是見的當下就看到全部都虛幻，不是見了以後再去思惟比對說它是虛幻的，而是見的當下就看見這些全部都是虛幻的，所以這時一定有如幻觀。

第二個部分，因爲見性這一關不是邁向十地必須要的——不是必須的，而是說，如果你先眼見佛性，接下去你在未來世邁向十行、十迴向、十地的過程會比較快；所以有眼見佛性的人雖然看來現在也許笨一點，而他願意吃虧一點，他認爲沒關係；別人當老師了，我還當不上，那也沒關係，但是心要單純、要誠，心無二意在正法上去用功，也在護持正法上去努力修集福德，同時在消除性障上繼續去努力修行；像這樣有眼見佛性的人，縱使他的智慧在此世不是增長很快，這也沒有關係，但在未來世的修行過程中，一世又一世下來就會變成後來居上，有這個好處。就像在 佛陀住世的時代，那一些迴小向大已經入地而被 佛陀作了明授記的阿羅漢們，也不是每一個人都有眼見佛性的，大部分人是沒有的，但他們畢竟已經入地。所以，有沒有眼見佛性，不可以作爲有沒有入地的判斷依據，只能作爲判斷的參考。因爲有的菩薩修到九地也還不見佛性，這也是有的啊！但眼見佛性的人有個好處，就是未來世佛道的進程會縮短——漸漸地化長劫入短劫。

十住滿心菩薩的如幻觀有第二個層次，並不是由於親見佛性而直接產生的如幻觀，而是因爲深入觀察蘊處界的如幻，山河大地的如幻而產生的。這是從什麼產生的？是從智慧。是依你所見的如來藏的金剛性、不可壞性，然後去深觀而產生了另一個層面的如幻觀；這雖然沒有像眼見佛性的如幻觀那麼深刻，不是見的當下就深刻地生起，但智慧是很好的，因爲這是加上眼見佛性而有更深入的觀察，是同依眞實而常住的佛性來面對身心與山河大地而作的智慧觀察。這是從另一方面的彌補，先要說明的一點是：法無定法。佛法裡面沒有全部固定爲一種，雖然五十二階位的修證過程是固定的，但是有些東西是可以有先後差異的，因爲菩薩們的根性差異各各不同，所以在《金剛經》中 佛也是說法無定法。以上所說就是十住位菩薩一定要有如幻觀，不管你是用智慧去思惟觀察所得的如幻觀，或者眼見佛性直接所得的如幻觀；這是一定要有的，作爲圓滿十住位的依憑。

然後次第進修而到了第十行位，第十行位滿心時一定有一個「陽焰觀」的現觀。這個陽焰觀是因爲你從修行的過程裡面——證悟以後繼續去修行，繼續去深觀以後發現一個現象：七識心王在運作的過程當中，以第十行滿心位菩薩的智慧來看，其實就好像遠處的熱沙地上晃動的水影。這熱沙地一大片，很廣大，當你看到熱沙地遠處的時候，那太陽曬在遠處熱沙地上，看起來好像有水在流動，眞的似乎是有水在晃動啊！其實七識心就像那樣，並不是眞實常住的，卻是動轉不停的，猶如太陽曬在遠處沙地上的熱焰在晃動而已，那熱焰並不是眞正的水。也就是說，七識心王本身並不是眞實的有情，眞實的有情還是要歸結到如來藏來，而如來藏卻不像遠處熱沙地的陽焰。那你修到十行位的時候，滿心時一定會有這個現觀；若是還沒有這個現觀，就不能夠說已經滿足十行位了。

繼續進修而進入初迴向位中，開始努力救度眾生；一切陷入惡道、陷入邪法的眾生，你都願意把他們救度出來；被罵也要救度，可能會被殺也要去救度，不管怎麼樣，你都要救度他們，因爲這個緣故，你才算是眞的開始了初迴向位的修行。從初迴向位不斷去救護眾生、利樂眾生，一直到十迴向位滿心時，這時若還沒有二禪的實證，你最少也要有初禪的具足實證；然後你打坐中會看見一些過去世的事情，雖然那裡面沒有聲音，你只看到一些影像，但你會知道那是什麼事情。從此以後，往世的某些事情你會漸漸看見，到那時也會常常夢見往世的事情，然後你開始把所見的種種事情串聯起來，時間久了以後看見很多往世的事情，這一件事情大概是多久以前，那一件事情大概多久以前，把時間順序給排好，你就知道：雖然我沒有神通、沒有宿命通，但我知道很多劫以來如何修行，是怎麼來到這一世的。

你大致上已經知道，雖然不是每一世知道，因爲你這不是宿命通；那你把你定中所見跟夢中所見全部放在一起串聯起來，發覺前後是連貫的，都沒有矛盾。依照先後次序把它擺下來比對以後知道：原來我的往世是這樣子，所以來到今天這一世會變成這個樣子。然後你再看看這一世在作的一切事情，就跟往世一樣；往世不都是一場夢嗎？過去很多劫以來所作的很多事情現在已經知道了，從現在來看往世多劫行道的事，根本就只是一場夢啊！然後你依這個現觀來看這一世所作的事，不論是每天所作的、每月所作的、每年所作的各種救護眾生的事，一樣都是如夢一場，「原來都只是在一世又一世的人生大夢中廣作佛事」，都是在夢中作佛事啊！都不是眞實有的，都是在夢中，這時你就有了「如夢觀」。

這時五個下分結、五個上分結其實都已經斷除了。有如夢觀的人不可能不斷五上分結啦！五個上分結斷了以後，還是要回頭啊！在捨報之前一定要回頭的啊！否則會一心想著「入涅槃算了」，因爲菩薩眞不是人幹的，所以有時想著：「乾脆入涅槃算了！」常常會生起這個念頭。這個念頭一旦生起來，一天、兩天、三天，他會在心裡不斷地翻攪著，結果就是會掙扎：「我以前發了四宏誓願，如今還算不算數？我如果入了無餘涅槃，是不是背棄了佛陀？」然後馬上會想到中國人常罵的一句話：欺師滅祖。「唉呀！將來被人家罵欺師滅祖，也眞的很難聽。」然後又會留意到說：「我這麼多劫以來有很多的眷屬，有法眷屬與世間眷屬。有些是壞眷屬，見了就討厭；有些眷屬則是無所謂討厭，也無所謂喜歡；可是有些眷屬眞的很感人啊！那我要不要留下來繼續照顧他們？」當然要啊！就因爲這一些眷屬的緣故，所以想一想說：「我以前在佛前發了四宏誓願，眞的不可以取涅槃。」既然想通了，就去佛像前，把以前從《華嚴經》中抄下來的〈十無盡願〉，再一次於佛像前誠懇發願，對十無盡願有了增上意樂，於是就進入初地心中。

這就是如夢觀的功德，若沒有如夢觀這個功德就不可能入地。也就是說，你過去一世又一世、一劫又一劫的重要事情，已經在定中看見，也在夢中看見了，於是現前所見所爲一切事情都是「猶如昨夢」。有時你在睡前也會看見了些什麼，有時間的話當然可以在睡前入等持位裡面，瞧瞧今天會看見些什麼往世的事情；如果看見以後認爲那件事情並不重要，就丟了睡覺。你得要有這個如夢觀，因爲有這樣的能力，所以你能夠把過去世很多事情全部串起來，然後你來觀察這一世的所作所爲，跟過去世的所作所爲不都是一樣嗎？全都一樣啊！都只是在人生大夢中的事情啊！過去世作了那麼多事情都是一場夢，現在世正在作的事情，你如果從未來世來看現在世，也只是大夢一場，而且是很短的一場夢。當你有了這個如夢觀，才能夠說「我可以入地了」，這時候在佛像前至誠發了十無盡願就能入地了。當然，如果現在有人願意先發十無盡願，也是可以先發的。在十住、十行、初迴向位之中先發願，會有什麼好處？可以增長菩提種啊！也增強菩薩性，絕對沒有壞處，只會有好處的，當然可以先發。但發了這十大願以後，可不要誤以爲自己眞的入地了。

要先有那三個現觀：「如幻觀」、「陽焰觀」、「如夢觀」，才有可能入地。有陽焰觀的時候就不會有私心，凡有所爲都是爲了眾生、爲了佛教，都不會爲自己的利益去弘法，完全是爲了眾生與正法的久住，這是已經得到陽焰觀的人必定明顯發起的功德。所以在有陽焰觀以後，由於心性的轉變或回復以前的清淨境界，接著後面的初禪是跑不掉的，它一定會自動發起，你根本就不必求；你只要無相念佛的功夫夠好就行了，自己就會發起初禪，然後你可以先斷那五個下分結。但是後面的如夢觀若是想要具足圓滿，你得要初禪的功夫非常好；最好是有二禪的功夫，如夢觀就會很圓滿，然後發了十無盡願就可以入地。

但是，如果想要到這個地步；諸位想一想，要到這個地步以前，你先得要作多少事？你要作的不但是在自己的道業上，還要在救護眾生上面努力；特別是十迴向位的道業，全都側重在救護眾生上面來修行十個迴向位的功德，等於用一大阿僧祇劫的三分之一時光來作；那你想想，那需要救護多少眾生才能修集到這麼大的福德，才能完成那個如夢觀？這時根本不會想到求自己的什麼利益，所以我所的執著全部不存在了，這才能夠斷除五個下分結與五個上分結，然後就發十無盡願而入地。這時的福德很廣大，已經可以發十無盡願；這時眞誠的發，不是發嘴皮願。眞誠的發願以後，就有了對佛菩提道的「增上意樂」，有了增上意樂就是初地的入地心。

那麼以上說的每一個過程都得要心得決定。如果沒有心得決定，聽了以後根本就不相信，這個人還能談什麼「忍辱心決定」？他根本就不得忍。對這三種實證所得的現觀，他連信都不信，還有忍可得嗎？也就是說，這三個現觀必須要先實證，實證了以後心能得忍，才能叫作心得決定。心得決定的時候，決定力就會產生出來，就有一種決定性的力量支持你不退轉，並且推動你繼續往前進，這叫作入地時的「忍辱心決定」。

可是講了這麼多，也還只是三賢位啊！在三賢位之後應該來講修道位了，因爲在大乘法中，三賢位就只是見道位而已，在第七住位明心不退轉時，只是證眞如時的眞見道；接著後面還有相見道位，得要一一修行具足以後才能進到初地！可是初地前，也就是說你的如夢觀完成了，也還要有一些加行，才有辦法如實在佛像前勇發十無盡願。也就是說，在入地之前的最後階段要再作確認，那就是《楞嚴經》講的入地前的加行，也就是攝屬安立諦的大乘四聖諦的十六品心及九品心的加行。

在《成唯識論》裡面講的加行是側重在眞見道的部分，因爲 佛陀離開我們已經很久了，這時能有多少人可以入地？你又能教導誰、度得誰入地？那是很難的事。所以我們這時不必說明入地前的加行，因爲講了也沒什麼用處，留在增上班的課程中再爲大家演述。但是在這裡要簡單講一下眞見道的本質，這對後世末法修學佛菩提道的佛弟子而言，才是最切身的；對末法時代的佛子們最切身的課題就是眞見道，而眞見道就是親證第八識所顯示出來的眞如法性。那麼這個眞見道實證之後，由善知識一步一步帶著，進修相見道位的非安立諦三品心，最後才是入地前的安立諦大乘四聖諦的實修，直到初地的入地心圓滿，這就是相見道位的圓滿，名爲大乘見道的通達位。

接著是住在初地時該有什麼修行，而在滿心地時得到什麼現觀的智慧境界。有些人動不動就說「我是四地啦」、「我是八地啦」、「我是二地心」，但是問題馬上就來了：當他們宣稱自己是幾地菩薩的時候，有沒有那個實質？因爲佛法跟世間法完全不一樣，佛法不可以像那些詐騙集團一樣，隨便講一下、編造個東西就可以跟人家騙錢，一定要很愼重。這是因爲在佛法上面亂講來籠罩別人，藉此來獲得名聞利養，未來世是要承擔那個果報的；而那果報非同小可，眞的不是小事啊！那些附佛外道等愚癡人，動不動就說「我是三地」、「我是五地」、「我是八地」，都是隨便講一講，凡夫學人不懂也就被籠罩了。

甚至於台灣後山還有大膽的比丘尼自稱是「宇宙大覺者」，也是一堆凡夫迷信而崇拜不停。跟諸位講一件笑話，就不會有人打瞌睡。我們這一回，是上個月在北京參加書展，我們的攤位旁剛好是慈濟的攤位。我們是花錢去租來展覽的，但他們是免費的，好像是政府規定要給他們的。也許是因爲他們曾經拿了很多錢去大陸救濟貧窮，所以大陸政府歡迎他們。他們那個攤位是免費的，剛好我們就在隔壁不遠，但他們有什麼可以展覽的呢？就只是什麼《靜思集》等等，然後弄了一尊「她」的雕像在展覽。我們的攤位總是人潮來來往往，不曾少過，都是在我們的攤位前、川流不息的一大群人；啊！問題來了，因爲沒有人要去逛他們的攤位，所以最後他們就開始唱歌跳舞，崇拜「宇宙大覺者」，想要引人注意去投入他們的行列，當然也是有少數人會相信。

所以說，對這種事情，諸位應該要見怪不怪，因爲不管怎樣荒唐的騙術都有人信啊！所以隨便打個電話說：「我是檢察官，你帳户被封鎖了，要趕快拿錢來保存，才不會被人匯走。」於是就領了現款要去給騙子，警察去阻擋他，他還是硬要送去。就像慈濟這種大妄語、這麼荒唐的事，也是會有一些人相信的。不管什麼荒唐事都會有人信，只是信的人多與少的差別而已。好了，現在這種情形，在末法時代的今天是很普遍的，乃至我們寫書出來說某一些現代人講的佛法根本就不對，並且把證據舉證出來，也把理由都詳細解析出來，那個凡夫比丘尼還是繼續自稱「宇宙大覺者」，並沒有下令停止徒弟們而是繼續崇拜下去，所以顯然她是自認爲宇宙大覺者。

那麼就得請問諸位：宇宙大覺者是什麼身分？（大眾答：佛！）正是自居爲究竟佛嘛！那麼問題是：這位「佛」既沒有斷我見，也不必明心，更不用眼見佛性，而且四智中連一個智也沒有，（大眾笑⋯⋯）正是一個標準的凡夫，可是這樣的「佛」也會有人信啊！但是她這一世被無知的信徒崇拜時很風光，政府單位哪個大官員敢不恭敬她？因爲她手裡握著多少信徒們的選票。

好啊！這一世風光四十年，好不好？整整風光四十年，但未來世呢？未來世可不是以年計算，也不是以世計算的，而是以劫來計算的；因爲特大號的大妄語業，如果死前沒有在佛像前懺悔滅除，死後下地獄最少要住七十劫，才能回來鬼道，還不是馬上回到人間。回來人間以前還得要先經過鬼道七十大劫，然後再經過畜生道幾十大劫；在畜生道裡面還債還完了，才能重新來到人間受生再次當人；這還沒完，剛開始當人的那五百世，世世盲聾瘖啞不聞佛法，慘不慘啊？（大眾答：慘！）眞是慘啊！

可是她們不會覺得腳底發涼或冒汗，根本就不會發冷汗，因爲她們完全不信我說的死後必將實現的事實。所以我們特別要說明這一點，也就是說，將來這部《法華經》整理出來以後，成爲《法華經講義》（因爲我們說的確實是講義，是講解此經的眞實義），把這個道理講出去以後，看能救得多少人。也就是說，隨便對人炫耀自己有幾地的實證，那都是很容易的事；嘴巴逞強是很容易的，但也只是一時快意。這不叫作快意江湖，而是一時快意佛門；佛門大眾聽了她們的大妄語時，相信她們的言語而覺得她們都好厲害，是因爲大家都不敢大妄語，但是她敢，大眾心想：她這樣講的背後一定有實際上的本質，當然應該要相信她。實際上，佛教界也沒有人能夠或是有膽子敢拆穿她，但現在就是出了一個正覺同修會，這蕭平實就敢拆穿她。

好！現在問題來了，既然有人宣稱是「宇宙大覺者」自稱成佛了，就得要看看她這話背後的實質是什麼，要來看看她對佛果有沒有心得決定。就先從最粗淺的證量說起，單說二乘菩提初果人所現觀的「意識是虛妄的、意識是生滅的」，這個道理我們也講了二十年，然而到現在爲止，這位宇宙大覺者都還沒有承認我們所說正確，她到現在爲止，還沒有公開宣稱說：「**我以前講的『意識卻是不滅的』，那是錯誤的說法，請大家改正過來。**」她到現在都還沒有作這個動作，這表示什麼？表示連聲聞初果的見地她都已經不能得忍了。

那麼接著回到大乘三賢位滿心時的三個現觀之後的住地心來說，在初地的住地心中，主要是作法布施——爲了讓眾生得法。在初地心中，主要不是作財物的布施，而是以佛法的布施爲主要。初地菩薩在財物布施上面當然還是要作，並不是說我寫的書賺了錢都是我的、我全部拿來花在自己身上；我不能這樣作啊！因爲那是寫佛法而賣得的錢，寫佛法出書賣得的錢，不可以納進自己口袋中享用，要拿出來用在正法上面，這個財施當然一樣也要作。但初地開始的布施，主要側重於佛法的布施，就是怎麼樣讓正法得以鞏固，讓有緣人可以實證。然後不管你被眾生羞辱、被眾生糟蹋，都要能接受；不可以說：「這些眾生好討厭喔！恩將仇報。」然後就不爲眾生作事了。還是得要繼續作下去，設法使正法久住。

那麼這個眾生忍是初地菩薩應該有的基本條件，若是對眾生不能忍，他就是沒有眾生忍。那在法上呢，對於百法明門也必須要通達，不能夠一問三不知。既然有人自稱四地菩薩，人家問他說：「請問百法明門中爲什麼說『與此相應故』？這句話是什麼意思？」他竟然還要回問你說：「這句話是哪幾個字？我沒聽過。」奇怪！四地菩薩怎麼會不知道「與此相應故」？那不然，再問「一切最勝故」，「啊？我知道了！就是眞如……」，就扯上一大堆言語。可是「一切最勝故」就只有眞如一法啊？其他七個識都沒有了嗎？那他是如何成就四地的萬法、千萬法明門的？喔！原來他還不懂，那不然，你就問更淺一點的好了：「請問你，意根是阿哪個？」「啊？意根喔？我也不知道欸！」竟然跟你說他不知道。眞的好奇怪，佛法中竟會有不懂意根的四地菩薩，這就是滿口荒唐言。

所以說，每一地的修證，都要有它的本質；而且要能夠心得決定，沒有絲毫的懷疑，這樣才能夠說他是眞正的某一地菩薩。那麼入地的時候有沒有心得決定，就要看它的本質啊！入地以後如果每天笑嘻嘻的、好歡喜：「我入地了！我入地了！」那我告訴你，他根本不是入地的菩薩。譬如你有一天買一張樂透中了十億元台幣，你會到處去說「我中了十億元，我得到十億元了」，會不會？不會。反而很冷靜地想：「絕對不能讓人家知道。」（大眾笑…）前面買了好幾年，買了很多年了，他想：「我這表哥聽到我得到第一特獎十億元，一定會來跟我分個幾千萬元；我那個堂弟也會來跟我分個幾千萬元，每一個親戚都會來跟我分錢。可是他們知道我買樂透買了幾年嗎？」所以他要很小心守護著，都不動形色；本來上班的就繼續上班，本來是開計程車的就繼續開計程車，都不動形色。

極喜地就像是這樣子，把很深沉的喜悅放在深心中，都不會顯示出來；因爲那是他自家心裡的極喜，只有粗淺的喜悅才會讓人家知道，極喜是不會讓人家知道的。如果他一天到晚宣揚「我得十億元、得十億元」，他很快就會被人家借光，最後可能剩下不到一億元在手中，而且最後把所有親戚都得罪光了。歡喜地也是一樣的情形，不會顯露於外的。但是對歡喜地的無生法忍心得決定的時候，是不是要有一個本質？一定要啊！也就是前面說的三賢位滿心時要有三個現觀的實證，他要有那三個現觀的實證啊！那麼請問諸位，有前面那三種現觀的實證時，當他入地的時候會歡喜到跳起來嗎？會歡喜到每天臉上笑嘻嘻的嗎？不可能啊！所以他的那個歡喜地的心境是不外露的，那是只有他自己才會知道的，而這也是一個心得決定的表徵，作為「忍辱心決定」的證明。

接下來就是法的布施，都是不為自己的利益，努力去作；這是入地菩薩的另一個表徵，顯示他確實心得決定，不論多麼困難，他都要繼續作到底。接下來他得要修學初地應修的百法明門，要整個都通透才行。當他在法布施上面努力修行，福德更增廣了，把百法明門通透之後，他有一天會發起一種現觀：照見一切六塵中的諸法，照見所有的山河大地，全都是如鏡現像；猶如明鏡顯示出一切的境界相，但明鏡自己是不動於心的；有什麼影像進來，它就直接映照出去。第八識眞如也是如此，就只是映照出去而已，這是以「猶如鏡像」現觀，來證實他滿足了初地心。

可是這個滿足初地心，不是隨便講一講就算數，他得要先滿足初地滿心位之前，需要修集多少的福德？他必須一世又一世爲正法去努力，喪身捨命在所不辭，必須是這樣子。爲了正法的存續，耽誤自己的道業，他也都不惜去作，不會去在意自己的道業是否會退步，都願意爲正法久住而努力去作事。要這樣去修集福德具足了，然後才終於可以滿足初地心，這個猶如鏡像的現觀才會配合著福德而產生出來。有這個現觀，他才能夠說已經滿足初地心，然後再轉進，才能宣稱是二地的入地心菩薩，否則他是憑著什麼而對外宣稱？

接著在心得決定以後，他要確定：「我是不是要開始進修二地的千法明門？」若是決定要去實修了，要在這上面去努力時，也還要配合更大的福德；所以一面進修千法明門時，另一方面繼續努力利樂眾生。可是他在道業上面要作的是什麼事？這時不在眾生身上去作觀察，不是在六塵和山河大地等相分上面去作觀察；他反而反觀回來，在自己的性障習氣上面去作觀察；當他在這上面去用心的時候，配合他所修的無生法忍，於是他漸漸的滿足二地的智慧功德，最後一定要有一個現觀，就是「猶如光影」。沒有這個猶如光影的現觀，說他是三地、四地、五地證量，全都是自欺欺人，因為他連二地滿心的功德都還沒有，那叫作地獄種姓，死後成為地獄有情。

那麼這個現觀有什麼功德？有啊！這跟初地滿心的現觀不同；初地滿心現觀生起的時候，有時看見一切都只是鏡像，放眼所見一切色塵就只是鏡子中的影像一樣。所以有時候走路、開車時不太在意，反正都是鏡像；可是過個幾秒鐘以後告訴自己說：「不可不在意，還是要在意。因為雖然猶如鏡像，可是眞要把它當作鏡子的影像而不在意它，感覺上把車子開到山溝裡去，所見所觸也還是猶如鏡像，可是你就沒得修行啦！」（大眾笑…）你都沒得修行啦！還能利益眾生護持正法嗎？所以還是得要在意，就從漫不經心中拉回來，住在現實的境界中。

猶如鏡像的現觀境界，一定會產生這個狀況；因為會覺得開下去山溝裡也無所謂，撞車等等都無所謂，因為那都只是鏡像而已，會變成這樣；可是這樣就會出問題，無法繼續修學佛法了，當然一定要拉回來，不能再漫不經心。然後繼續進修二地的無生法忍，到達二地滿心時的這個猶如光影，跟初地滿心的猶如鏡像就不一樣，因爲初地的現觀都是在所見六塵一切境界上面，但二地滿心這個現觀，是在自己的七轉識心上面去用功。修行人對這七個識要怎麼去管束好，都覺得很困難；大家都很努力去管束，可是管束的結果終究只是管束，總是無法全部成功。所以眞的想要管好七轉識，得要靠什麼呢？要靠無生法忍的智慧。

所以這時依千法明門去細觀，細觀的結果如何呢？當二地應修集的福德足夠了，無生法忍終於圓滿了，最後當然就會出來一個現觀，就是「猶如光影」。這現觀的主要內容是，當七識心王不斷地在運作時，只不過是如來藏表面呈現出來的光影罷了，卻是虛幻不實猶如光影一般。當他有了這個現觀時，一定要有好處可得啊！不然佛法中說二地滿心一定要證那個現觀，又是幹嘛呢？初地滿心猶如鏡像的現觀，是對六塵境界、對山河大地沒有執著，那個執著習氣開始斷除了；可是二地滿心這個現觀，是可以完全控制自己的七識心，從眼識到意根都是可以自己控制的。可以控制，表示什麼意思？表示如來藏中所含藏的染污種子，現在想要斷除多少？其中的哪一些要繼續保留著？斷除的速度要快一點、還是要慢一點？範圍要大一點、還是要小一點？他都可以自己決定啊！因爲這一切的關鍵都在七識心。

可是當你還沒有這個猶如光影現觀的時候，就沒有辦法自己去控制；但這時能控制了，接著就是自己要決定：該怎樣去斷習氣種子，何時去斷哪些習氣種子，哪些習氣種子不要斷。這時都是自己要去弄清楚的，這就是猶如光影的現觀所有的功德。若是沒有這個解脫功德、智慧功德，騙人說他是四地、八地或是成佛了，那是自欺欺人，都是地獄種姓。這時如果想要快速斷除習氣種子也可以啊！問題是他的成佛之道進展就會很慢，反過來了。因爲每一個人成佛的過程中都要攝取佛土，如果習氣種子很快斷盡，眾生對他就難以親近；當眾生沒辦法跟他親近時，他想要攝受佛土，每一世在人間所能攝受佛土都將很少；每一世的徒弟總是小貓三兩隻，因爲大家都不敢跟他講話，他的威德會變得很重，沒辦法讓人親近，所以他得要控制了。

二地滿心菩薩知道自己已經可以轉變內相分了，也知道唯有能改變內相分時才能由自己決定要如何斷除習氣種子等；但這個證境是要經過一段時間，在二、三個月的過程中反覆檢驗：當自己把某一個部分習氣種子斷了以後，接著進入定中或是進入夢中，看看那部分的習氣種子有沒有眞的被自己斷除了？是不是真的斷了？這個檢驗以夢為鑑最準確，以定為鑑時，意識還是很清楚自己在幹什麼，但若以夢為鑑就最能確定。要這樣一次又一次去斷除某一個部分，然後進入定中，或者故意再去睡一覺作作夢來試試看。全部都完成了，確定無誤以後就能獲得猶如光影的現觀。就這樣以二、三個月的時間才能夠把猶如光影的現觀完成，確定沒有錯了，然後才轉入三地的入地心去。

但這也是要自己心得決定，如果對於這個現觀，有時心裡面想一想：「欸！這也許是我的妄想吧？」智慧不足而產生一堆的疑問，就表示心中不得決定，顯示他的智慧還不夠滿足二地心；這表示他是從善知識那裡聽來的，然後自以為是，當然沒有辦法修得此忍，那麼他對二地滿心的忍是不存在的。要有這個忍，而且心得決定，這時不管誰來否定什麼，乃至於鬼神天魔化身作 佛陀的模樣說：「你這個現觀錯了。」他也不會動搖。因為他於這個法已得忍辱，心得決定；心得決定的時候，那個定的力量發揮出來了，縱使天魔化作佛身來否定他，也沒有作用；因為他已經親自走過來了，智慧很勝妙而可以自己去作檢查、去作現觀，所以這時也叫作「忍辱心決定」。

那麼三地所修萬法明門，更深入去觀察八識心王的自性、功能等內涵，不斷去觀察祂的更深細自性與功能，也就是祂的種子有多少？哪一些是可以用的？努力去修習。智慧修得很好了，但最後觀察思惟確定無法具足成就三地功德，那時知道自己是因爲定力不夠，還有辦事靜慮等等應修之法還沒有具足成就，必須要再加修更深的禪定，於是要去把三禪、四禪、四空定、四無量心、五神通都加以取證。唯獨就是不要入滅盡定，因爲入滅盡定安住並沒有意義，只是浪費生命而已，因此永遠不入滅盡定。想要引誘三地菩薩入滅盡定是不可能的，他根本不想進入，知道這對無生法忍的修道無益；這也是一種心得決定，不論人家如何讚歎：「滅盡定多麼好、多麼好。」他根本就不想要取證。人家說：「那無想定也不錯啊！」他也不想要，因爲入了滅盡定或是入了無想定，無益身心。

諸位也許想：「無益於心？道業不能增長，我信哪！但爲什麼這二種定境無益於身？又無益於心？你講這個也太荒唐。」爲什麼一講到身體，我就告訴你這二種定無益於身？因爲你入了無想定、滅盡定中，必然息脈俱停；當你息脈俱停以後，你的色身新陳代謝也就停下來啦！所以你今天晚上入了無想定或者入了滅盡定，明天早上聽到打雲板或者敲引磬時出定，但是你出定以後疲勞依然；因為你在定中時，所有新陳代謝都停止了嘛！所以昨天晚上的累，到現在出定時還在累啊！那身體累到一塌糊塗，去托缽時都覺得腿軟了，你還能有精神修什麼道？當然就無益於心。所以菩薩不入滅盡定、無想定的。你引誘不了他，因為他早就看清楚這個無益於身心，無益於道業；只有在色身出了意外事故而很痛楚，為了避開痛楚的覺受時才要入這二種定中，等到開始治療的時候才出定。

所以菩薩三地即將滿心前，修完四空定之後還得再修四無量心、五神通。修四無量心可以增長自己的威德，也可以攝受諸天天主，並且還可以讓自己的心量更加廣大：慈無量，悲無量，喜無量，捨無量。為什麼要廣大心？當然要啊！因為三地滿心的現觀一定要有廣大心作基礎啊！在這四個廣大心之前先要完成四禪八定的實證，才能去十方世界利樂無量有情，所以這四無量心一定要修。不但如此，你還要加修五神通，否則你三地心的無生法忍也不能滿足，因為三地心的無生法忍有很多都牽涉到神通境界和其他諸佛世界，於是你得要修這個部分。在修這個部分之前先要有什麼作支持？要有大福德。眞的要有大福德支持，否則無法具足修得四地的無生法忍，去到十方世界時，眾生也大多不服你啊！可是修大福德的時候，你要作的就是比以前更加能忍；爲什麼要更加能忍？因爲你要修得大福德，對於最難忍的你一定要能忍；就是最難作的事情你都願意作，聰明的菩薩們不想幹的事情你也願意幹，那你的福德才會廣大。聰明的菩薩們死後會去哪裡？去極樂世界跟諸上善人同在一起，日子多快活！可是成就多麼慢！這一定是相對的嘛！在極樂世界努力精進修行經過那裡的一百年，不如在娑婆五濁惡世一日一夜持八關齋戒；而且那裡的一天是這裡的一個大劫喔！在那裡努力修行一百年等於這裡多久的時間？以那麼久的時間在極樂世界修行，竟然不如在這裡一天一夜持八關齋戒，爲什麼？因爲這裡很難修行啊！

在娑婆世界持八關齋戒，可能老爸老媽就這麼說你：「唉呀！沒事餓肚子幹嘛？既不看電視又不唱歌跳舞，也不喝酒作樂，你的人生過得眞沒意義。」老爸老媽沒有學佛，就會來跟你嘮嘮叨叨，對不對？可是你要能忍啊！而且在這裡利樂眾生，眾生往往反過來對你倒打一耙；這一耙打下來，可能你身上就有很多很深的釘印，血肉模糊。你幫助他，他還要倒打你一耙，就像密宗的法王、喇嘛、上師等人對我所作的事情一樣。聰明的菩薩說：「我才不幹！」但你願意留下來繼續努力，你累積起來的福德就很大。所以出去發破密的傳單或小冊子，密宗的信徒就當面罵你：「嘿！又是你們正覺這些渾蛋！」你就說：「恭敬受教。」但你心裡面當然不是這一句話，心裡面說的是：「謝謝你滅了我的先世罪業又增長了我的福德。」正因爲有這一些惡劣眾生，所以你每幫助一個人回歸正道，福德就有無量大。確實是如此啊！因爲這是難行能行嘛！那如果有一天大家都爭著來向你要破密的文宣，你發上一萬份可能還不如發給那個罵你的人那一份；因爲他一面罵，你卻一面說服他願意接受帶回去閱讀；那你這一份可就勝過那主動來要的一萬份福德。因爲你那一份發得很難啊！難，所以功德也就很大。

所以三地菩薩在人間遊行，被人家戲弄糟蹋時，就是成就大福德的機會。像這樣不斷地救護眾生，心不退轉的福德就很大；像這樣修集福德來作配合，你的四禪八定、五神通、四無量心可以成就，配合福德就會有很大的威德。當你成就的時候，因爲那四無量心與五神通的緣故，這時有了意生身，當你預定度化其他世界眾生的時間到了，在家佛堂把腿一盤，入定以後意生身出去了——你那時有三昧樂意生身出去了，去到百佛世界、千佛世界、萬佛世界，親承諸佛、領受正法、聽聞教導；也可以到他方世界爲有緣眾生說法，也可以在這個世界中尋找某一些難度的眾生去度化他們，爲他們說法。假使他們入定了，或者假使他們睡著了，就每天晚上到他們夢裡面爲他們說法；如果爲他們說法以後，每天每晚連續爲他們講了一週，而他們都不肯聽，你就換個手段，每次都把十一面觀音的後面那一面拿到前面來，每天晚上在他們夢裡啪、啪、啪、啪打他好幾十個巴掌（大眾笑…）；打完了說：「你如果再不信受正法，明天再來打你。」你明天晚上又繼續去，打到他說：「好了！不要打了，我接受了、接受了。」然後再繼續爲他說法。就這樣子作，因爲你有意生身了，對惡劣的眾生要怎麼作都可以；當他願意接受了，你就把那一面收回去後面，換一張菩薩臉。

三地滿心以上的菩薩就這樣度化惡劣眾生。不但這個地球眾生，娑婆世界其他眾生也可以去度化啊！其他百佛世界、千佛世界、萬佛世界，你都可以去啊！那心量多麼廣大？度過一段時間，有一天想一想說：「欸！我就在娑婆世界這邊看看我的意生身去到哪裡？我的意生身在他方世界為眾生說法時，我自己來聽一聽，看意生身說法時說得好不好。」於是就在娑婆世界中聽了起來，然後發覺什麼現象呢？就是「猶如谷響」。當你的意生身在他方世界為眾生說法時，正因為那是自心所變，所以跟你這邊的覺知心是會相應的，你在這裡當然也可以聽得很清楚啊！那就好像山谷把聲音迴響回來一般。其實你說法的時候還是從這邊說出去的啊，不是從那邊講回來的；因為眞如心與意識心還是在這裡嘛！意生身只是你的工具。

當那意生身在別的世界為人說法時，你在這邊聽得清清楚楚，猶如谷響；當你有了這個現觀時，你就滿足三地心了。過了一段時間，你就可以自己決定要轉入四地心，這時你已心得決定說：「我確實是滿足三地心，決定不退轉了。」可是這個決定很不容易，但是為什麼不容易？其實現代已經沒有人知道了。這個不容易的原因，是從這時候開始，你未來世眞的要永遠拋妻棄子、永遠捨離家庭因緣了！請問你們：在人間最難捨棄的是什麼？最難捨棄的當然是老爸、老媽、兒子、女兒，還有你最親愛的老公或者老婆。是啊！但這時候你眞的下定決心：未來世全都捨了！才能進入第四地中。

縱然你的行爲還沒有眞的捨棄，因爲你必須繼續攝受佛土；可是對他們的「顧戀」也已經變得很淡薄了，不像三地心時那麼深厚，現在變成很淡薄了。實際上你得要下定這個決心，才能滿足三地心啊！那你們說，這個決定容不容易下？不容易下欸！一般的出家人，「財產全部捐了出去，沒關係！我身體出家也沒關係，因爲我隨時可以回家探望他們一下；有時也可以請個假回家探望他們，我隨即就回道場裡。」這也還可以啊！可是要永遠都把至親當作一般的佛弟子那樣去看待，你的心裡感覺如何？你能不能下得定決心？當然，有的人說：「我沒有問題，只要讓我到三地滿心，都沒有問題。」（大眾笑…）這表示說，你是很無情的人。無情的人想：「只要讓我滿足三地心，那些都沒關係！老爸老媽算什麼？」對啊！是沒錯。可是你這樣的心態根本就沒辦法到達三地的，連入地都不可能啊！還說什麼三地？

「菩薩」的梵音唸作「菩提薩埵婆」（導師以梵音唸出來），翻譯成中文叫作什麼，正是覺悟的有情！你應該是個覺悟的有情，不該是覺悟的無情；所以這時想要心得決定，眞的很困難、很困難。這是在你即將滿足三地心前就要作下的決定，眞的很困難。尤其那時你有四禪八定，有四無量心、五神通的時候，你的境界其實遠超過三明六通的大阿羅漢，因爲比他們多了無生法忍，所以你的所見遠超過三明六通的大阿羅漢，那時你會想一想：「某一世誰跟我最好？另外的某一世又是誰跟我最好？」你一定會去反觀，這時你一定會想：「我要把他們當作一般的佛弟子來看待嗎？」菩薩本來就很多情啊！但是到這時要下定決心，那是很不容易的事。可是最後依舊得要下定決心，因爲這是必經的過程啊！

這有些像死刑犯被砍頭時：早是一刀，晚也是一刀，勢所必然。所以他就先要有一個安排：我要滿足三地心，要把這一分多劫來的親情顧戀壓到最低時（因爲四地心剛開始時還是可以跟這一些眷屬同在一起，但是要壓到變得很低），這時他要下定決心了，就先要作一個安排：我該如何把往世多劫以來的這些親人或者很親愛、很鍾愛的弟子們，如何安排讓他們可以在道業方面跟上來，與自己的距離不會拉得太遠，他要作的就是這個事情。但是想要完成這件事情，容易嗎？不容易欸！這得要花費很多的時間，很大的精神力量去作，最後才能夠達到。那他要作的是什麼事？當大眾沒有福田可種時，他也得要開闢福田啊！不斷地把一方福田又一方福田開出來。這種大福田必須不斷地開闢出來，讓大家都可以去種；這樣讓大家的福德快速增長了，然後他就可以在道業上把大家一個又一個去拉起來。如果是開了一方又一方的貧窮田，徒弟們一個一個去種，他們的福德要等到什麼時候才能長大？那就別提開花跟結果了。所以他要去安排很多事情，安排大家都跟上來之後，他才有辦法狠下心來說：「好呀！我現在要滿足三地心了。」那你說，這時想要心得決定，容易嗎？不容易！這眞的要有很大的忍，這個忍的力量要很強，才有辦法眞的作下這個決定，這就是三地菩薩滿心前要作的「忍辱心決定」啊！

諸位想一想說：「啊！我今天又聽到一番神話啦！」其實不是，因爲這是事實啊！那麼接著你跟眾生的距離變得既遠又近，因爲你進入四地心去了，心境所緣是很廣大的十方世界了，對這世界裡的多劫親屬弟子們的照顧時間與懸念就會變得比較少了。當你滿足三地心猶如谷響的現觀實證了，當然要進入四地心；到了四地心是不是就很輕鬆了？不是！四地心的菩薩們忙得不得了，因爲四地心的菩薩要度的眾生非常多，不是只有在人間這一世所親近的眷屬而已。你在人間這些法眷屬就算有一百萬人，也還是算少；接著你要度的眾生，忽然到這個世界度化，忽然到那個世界度化，就這樣來來去去；你的五蘊身還在這個地球上，可是你的意生身十方世界到處去。

這時人間的有情，大部分交給徒弟們去了。有必要時，例如其中的某一些人與你的因緣特別深，那你就來他們的定中或夢中指導一番；而你大部分的時間，都是用意生身在各個星球或其他世界度眾生；或者到天界去了，或者到他方世界去了，只要哪裡感應到眾生，你馬上就去了，這時度化的眾生就很多了。度的眾生很多了，你對人間眷屬的顧戀就變得淡薄了。如果你哪一天遇到的師父是像這樣的師父，那時你可別哭哭啼啼說：「師父！你現在爲何對我這麼冷淡？」千萬不要這樣。因爲這表示他爲你所應該安排的，都已經安排好了，他才會這樣作，否則他不會這樣作。不可能一個人本來很有情，怎麼突然變無情？不會這樣的，他一定是已經安排好你將來的道業，自然會有誰來帶領你，他會幫助你一步一步走上去。這些人他已經幫你安排好了，因此他可以去十方世界度更多的眾生。所以他是十方世界到處都去，這就是四地菩薩。

那麼這時他所要下定的決心，就是不斷去諸方世界度化有情，不斷去作，精進得不得了，因爲這時他發現到一個事實：如果想要成佛，不趕快攝取更多的佛土，根本就不可能啊！所以他必須要攝取很多的佛土。在人間，就算他幫助一百萬人開悟了，又算什麼？比起成佛時所需要攝受的佛土，這實在是太少了！他的心是非常廣大的，他要度的眾生是無量無邊的，這樣持續去作、精進去作，每一天都不中止。所以你看他吃過飯，走一走、作一點事情，有一點消食了，他又上座去。等他下了座，你問他：「你今天入定這麼久，爲什麼？」他也不會告訴你去到哪個世界，度了哪些人；因爲你不會相信啊！眾生很難相信這種事，一定會說：「搞不好又遇到騙子。」所以他是絕口不提的，只有極少數、極少數的人會知道，其他的人都不可能知道。菩薩修到這個時節，你叫他說：「我們來辦一場大型法會，一百萬人同時來聽您說法。」那眞是超大型的法會，對不對？他會有興趣嗎？他沒興趣！他想：「我到十方世界去度的人更多，在人間這樣的法會不算大，而且很耗費人力與財力，不值一提。」所以他的精進是初地、二地都無法想像的，就這樣努力精進去度眾生，而他永遠能夠得忍。能夠得忍，所以他的福德越來越大，功德越來越大；而他對無生法忍的修學，就在利樂眾生之中去增長。

他在利樂眾生的時候，發覺眾生所觀察到的四聖諦八正道眞的太粗淺，就算阿羅漢的所知也太粗淺，所以他在這上面有更深入的觀行，是在度眾生之中反應回來的，使他不斷地自我提升。有一句話叫作教學相長，那他如果遇到某一些更深細而無法解決的問題，他會怎麼解決？他只要面見諸佛請問就行了。十方諸佛淨土他都可以去，他面見諸佛去請益後就解決了，然後又繼續利樂眾生。

當他的福德滿足，所應該攝受的佛土也足夠了，他的無生法忍也更增長了，有一天他又化身到好多世界去度眾生時，他會觀察：「我這麼多的意生身在諸方世界為眾生說法，可是我其實只有一個如來藏在這裡，那些意生身都是自心眞如所化現的；好比說，只要那一邊有一盆水，水中就會映現一個明月；諸方有一萬盆水時，就會有一萬個水中的明月，眞的就是『如水中月』。」這時中國禪門有一句話倒可以套用了：「千江有水千江月。」正是如此啊！這時他得到「如水中月」的現觀。如水中月的現觀成就了，他又得到無生法忍的更大受用，所以他就因此而滿足了四地心。這是因為他在四地所應該完成的最後一分無生法忍，就是這個「如水中月」的現觀，這時他滿足了。

當他這樣滿足了，轉進五地心中，接著他會發覺，針對眾生教化的時候，有一些因果的問題是無法解決的。他知道自己有四禪八定、四無量心、五神通，全都有了，也有無生法忍了，但就是沒辦法解決啊！這時他重新檢討自己的四禪八定、五神通、四無量心，發覺還太粗糙；所以又藉著四聖諦、八正道、因緣觀的深入觀行，也就是用無生法忍去作深入的觀行，再把第一義諦的種種妙法—那叫作千萬法明門—去深入作觀行，於是他就可以使四禪八定、五神通的功德具足彰顯出來，這時他成就了「辦事靜慮」。

靜慮總共有三種，在利樂有情上面最主要的是辦事靜慮，可以針對眾生的因果去作適當的處理。當眾生的因果業沒辦法處理，道業受阻，他還可以施設方便爲他們排解，教導他們去把因果業償還，可以重罪輕報，這個輕罪可以在現世去跟冤家債主解決。因爲他有了辦事靜慮，也可以有更多的意生身發起，只要眾生有感應，不管十萬、一百萬個意生身，只要眾生應該感應的，就會看到他的意生身。這時他的功德更大，可以利樂更多眾生，使他的靜慮功德發揮到最大。於是，當他這樣利樂眾生的時候，攝受的佛土更多，使他的福德更大，功德也越增長；於是他的第一義諦、四聖諦、因緣觀等法都有更深入的觀行，而獲得更深妙的無生法忍智慧。

接下來有一天靜坐時意生身出去了，無量無邊眾生感應他的很多意生身在聽他說法，最後他會出現一個念頭去觀察：我有這麼多的意生身在十方世界為眾生說法，在利樂有情，可是我這些意生身是從哪裡來的？觀察的結果，原來都是自己的如來藏變化所成，不是外來的，也不是自己神通很厲害而以神通去變化出來的，全都是由如來藏變化所成。由於這個現觀，於是他圓滿了五地的無生法忍。這個無生法忍是要那樣精進的去利樂眾生，不辭辛苦、不嫌厭煩利樂無量無邊的眾生，可是有幾個眾生當面跟他道謝呢？很少的，幾乎沒有。但他一切都得忍，因為他幾乎變成無情了；眾生感謝他也好，罵他也好，懷疑他也好，事後誹謗他也好，他都無所謂了；他幾乎是像無情一樣，就像那牆壁，你怎樣罵它打它都無所謂。這時他的「變化所成」現觀，使他的五地無生法忍智慧圓滿，容不容易啊？不容易啊！因為他這個「忍辱心決定」是在整個五地過程裡面，幾乎每天都要這樣忍受的，是每天都不會退轉而不斷去工作的；一天都不能終止，這真不是人幹的，因為只有菩薩能幹啊！所以這個「忍辱心決定」是不容易的。

這時就說他十度波羅蜜中的靜慮一度圓滿啦，這時才能進入第六地。六地心中最主要是在第一義諦上面，也就是在如來藏的一切種子上面非常用功。如來藏的無量無邊功能差別，他要怎麼樣去發起？要能夠發起而且不斷深入去瞭解，就是不斷地把如來藏的各種功能找出來，使自己的第一義諦智慧更加圓滿，這個眞的不容易。可是在這個過程中，他有停止用意生身去利樂眾生嗎？沒有停止，還是繼續在利樂眾生的，這樣努力去修。諸位聽到這裡說：「像這樣修行到這裡，要多久時間？」我告訴你：從入地開始修到這裡，一大阿僧祇劫還沒有完成。因爲越到後面，每一個位階的速度就越慢，第三大阿僧祇劫的速度又更慢，是越往後面速度越慢。這跟禪定的修行不一樣，禪定最難證的是初禪，初禪生起來以後，你才會發覺對眾生而言，這其實是很難的；但從初禪要到二禪，那二禪的定境也是很難的，可是已不像得初禪那麼難了。第二禪得了以後，只要你有足夠的時間想要修三禪、四禪、四空定，就是越來越容易，越往上的層次就越容易修證。可是佛菩提道不是這樣，越到後面，每一位階的修行時間就越長。所以接著要繼續去利樂眾生，繼續在如來藏的種子實證上面去用心，就這樣子繼續進修。但這個五地滿心的變化所成現觀，就是十度波羅蜜中的第五度靜慮的止觀；完成了這個現觀，才能轉入第六地中進修第六度「般若波羅蜜多」。

這時就側重在如來藏一切種子上面用功，然後終於到六地滿心之前，要得什麼現觀？要得到一個現觀，叫作「非有似有」。剛剛講五地滿心位的變化所成現觀，是在度眾生的時候看到自己有這麼多的意生身在十方世界利樂有情，可是這一些意生身其實都是自心眞如變化所成；現在進修第六地的無生法忍即將圓滿時，已經重觀大乘因緣觀了，無生法忍更深細，最後觀察自己化現在十方世界度化有情的意生身，根本不是眞實有；可是明明就在十方世界有緣眾生心中出現，看起來又好像是有。由於眾生在這個時候得到佛法上的利益，當然不能夠說這些意生身不存在，但又因爲全都是如來藏變化所成的，所以非有卻又存在而似有。有了這個「非有似有」的現觀，以及六地所應該有的福德，而六地滿心位應該要攝受的佛土也攝受完成了，那麼在六地中應該證的如來藏中種子的智慧也圓滿了，這個現觀才能完成；有這個「非有似有」的現觀完成，他就滿足了六地心。

那他的十度波羅蜜的般若波羅蜜就算完成了，可是這個般若波羅蜜完成了，也還沒有辦法進入第三大阿僧祇劫，因爲他還得要在轉入八地心之前，精進修學「方便波羅蜜多」。想一想，佛道這麼久遠，修行眞的不容易啊！因爲完全是利他而不在利己上面用心，沒有任何世間法上面的利益可得。度這麼多的眾生，包括十方眾生都在度，可是並沒有說：「唉呀！我所度的這些眾生都是我的眷屬。」如果有這個念頭，連入地都不可能的，就不要說他已經進入七地啦。

你想他在六地心中，那意生身無量無邊，當然能度得非常多、非常多的眾生；可是他仍然是這樣去度，永不終止，這種「忍辱心決定」不是世間人能想像的。別說菩薩，也不要說阿羅漢，連三地、初地菩薩都想像不出來，那你在三賢位的時候要怎麼想像這件事？眞的沒辦法想像，只能夠突然間冒出四個字：天方夜譚。因爲在三賢位裡面聽到這些事情，本來就覺得是天方夜譚，難以相信。這很正常，有什麼好奇怪的？可是大心的菩薩不會起這個念頭，他會如實信解，然後懸爲長遠目標，把它掛得很高地說：「這是我現在所不能到的境界，但是我會去努力，腳踏實地去作，不好高騖遠。」好高騖遠當然會跌死，腳踏實地去作，自然就能一步一步到達。

那麼這個方便波羅蜜多，他得要努力修學，把如來藏中的一切種子功能差別，如何運用各種方便善巧來發揮到淋漓盡致，這就是他在七地心中要修的部分。這已經不叫作千萬法明門了，所以佛法意涵無量無邊，只有不懂的人才會說：「**我知道佛法了，佛法就是四聖諦、八正道、十二因緣，除了這些就沒有了。**」我說那叫作門外漢。所以佛法無量無邊，不可思議，因為有很多法義的內容與實證，都是一般學人連聽都沒聽過的；有一句話叫作什麼呢？聞所未聞法。最怕的是聽聞到所未聞法的時候，心中驚懼。所以學人都得留意自己聽到所未聞法時，心中有沒有驚懼？有沒有惶恐？

可是話說回來，所未聞法不一定都正確，例如人家告訴你說：「**修雙身法可以即身成佛。**」這個雙身法沒聽過，應該也是佛法吧？不！那是外道法。聽到所未聞法而不驚不懼，前提是要限定在佛法的範圍中。前提必須是佛法，如果是外道法，所未聞法聽過就一笑置之。那麼這個方便波羅蜜多容易修嗎？當然不容易，也是要在利樂眾生裡面去成就，眞不是容易的事。這時的忍辱是偏在法忍，不像三地滿心以前是讓眾生來羞辱；這時就是說，佛法眞的浩瀚無涯，越往上修學就越覺得佛法浩瀚無涯，確實是無邊無際，要怎麼修得完？但是心裡面絕對不會再驚惶，心中很篤定的下定決心說：不論如何，我就是要繼續往前修。

從初地到七地爲止，都叫作行不退，所以佛道的修行，不論哪一世，他一旦從位不退開始修行，就沒有停止的時候，一直修下去、一直走下去啦！你要叫他停止是不可能的。唯一停止的方法就是把他殺了，可是殺了以後他又去投胎，下一輩子依舊會繼續開始修行，還是不會停下來，就這樣子修行。當他在利樂眾生的時候，不斷去引發自己如來藏中的一切種子，各種功能差別開始不斷地出現了，都是在利樂眾生之中完成的，就是無量無數國土之中，只要是跟他有緣的眾生他就去利益。那麼請問諸位了，無量無邊諸佛國土，或者無量無邊沒有佛住世的國土中，那一些眾生能夠跟他感應，是不是過去世曾經跟他有過接觸的因緣？是啊！因爲每一個人在無量劫以來都不斷地跟眾生結緣；可是沒有辦法讓所有人跟他這一世的五蘊同居一個世界，也沒有辦法跟他這一世的五蘊同在一個道場裡面共修，那個緣是不是很疏遠啦？是很疏遠了！

一定是很疏遠了，才會跟他住在不同的世界。但是他仍然要繼續利樂他們，因爲只要往世有那麼一點點的緣，他就得要去救護；即使無量阿僧祇劫以前被他打死的蟑螂，現在當人了，他也要去救，也要去幫助他們，因爲他欠他們各一條蟑螂命，所以也要去度啊！那到底無量阿僧祇劫以前被他一拖鞋打死的蟑螂，這時到底該氣、還是該恨他？還是該歡喜？眞的很難說欸！因爲菩薩在往昔的無量劫中，就是在各種狀況中與所有眾生結了緣。有時候菩薩無量阿僧祇劫之前，還沒有發菩提心，很調皮，路上看見一條狗在睡覺，走過旁邊沒事就踢牠那麼一腳，那狗當然痛到哀哀叫；可是他在七地心時很有可能又會遇到，就必須要去度那一條以前被他踢的狗，而那一條狗如今已經當人了，他一樣必須要去度。就是說，凡是跟他接觸過的有情，在往昔不管是惡人、善人、非惡非善的，他都要去度，因爲他要攝受佛土。

唯有這樣攝受佛土，佛土才能夠廣大無邊，才能夠容納很多的眾生。七地心的菩薩們就這樣去利樂眾生，在利樂眾生之中，使他的如來藏中一切種子不斷地發揚起來，於是他到達七地滿心的時候，這些種子的功能差別大部分都已顯示出來，他就具足方便善巧了，他的「方便波羅蜜多」便成就了；於是當他看到阿羅漢要進入滅盡定時得要把腿盤起來，好好坐著然後從初禪、二禪、三禪、四禪次第轉進；想要出離滅盡定，得要從滅盡定裡面轉入非想非非想定，無所有、識無邊、空無邊、四禪、三禪、二禪、初禪，然後才能出定；那時他不會覺得好笑，因爲他的心很難形容；你想要期待他說一句法讓你聽了會心一笑，根本都不可能；你會覺得他很嚴肅，像我這樣講經，有時你們聽了不禁笑了起來，這是不可能的；他的心是非常沉、非常靜，一點點掉散的習氣都沒有了。

像我這樣講經說法，其實說起來還是有一點掉散的習氣。我不會跟任何人講笑話，可是講經的時候，有時看到有些人快要打瞌睡了，我講一點讓大家會笑起來的法義，讓他不知道爲什麼大家都在笑，就趕快醒過來看：到底大家在笑什麼？然後又可以繼續聽受妙法了。但我告訴你，七地菩薩連這種習氣種子都不會存在了；你們不要以爲聽七地菩薩說法，應該聽得很有趣，我告訴你：一點都無趣，（大眾笑…）完全無趣。因爲他說的既廣又深，而且你聽起來會很嚴肅。那他的方便波羅蜜多滿足的時候，他看見說那個俱解脫阿羅漢，還得要這樣入滅盡定，然後還得這樣出滅盡定，眞辛苦、眞痲煩，但他不會有一絲的嘲笑，或覺得一絲的可笑；他就只是這樣看著，不會有任何的念頭。

那麼這時他的證量是「念念入滅盡定」，你想一想：他每一念都在滅盡定中，卻同時在爲大家說法，你能夠期待他說法的時候會幽默嗎？永遠都不可能啦！你根本連「笑」都不要想，只能夠拉長耳朵很詳細去聽，因爲他的法太深、太妙了，然後你就不斷地一直聽下去；那時你不會打瞌睡，也不會想要打退堂鼓說：「喔！這個太難。」你也不會這樣，你會一直想要聽下去；可是從頭說到尾都不會讓你笑一下的，因爲他的心是寂靜極寂靜的，念念都在滅盡定中；阿羅漢要怎麼想像這種心境呢？眞的沒辦法想像啊！那麼到這裡是另一大阿僧祇劫，七地滿心時才算完成第二大阿僧祇劫，這是七地滿心的「忍辱心決定」。

這個十度波羅蜜多不好修，對不對？如果你越瞭解，心頭越熱，腳底就越涼；因爲想：「我遲早都要走這一條路，不走不行，所以我得要努力、很精進。」可是同時又想到說：「佛菩提道那麼遙遠。」腳底眞的很涼，確實是如此啊！所以第一大阿僧祇劫叫作「遠波羅蜜多」，因爲距離成佛的境界還很遙遠；明心了又如何？眼見佛性了又如何？還是很遠啊！證得陽焰觀而滿足了十行位，那又如何，還是很遠啊！又努力修行而證得了如夢觀，那又如何？第一大阿僧祇劫完成了又如何？還是距離佛地很遠啊！一直都是很遙遠。那麼想到這樣的時候，心裡面值得起慢心嗎？想到這個時候腳底都涼了，還會起慢心？我才不信呢！一定是沒有瞭解佛道的這些內涵，才會起慢心啊！所以會外那一些密宗的人罵說蕭平實好傲慢，但我知道自己其實都沒有慢，因爲想要成佛卻實在差太遠了。

好了！就算進入第二大阿僧祇劫好了，在初地、二地、三地心中想一想：雖然第二大阿僧祇劫叫作「近波羅蜜多」，總算距離佛地稍微近一點，可是眞要想起到達佛地以前應修的內容時，還是把前面三賢位那個字拿出來，叫作「遠」；距離佛地越近時就覺得越遠，那是個很奇怪的感覺。你修證越近時就覺得越遠，因爲你無法想像，根本無法想像；就算修到六地、七地好了，方便波羅蜜多完成了，十度波羅蜜已經完成七度了，這時想一想：「啊！還要一大阿僧祇劫才能成佛。」你說遠不遠？一大阿僧祇劫的時光，你要怎麼計算？還眞是遙遠啊！所以說，近波羅蜜多已經完成了，第二大阿僧祇劫已經過完啦，還是會把三賢位那個字拿出來說：「遠啊！」這就是諸地菩薩們的心境；那你說，菩薩們看見了佛，會起慢心嗎？才怪！只有凡夫見了諸佛才會起慢心。

可是這一些心境，你有聽誰講過？沒聽人講過，因爲沒有知音可以講啊！我以前講過沒有？也沒有，我過去世講過沒有？也沒有啊！因爲沒有知音可以講啦！而且就算有知音，也得要有因緣，得要演講《法華經》時才算是有因緣。好啦！講到現在終於完成第二大阿僧祇劫了，這眞是「說的比唱的快」，就這樣完成了。完成以後接著要成佛，不是這麼容易欸！你的願心還要更大呀！諸位一定會想說：「**我在七地心的時候，意生身無量無邊，十方世界到處去度眾生，這個願心還不夠大嗎？**」我告訴你，眞的還不夠大；因爲你有一天到了七地滿心的時候，自己會發覺這眞的還是不夠。想一想：到達佛地還要一大阿僧祇劫，這時已經是行不退，而且是具足圓滿行不退了，可是人家說這個不退是比下有餘、比上不足。因爲三賢位是「位不退」，現在是「行不退」圓滿，接著卻是要「念不退」。念不退就難控制，因爲只要生起一個念退，那就算退了，這在第二大阿僧祇劫中是平常事。那麼諸位想一想如何能夠念不退，不容易！所以這個念不退的圓滿還得要一大阿僧祇劫，這一大阿僧祇劫只好下回再來說。

我們在上週已經過完第二大阿僧祇劫，這一週不必很久就可以過完第三大阿僧祇劫；因爲這第三大阿僧祇劫只有三個階位，然後加上一百劫，就準備成佛了；可是這三個階位的內容，詳細的內容都是在色究竟天宮說，在兜率陀天的 彌勒菩薩有時也說；在人間其實不必怎麼說，因爲距離佛弟子們實在太遙遠；不說諸位覺得很遙遠，我也一樣覺得很遙遠，因爲對我來講，差一地就差很多了，所以這個差很多，實在是沒辦法形容的多。就好像在六住位滿心了，能取所取斷除了，也就是斷三縛結，也理解能取與所取全都是自心眞如所生，問題是七住位明心到底明什麼？就差這麼一個階位，六住位菩薩就完全不知道啊！即使三明六通大阿羅漢也不知道你們開悟是悟什麼啊！所以眞的很難猜想。

但是沒關係，就我們所知盡量來講講看，不必兩個鐘頭，我想二十分鐘就講完第三大阿僧祇劫了。但是我不得不把它作一些整理，因爲這個不能單靠所知的來講。前面那兩大阿僧祇劫，可以依靠我的所知來說，這第三大阿僧祇劫的修行事，就只有憑著聖教量，把它簡單而大略地整理爲幾十個字，寫在經文下方空白的地方來告訴大家。那咱們今天就來過過第三大阿僧祇劫的乾癧，因爲那種「忍辱心決定」不是我們目前之所能知。也因爲不是眞過，所以叫作過乾癧。

第三大阿僧祇劫，首先就是要修「願波羅蜜多」。換句話說，菩薩七地滿心，當他滿心的時候跟六地菩薩所得的滅盡定並不一樣。七地的滅盡定是依無生法忍及方便波羅蜜多而證的滅盡定，不是依斷除三界愛而證的滅盡定，所以這個滅盡定跟二乘俱解脫聖者所證的滅盡定不一樣。其實六地菩薩所證的滅盡定，就已經與二乘俱解脫聖者的滅盡定大不相同了。那麼二乘聖者所證的滅盡定，一切戒定直往的菩薩們，在入初地前就可以證，但是菩薩們不想取證。若是戒慧直往的菩薩，只要在四禪八定上面努力去修，那也是很快可以證的。三賢位菩薩最困難的是無生法忍難修，四果解脫難修；四果解脫如果修成以後，要成爲俱解脫並不困難，所以實際上多數的初地心菩薩，經過一番努力修定之後是可以證滅盡定的。

再不然，在三地滿心也是隨時可以證滅盡定的，但大家都不取證；因爲要證的是大乘法的滅盡定——依無生法忍而證的滅盡定，因此大乘菩薩修道，在第六地滿心前一定要證得滅盡定；但菩薩六地證得這個無生法忍相應的滅盡定時，就有一個現觀，從五地滿心的「變化所成」，來到六地滿心時則是「非有似有」；但是「變化所成」的現觀，是在三界一切法上面以及意生身上面來觀察一切有情眾生，也觀察自己無數的意生身都是如來藏所變化，由於這個觀察而成就「非有似有」的現觀，他轉入第七地。在第七地修到最後，「方便波羅蜜多」成就了，他最後會有一個實證，就是念念入滅盡定。每一念都在滅盡定中，這不是阿羅漢能想像的。就好像第七住菩薩不必進入無餘涅槃中，卻能夠現觀無餘涅槃中的本際，非阿羅漢所能想像，道理是一樣的。

阿羅漢的滅盡定是依斷三界愛而入，是依四禪八定最後的非想非非想定，來進入滅盡定中；但是六地菩薩滿心是依無生法忍而入滅盡定，依舊不能念念住滅盡定中；修到第七地滿心時，這個七地菩薩把方便波羅蜜多修集完成了，就能「念念入滅盡定」；俱解脫阿羅漢們對這個根本沒辦法想像，可是七地滿心菩薩就這樣實證了。那麼因爲這個緣故，所以他觀察意生身、觀察蘊處界、觀察山河大地、觀察一切有情，都是猶「如乾闥婆城」，都像是我們講的海市蜃樓一般；所以心中非常的寂滅，也是究竟的寂滅，因為這時連三界愛的習氣種子也都斷盡了。當他把三界愛的習氣種子都斷盡，一絲一毫的幽默感都不存在了；別說是講笑話，連幽默感都沒有了；那你想，你見了他會感覺如何？感覺他威嚴甚重；而他不苟言笑，雖然他臉上不會板著不動，不會刻意嚴肅，但卻不苟言笑；接著他的心境會變得很想趣入無餘涅槃，因爲非常寂靜所以念念入滅盡定啊！

這時是一個很重要的時間點，所以跟他最有緣的某一尊佛，隨即要來現前接引，否則他一定會入涅槃去。當然接引他的佛陀馬上要現前，不能讓他入無餘涅槃去。可是他的心境是如此，怎能不讓他入涅槃？只有一個辦法，就是要給他好東西嘛！例如小孩子討厭去上學，你要叫他去上學時該怎麼辦？給糖果、給餅乾、給玩具啊！那他就願意去了。他覺得說：「**我去上學雖然無趣，但這個玩具我已經想很久了。為了這個玩具，我願意去上學。**」這時如來也是如此。這七地滿心菩薩本來最大的願望就是成佛，可是現在念念入滅盡定確實太寂靜了，真的想捨棄自己就進入無餘涅槃；這時和他有緣的佛陀就來給他一個玩具，這個玩具叫作「引發如來無量妙智三昧」。

這個三昧很吸引人——可以引發如來無量妙智，要把這個三昧傳給七地滿心菩薩。他一聽，心想：「啊！這個是我要的。」如果 世尊要傳給你這個，你要不要？（大眾回答：要！）當然要啊！誰會不要？且不說現在，就算好不容易等到七地滿心的時候，也一樣是要啊！所以這時如來就告訴他：「有一個『引發如來無量妙智三昧』，現在要傳給你這個三昧，你就可以繼續往最後一大阿僧祇劫前進。」這時七地滿心極寂靜的菩薩心態就改變了，於是佛陀傳給他這個三昧，他就進入八地去了。這時他是上當了，因爲不能入無餘涅槃了。可是明知上當，卻上當得很歡喜啊！一點兒都不後悔，所以他就轉入八地心去，就沒有進入無餘涅槃，這也是七地滿心位的「忍辱心決定」。

那麼在八地心中，要修的是「願波羅蜜多」。這十度波羅蜜多，是六度再加上四度，是入地以後所修的。前面已經修足了六度再加一，第七度「方便波羅蜜多」已經修完，才能證得念念入滅盡定，現在要加修「願波羅蜜多」。修這個「願波羅蜜多」，其實很不容易修成。這個時程是一大阿僧祇劫的三分之一，這可不是大家現在這個階位講的從第六住到第七住，從第七住到第八住，從八住到第九住、到第十住。現在僅僅一個位階就得修行一大阿僧祇劫的三分之一，這眞的不容易圓滿，這就是八地所應修的「願波羅蜜多」。

那麼這個「願波羅蜜多」，得要有種種的願；有種種願的意思就是要修種種行，這種種的行歸納起來叫作什麼行？（有一位老師答：普賢行。）對啦！老師就是老師，就是修「普賢行」。你若沒有具足普賢行，別想站上 文殊師利菩薩那個位子。可是這時發了種種修之無盡的大願，在行無盡的普賢行之前，總要先把八地的無生法忍給準備好吧？所以八地的無生法忍，要先瞭解的就是諸法的眞性。諸法的眞性可不是那麼容易瞭解的，大家現在想了說：「我知道的就是如來藏的總相，祂有些什麼樣的體性。而如來藏的別相則有各種的體性，如來藏出生了蘊處界，祂有各種的法性，諸法眞性大概在講這個吧？」

其實沒這麼簡單啦！因爲這一些在第二大阿僧祇劫已經修完了，現在要修的諸法眞性的實證，是要在如來藏含藏的一切界，也就是一切種子上面去實際理解諸法的眞性。這可難了，就算你明心了、見性了，又如何？想一想，如來藏還有哪一些諸法種子的眞實體性？要想也無從想起啊！但是簡單的說，就是如來藏所含藏一切種子的異熟生、異熟滅，然後導致不同的異熟果，這就是八地菩薩要瞭解的諸法眞性。也就是說，一切種子的異熟生滅要具足了知，但這個眞不容易啊！你得要針對諸法的異熟生滅完全理解，然後才可以滅掉大部分的異熟愚。

這也就是滅掉對於異熟的不瞭解而產生的愚癡，但一切種子無量無邊，都要一一去觀察；那你得要在三界的哪一界中去觀察？正是在人間。就是要在人間才最容易觀察，因爲在人間時一切種子最具足圓滿，都有可能會現行；那你就辛苦一點，一世又一世不斷生在人間，去觀察如來藏中的一切種子：這一切種子是怎麼出生的？是怎麼樣刹那刹那變異的？又是怎麼變異到最後而歸於壞滅？這可不是在三賢位中只靠比量的觀察。三賢位是依親證如來藏的現量來作比量推斷，所以不會落入非量；如果是悟錯或者沒有悟的人，來作比量時就一定會變成非量，眞正開悟了來作比量就不會變成非量。

在八地時，這些全都是現量，已經不再是比量了，那麼這時任何一個種子出現，菩薩就觀察它如何生，住的時候是如何住？然後它怎麼變異？變異完了它又怎麼壞滅而回到如來藏中去？要這樣去觀察。這樣無量無邊的種子都觀察完了，接著你就知道，某一種眾生因爲貪的心所法現行，造作了什麼樣的業；另一個眾生因爲貪的心所法現行，卻是造作了不同的業，另一個有情又是不同的業。同樣是貪，但是有許多不同的業，這樣的差別種子將來會怎麼樣變異成熟？變異成熟以後未來世又會變成什麼樣的有情？後來有能力觀察確定說：「啊！原來他生到地獄去，在人間時就是這一類的有情，而不是那一類的。」觀察地獄中的有情各個受報不同：「啊！原來他會變成這樣，是因爲另一種心行與業行。」然後地獄報要領受多久也就知道了。

接著了知地獄有情受完苦報之後回到鬼道時，將會成爲什麼鬼？鬼也有很多種類，就好像人間罵人家是酒鬼、賭鬼、骯髒鬼、風流鬼，人間的「人鬼」有很多種類，鬼道裡面的眾生可就更多了。八地菩薩會知道這個人從地獄回來以後，還沒有辦法到人間，先得經過鬼道，在鬼道裡會成爲哪一種類的鬼，這就是異熟愚已經斷除了。由於這個緣故，他就可以觀察不同種類的鬼，他們墮落爲鬼的前因是什麼，來鬼道之前住在地獄裡面又是什麼樣的有情，在往世下地獄之前是在人間造了什麼業，他就知道了。接著會知道這個鬼，將來在鬼道受報盡了以後，去當畜牲時將會成爲哪一類的畜牲。

畜牲也有很多種類，其實背後都各有原因。有的是專門報喜，因爲前世有那個原因，所以他回到人間當畜牲的時候，只能夠專門爲人報喜。有的則是專門報喪報憂，有的專門來看守主人的財物，忠心耿耿；其實牠本來是一個很奸詐的小人，可是牠受生爲狗以後，即使主人把牠打到半死，牠還是會繼續跟著主人，不會走掉。有的鬼回到人間會成爲貓，也有牠的前因；看見貓就知道牠這以前是什麼樣的鬼來投胎，看見喜鵲、看見烏鴉、看見夜梟等等，都可知道前因；接著就知道牠未來世當狗、當喜鵲等，大概要當多久？然後才能去當人。可是人類的心性各個不同，他未來的心性大約會怎麼樣，都能一一知道，而這些都是從諸法的眞性去瞭解而得的。

這就不是你們證悟如來藏以後說的如來藏的種子了！「**種子是指功能差別，如來藏的功能差別我還不知道嗎？**」但我告訴你，這時的種子不是指這個部分，所以這些諸法眞性的理解非常困難；對這些已經有瞭解以後，他眞的就是「不動地」的菩薩，開始深入異熟愚的範圍中去詳細加以觀察了。八地就叫作不動地，表示誰都無法動搖他，卻是因爲這時又增加了對異熟愚的斷除，有更深妙的無生法忍而不可能被任何人所搖動，這就是八地心的「**忍辱心決定**」啊！

他在這上面的定力出現了，誰都無法動搖他；可是單單這部分還不夠，還得要有更深的解脫德，這要擁有在異熟愚上深觀所得的無生法忍來引生；所以他繼續觀察諸法非空非有，說諸法既不是空也不是有，這個不空亦非有，就從一切的異熟種子去作觀察。這不是像阿羅漢在觀察諸法無常性空，也不是像你們悟了以後再觀察諸法非空非有，而是從異熟果的種子上面去作觀行；這些都是要現觀，當他把非空非有觀行成就時，可以成就八地心的「念不退」功德。在七地心之前，常常會有念退的現象，越是靠近初地心，越有念退的現象，有時候想一想：「唉呀！我這麼辛苦度眾生，是要給眾生得解脫，要給眾生得智慧，沒想到我來幫助他們時，還要被他們打啊、殺啊、砍啊、羞辱等等。」就像我努力救護墜入外道法的密宗喇嘛們，把正理講清楚，希望他們開始遠離而不會在下一世墜落三惡道中，沒想到還要被他們提告，今天下午還去法院開庭應訊呢。

所以在七地之前有時會有念退，都是正常的；不過我這回被告並沒有念退，先得聲明一下。因為我是在等待這種機會，要把它轉為佛事，我何必要退？可是我們有的菩薩看見了說：「唉呀！怎麼在法庭上被凡夫這樣子糟蹋？」覺得我好像很可憐的樣子，好傷心。其實不用，因爲被羞辱還只是小事，但是我要把它轉成佛事。這種惡法如何能把它轉成佛事？當然可以啊！我在等著。等這個官司結束，然後還會有一個官司也結束了，最後我要把這些資料結集起來，印成一本書，書名便叫作《官司》，這也可以利益很多人。也還可以藉這些官司從別的方面來教化眾生，就把這件惡事轉爲佛事了！既然有這麼好的事情可以讓我成就另一件佛事，那我念退幹什麼？何必退？根本不需要退啊！但在早期是曾經有過念退的現象，畢竟還不是八地菩薩！所以說，八地菩薩已經是念不退的菩薩，可是念不退到底代表什麼意思？代表他的無生法忍已經心得決定啊，這也叫作「忍辱心決定」。他這個心得決定所產生的力量比起七地心來又更強了，當然也是「忍辱心決定」。

如果八地菩薩所說的那一些種子生住異滅，把他所知的一切種子異熟生、變異滅及異熟果等講給你聽，你會覺得煩死了。你覺得煩是因爲那跟你完全不相干，而且也聽不懂，聽了只能想像而無法現觀。那我們現在講《法華經》時的很多法，又例如講《金剛經》等經典中的許多法，你們可以一面聽、一面現觀，這就叫作隨聞入觀。可是八地菩薩爲你講的種子異熟性等，有非常多都是你無法現觀的，聽了以後對你的道業沒什麼幫助啊！所以你就會覺得好無趣。因爲好無趣，心裡面想：「我還不如去拜佛作功夫好一點，幹嘛要聽這個？」你沒有不敬心，但會覺得說：「這種深妙法跟我現在的道業沒有切身利害關係，我聽了也只是浪費時間，不如把時間用在最適合我程度的法門上來用功。」所以說，他證得不動地是有原因的，因爲那是很高層次的「心得決定」，這種法忍是很深的，世人無法想像。且不說世人，諸位都已經明心見性了，都還無法想像它。

那麼八地菩薩有了這個諸法眞性以及非有非空兩個現觀以後，馬上會有一個功德，叫作「於相於土自在」。這六個字有很多人曾經聽過，而且有的人聽到耳熟能詳；而這個於相於土皆得自在，就是因爲他前面這兩個法的實證已經很深入了，所以引生一個顯現在外的功德就是「善能變化」，他想要怎麼變化都行。七地菩薩還有很多沒辦法變化的，而且他的變化得要作意加行才會出現；可是八地菩薩不一樣，他這兩個法修好了，只要有一個念頭作意，想要變化就隨即變化，不必像七地菩薩得要先作那些加行。這時他就有另一個意生身出現了，叫作「如實覺知諸法相意生身」。也就是因爲對於諸法眞性的深入現觀，對於非有非空的深入現觀，所以他有了如實覺知諸法相意生身。

這個意生身的功能是作什麼？就是讓他如實覺知諸法的法相；由於諸法可以互相涉入、互相變異，他完全了知，因此於相想要怎麼變？可以隨意變化；於土要怎麼變？也可以隨意變化。因此他想要變成佛身來度你也行，要變成菩薩身來度你也行，變成狗身或變成什麼身都行；他也可以一身變無量身，無量身變爲一身，都因爲他於相自在。然後他若是想要示現應化土等，也沒有問題，可以隨意示現來攝受眾生，讓眾生信受、易入佛法，這就是「如實覺知諸法相」的意生身。所以他的意生身可以變化無量無邊，可以變化各種身相，也可以變化各種應化土出來，都是隨意變現以後，又可以滅失，沒有累贅，因爲一切非空非有。這是他的證量，所以他可以自在變化。

有了這樣的功德，八地的道業是不是修完啦？還沒有，因爲八地的波羅蜜叫作「願波羅蜜多」。「願波羅蜜多」首先當然就是四宏誓願，就是眾生無邊誓願度、煩惱無盡誓願斷、法門無量誓願學、佛道無上誓願成。他的煩惱連習氣種子全都斷盡了，還會有煩惱嗎？有！還有斷除異熟愚的煩惱，屬於

「上煩惱」而非「起煩惱」。這得要到佛地才能斷盡，所以他這個願還要繼續發呀！那麼他得要去利樂很多眾生，願眾生皆起善根，願眾生皆得大福德，願正法久住利樂人天，他有好多的願。可是最重要的願是修什麼？修慈心；所以八地菩薩最重要的願就是「大願修慈」，發大願心，要修「平等慈、無緣慈」，只要眾生有緣就得要設法救度，大願修慈。因爲這種大願修慈，他得要不斷去接觸有情：人間的有情，欲界天的有情，色界天的有情；即使是畜生道、鬼道、地獄道有情，只要誰起了念，跟他相應，他就得要去，不能推辭。

老實說，他也不必推辭，因爲他有無量無邊的意生身可以去和眾生感應，於是就化現出去。這個大願要能夠像這樣子持續不斷，整整一大阿僧祇劫的三分之一都得這樣去修；爲了修滿八地這個願波羅蜜多，乃至喪身捨命在所不辭，所以你活著時如果有因緣，也要布施內財。假使有人才剛剛悟了就說：「好了！我就把身體捨給你啦！」那你什麼時候能夠滿足三賢位？只好去聽早晨的公雞啼，眞的叫作久—久—久—。

所以你要看是什麼時節因緣來修什麼法，譬如在還沒有證道之前，應該要修的是斷我見及明心啊！不是每一世才剛出胎成長了，然後就去捨身。不該是這樣修的，否則永遠都會只在世間法裡面混啊！那麼明心之前要幹什麼呢，一定要先切實斷除三縛結；明心之後要去求眼見佛性，然後要去修集該先完成的福德，平常就努力去殷勤修集。什麼階段該修什麼法，都有前提的；不能夠說：「我現在是三賢位，就先來修願波羅蜜多。」那不切實際。妄想可以打得很完美，猶如行雲流水，但也永遠都高不可及，於自己有什麼實利？所以說，還是要看自己是什麼情況來決定該怎麼修行。

但八地菩薩就是這樣修的，就是要大願修慈、永無止盡，乃至捨身也永遠不放棄。既然要這樣大願修慈利樂一切有情來成滿他的願，他是不是要盡可能爲大眾說法？當然要啊！總不能只教大眾一天到晚布施錢財吧？布施錢財利樂了眾生以後，布施的人死了往生欲界天去，要不然就重新投胎再來當慈濟人，永遠也悟不了三乘菩提之一，這樣的教導對那些樂於布施的信徒們有什麼利益？喔？所以八地菩薩必須要爲大眾說法，有無量無邊的大眾需要說法的地方，他的意生身就化現出去爲大眾說法。那他的應身住在人間，若有因緣時同樣要爲大眾說法。並且在說法時，他心中深深地發願，願大家都能夠獲得法利、都能聽懂；也就是爲大眾演說深妙法，令大眾聞者喜悅，而且普能如實領受。當聽者如實領受而心中喜悅的時候，那才叫作法喜充滿，就不會退轉。他就是要攝受眾生於正法中安住，永不退轉。這就是「願波羅蜜多」發了以後，繼續要作的事。

可是他發的願只有這樣嗎？不只啊！他隨時隨地不論看見什麼事，心裡就發願。他的願是無量無邊的，例如看見了人間眾生種種的痛苦，他就發願：「願我所有功德迴向此界一切有情遠離痛苦。」不論看見什麼就發願，發了願就努力去迴向，而且也努力去作，該怎麼作就去作。這樣子不斷地去作，凡是一切善法他都去作，爲了圓滿無量無邊的願。當他發了無量無邊的願以後，是不是在家裡等著成就？當然不行！他得要一一去實行履踐，不能空口說白話。所以八地菩薩比諸位還要忙，因爲白天爲人們作很多事、說很多法，晚間上了座，意生身無量無邊又出去爲眾生說法。

你們有二十四小時爲正法努力嗎？八地菩薩可是二十四小時都在爲正法努力。所以這個「願波羅蜜多」不好修，但他就這樣子修。修一切善法，願一切善法皆得圓滿，這就是「願波羅蜜多」所應修的法。這樣把他的願都成滿了，就是完成「普賢行」了！完成普賢行以後，那個福德無量無邊的廣大。有了無量無邊廣大福德以後，他接著要追求威德力。福德本身也有威德力！福德大的時候，諸天的天人天主都恭敬；因爲福德大的時候，他顯現出來的威勢就很大，那是自然而有的，不必裝模作樣；想想看，如果有一個人福德比你還大，隨時可以取代你而當上天主，雖然他並不想來取代你，但你這個天主一定會對他很恭敬的，是不是？

他們密宗喇嘛教裡說，遇到剛強的人，要生起佛慢，降伏對方。那叫作什麼佛慢？其實只是我慢與慢過慢啦！什麼佛慢？成佛以後還會有慢喔？人家是因爲福德的廣大，自然生起的威德，諸佛則是再加上智慧無量無邊，具足圓滿而生起的威德，不是起作意故意裝出來的。所以密宗的說法只能嚇唬三歲小孩子，都唬不了諸位。以後若是看見有學密的人來跟你裝模作樣生起佛慢，你就告訴他：「你眞是具足我慢！」這就夠了。那麼當八地菩薩發起一切願，並且依一切願去切實實行而圓滿了一切善法，當一切善法都圓滿的時候，福德無量無邊的廣大，他的願成滿了。接著要追求大威德力，這個大威德力是要靠智慧來生起，不是靠著肌肉強壯、身體魁梧，完全不靠這個；

那麼這時就要轉入九地開始修「力波羅蜜多」。

修學力波羅蜜多，首先要善知眾生心行善惡；若沒有八地菩薩那個功德，就作不到這一點。當他圓滿了願波羅蜜多，他能夠善知眾生心行的一切善惡，不必等到人家作出來、說出來，也不必等到人家心裡面的語言文字在那邊想要怎麼幹惡事或怎麼行善，他一見就知道這個人想幹惡事，這個人想要作善事，他都是一見就知道了，他可以這樣直接去感應。這是非常非常非常深妙的「諸地菩薩隨順佛性」的功德，這不是初地、三地、五地的事，這是已經九地的事了。他一念之下就知道，所以不管誰心機多麼深沉，來到九地菩薩面前其實都像是個透明人，他心裡面的一切種子，九地菩薩都看得清清楚楚，根本不用瞞。

由於這個緣故，他可以知道一切眾生心中之所行是善是惡，或者非善非惡，或者多善少惡，或者少善多惡等等。當他知道了以後，八地的「願波羅蜜多」也還是繼續在實行的，所以他善於為眾生說法，他也很清楚知道某一個眾生，只有用某一種特殊的法來告訴他以後才會轉變。他很清楚知道每一個眾生應該要用什麼樣的方便、什麼樣的法門來教導；也要告訴他什麼樣的因在未來世會得到什麼樣的果，這個果會使他未來世的發展如何，全都知道而這樣去告訴他。然後眾生聽到他開示的相應法以後，一天又一天，一月又一月，一年又一年，果然都如菩薩所說，於是眾生不得不信服，不得不依照他的開示去修行。這就是善知眾生心行的善惡，爲眾生說相應法，這是要有非常高的智慧才作得到。

那麼這種智慧是從哪裡來的？也就是說，他藉著八地的無生法忍和廣大福德，重新來修四種無礙法。當這四無礙法修成了，這可不是初地、二地的四無礙，也不是五地、七地的四無礙。對凡夫大師們而言，你們明心以後，他們會覺得你眞的有四無礙辯；也就是說，見了那些凡夫大師們，你隨便怎麼說都對，所以你可以說是「法無礙」，也可以說是「義無礙、詞無礙」，也可以說是「樂說無礙」。對他們而言，你有這四無礙；可是當你看見了十住菩薩時，你要不要跟他談論佛性的事？你不能開口了對不對？這時又變成沒有四無礙辯了。可是對那一些凡夫大師們而言，先不談眞如，你只對他們談如何斷三縛結就夠了，他們就會像台灣南部人說的「聽到耳朵都垂下來」，因爲你說得太好了，然後他們得到受用就知道說：「啊！原來我自己說的證果，還眞是假的。」他當下如果下定決心接受，又有證果應有的其他條件時，就可以獲得法眼淨而成爲初果人，爲什麼不對你聽得服服貼貼的？所以你對他們當然就有四無礙辯啊！

可是你繼續修到十行位、十迴向位，還沒入地之前，看見了諸地菩薩的四無礙辯，又不曉得要從哪裡開始講起了。都是如此啊！所以九地菩薩修的四無礙辯不是我們所能猜測，因爲函蓋的範圍太廣了；他的法無礙，已經不單單是三界愛現行的斷除，不是只對三界愛現行斷除的苦集滅道，而且包括大乘菩薩在三賢位應該修習的大乘苦集滅道也完成了，並且包括初地乃至七地的四聖諦現觀、重觀全都完成了，還加上一切種子的生住異滅等等異熟妙法，他全部瞭解，所以沒有這個部分的異熟愚，因此他在法無礙的範圍上是非常廣大的。

爲什麼他的法無礙範圍會廣大？因爲他修學九地的無生法忍之後，獲得「旋陀羅尼」，也就是獲得一切法來回運轉的總持。獲得一切總持了，於一切法就無所障礙啦！那八地菩薩能講什麼四無礙？見了他也不敢開口啊！所以九地菩薩稱爲「善慧地」，不無原因，眞的是有原因。因爲他於一切法的種子、一切法的生住異滅無不了知，所以他的法無礙範圍是非常廣大的。有了這個法無礙，他接著一一作觀行，了知這一切法種究竟是什麼義？一切法種的眞實義都一一去瞭解，之後就進入現觀的狀態去加以觀察，觀察完了，他的「義無礙」成就了；這時義無礙成就了，就也通達了五明之學，所以有「言詞無礙」。就憑著法無礙、義無礙，可以爲一切眾生用各種譬喻方便來說明諸法，所以他這時的法無礙和義無礙就運用到詞無礙上面來；別人沒有辦法說明的法，他也會藉各種譬喻來說明。某一個層次的眾生用某一種譬喻，另一個層次的眾生用另一種譬喻，他就這樣來爲有緣眾生說明。所以只要聽他說法一定聽得懂，那麼這就是他的「詞無礙」啊！

假使他在人間說法，天界眾生例如欲界天、色界天的天人們也來聽；假使鬼道眾生，例如大福鬼、大力鬼願意來護持正法，也會前來聽他說法；他可以同時有不同的言音，讓他們各自理解。這個詞無礙，當你明心了，面對那一些凡夫大師們，你有詞無礙，但是九地心這個詞無礙你能作到嗎？作不到。然後藉著對不同種類的有情，有不同的譬喻與說法；對天界有情就講另外一種不同譬喻，而這個譬喻的境界可能人間是沒有的；正因爲人間沒有聽過那一些事相，所以也聽不懂，那他用那個譬喻來講解時，天人一聽就懂了。如果是鬼道眾生呢，他就用鬼道所有的事物來作譬喻，鬼道有情一聽就懂：「原來這個法是這樣的。」本來是解說以後還不懂的，於是用譬喻講解了以後，回來說明，鬼道有情聽了就懂得了。也就是說，他的詞無礙並不是我們想像的詞無礙，而是有種種言音與種種境界作為說法時的方便。

好啦！有這個「法無礙、義無礙、詞無礙」之後，他遇到一切菩薩時當然可以「樂說無礙」；因為他已經不能退回到七地去了，他已經走完八地的過程，如今在第九地裡面不可能再退回七地去取涅槃；他也不必硬著頭皮走，而是很快樂地往前走。這時關於再多久才可以成佛的事，對他而言都已無所謂了；他根本不計較還需要多久才能成佛，他已經完全無所謂了；就算永遠當菩薩也無所謂，根本不計較什麼時候會成佛，因為他有樂說無礙的自受用、他受用功德啊！由於這個緣故，只要是與他有緣而被他所教導的有情，無不證得無生法忍；假使有一天你遇見一位真正的九地菩薩，你一定當世就進入初地心了，除非還有無量世以來積存著的業障。

諸位可以看看現代地球上，有好多的「佛」出現在人間；且不說他們的弟子，單說他們自己好了，他們有沒有無生法忍？全都沒有。且不說無生法忍，問他們明心有沒有實證？也沒有。不說明心，單說斷三縛結就好，有沒有？也沒有。那他們到底是成個什麼佛？只能稱爲觀行即佛。可是我說他們是觀行即佛，依舊有點高抬了他們；因爲他們的觀行都是往相反的方向前進，並不是正確的觀行，所以給他們「觀行即佛」的評價還太高抬他們，應該說他們叫作「名字即佛」，因爲他們走偏了，往三惡道的方向前進不已，比剛剛進入佛門的初學者還要差。剛入佛門的人，至少知道自己根本還沒有成佛，還只是個凡夫：「我得要尋找正確的方向努力去修行。」可是那些大師們已經大妄語，哪能是觀行即佛？那就不要談諸位的相似即佛位。所以我說現在的人間還沒有看見九地菩薩，更不要說是什麼佛了。假使有人告訴你說：「欸！我們師父已經成佛了。」你就告訴他：「你們師父已經快要下墮地獄了！」因爲這是必然的。這九地菩薩有了善妙智慧，所以稱爲善慧地，他都還不敢自稱成佛；他能幫人家證得無生法忍，都還不敢自稱成佛；那些凡夫大師們竟敢自稱成佛，眞是好大的膽子；我看他們的膽子個個比地球還大，無人可比。

有了善慧地的四無礙辯大功德，因此說九地菩薩有「力波羅蜜多」；因爲他不但有八地菩薩於相於土自在的大功德力，還有大智慧力、大神通力。九地菩薩專門修力波羅蜜多，這個力波羅蜜多在修學的過程之中，只要他認爲誰有緣，就去度誰。只要他爲誰說法，那個人就可以證得無生法忍，至少是初地，這就是他的大功德啊！那你說這個人可能沒有威德力嗎？一定有啊！那些證得無生法忍的諸地菩薩們，大家見了他，各個都恭敬到不得了，三賢位或者凡夫等人見了他，哪還敢造次呢？所以這個力波羅蜜多眞的名符其實。

那麼他也因爲在八地所熟知的一切異熟愚已經斷除，在進入九地的時候修各種大神通力；這神通力是三地滿心就有，可是這時他不斷地用無生法忍來增益，使得他的神通力自然增長而不必加行。因此他有這樣的神通力，可以觀察三界一切有情。對三界一切有情，只要他觀察到了，就知道怎樣幫助而證得無生法忍；他只要想攝受哪一位有情，那個有情就一定會被攝受；因爲他知道那個有情的異熟果，知道有情在過去世的異熟因，對有情們現在世乃至未來世的異熟果，他全都知道，所以他想要度的有情一定會信受他。這時他就可以攝受一切眾生，那麼這樣子修行力波羅蜜多的過程之中，他究竟要修行哪一些力？這可不是自己想一想就能決定的，而是要依 佛陀的開示來修的。可不是世俗人所想的腕力、體力，那些全都沒用，都是無常生滅法；這時他修的「力波羅蜜多」，有幾個力？我從經中抄了出來唸給諸位聽：自專正力、能正他力、大悲力、大慈力、總持力、妙辯力、神通力。他要修這麼多的威德力，並且每一種大力都必須要具足圓滿，心得決定，能夠安忍而不退轉。

「**自專正力**」就是對於自身仍然還存在的異熟愚，要繼續去斷除；八地斷了很多，但在九地中還要繼續斷除。這些異熟愚，全部都在自己心中，要到佛地才能究竟斷盡，那就要繼續努力去修斷。剛進入九地修的就是這個自專正力，對於自身的異熟法種，應當要專注去觀察，然後把它淨化，使得異熟法種漸漸成爲不變異法。這個不變異法有什麼作用？就是讓自己如來藏其他的各類無記性種子，例如在三賢位或者七地以下所不知的那一些法種，可以產生功德力，被自己的意識意根所運用；要這樣才能夠有各種智慧，才能夠善知眾生各種心行善惡而說相應法，這就是**自專正力**。

這個「**自專正力**」要修很久、很久，因爲第九地也是三人阿僧祇劫的三分之一時程，當然要修很久。你們很多人都想：「**我在六住位混了好久了，什麼時候能進入第七住位？**」就覺得好像已經好久了。然而，你們進入會裡才不過幾年，講什麼好久呢？要是跟人家一大阿僧祇劫的三分之一來比，可眞沒得比欸！所以別急，只要努力就是，最後一定功不唐捐，只是快與慢的差別而已。

那麼這個「**自專正力**」要修很久，那是好幾劫、好幾劫又好幾劫的時光，修完了開始要修「**能正他力**」。怎麼樣使自己能夠修正別人心中的善惡，使自己所要度化的眾生，不會再改變而退轉，這就是能正他力：能夠糾正別人的心行，不是靠著什麼威脅去糾正人家，而是有能力用他的心力去轉變別人。絕對不要懷疑這件事情，因爲我很清楚知道，三地菩薩就有能力轉變別人的內相分，只是不能作而已；那麼到了第九地的時候，他還努力修這個法而具足圓滿時，他的「**能正他力**」具足圓滿了，這時他可以去改變別人的內相分，佛就不會因此而責備他了。

三地菩薩雖然有這種能力，但不敢作；因爲當他第一次有這個能力的時候，佛陀會給他一個念頭，雖然都沒有語言文字：「只要作了這件事情，死後就下墮地獄。」修到三地了，若有違犯還是要下地獄！要想想這嚴重性。那九地菩薩有這個能正他力，這也是佛明講的，所以顯然他是可以去轉變別人的；只要過去世一大無量數劫、三大無量數劫之前，那個眾生曾經供養過他，偏偏那一世是窮阿羅漢，老是托不到缽；那個有情當時是色香味美供養了他那麼一餐，那個緣結下來就很深刻；這時他可能一旦遇到時，他就會去改變那個人的內相分，所以那個人就可以很快地呈現三級跳一樣的佛法修學過程。這是因為九地菩薩有這個功德「能正他力」，這也是善慧地所修「力波羅蜜多」的表現之一。那麼請問：如今普天之下的諸「佛」，你們聽過誰有這個能力？一個也沒有！竟然還自稱是九地、十地，而對方還自稱成佛了呢，那不都是自欺欺人嗎？

有了這個「能正他力」，並不是就圓滿九地的修行了，他還得要有「大悲力」。修大悲力之目的是不斷地鞭策自己憐憫一切眾生。大悲力若沒有修行圓滿，就不能滿足九地的「力波羅蜜多」；所以他必須要修，因為他距離佛道已經剩下一大阿僧祇劫的一半而已，他當然得要努力修，所以不斷地修大悲力。修大悲力之目的是爲了什麼？爲了督促自己產生大慈力；大慈的力量會促使他分分秒秒、時時刻刻去利樂有情，有大悲就會常常牽掛著眾生，這時他所牽掛的，並不是像三地心以內比較會牽掛過去世誰跟他比較有緣；在九地心中並沒有這種牽掛，而是一視同仁的牽掛，就是視一切眾生猶如獨子，不捨任何一切有情；他所等待的只是什麼時節因緣到了，應該要去加以利樂，這就是大悲力成就了。

然後他就跟著會有「**大慈力**」，永遠不會停止去利樂一切有情；只要時節因緣許可，並且確實能夠利樂，他就一定去利樂，這就是大慈力的圓滿展現。當他的大慈力圓滿時，爲了使這個大慈力、大悲力具足運作，他的「旋陀羅尼」就出現了。旋就是運轉的意思，運轉陀羅尼就是運轉總持。他有運轉總持的能力，總持就是總持一切佛法；是對世出世間一切法的總持，他已經全部都獲得；並且他獲得的時候都是可以運轉的，這叫作旋陀羅尼。我記得以前有一個老菩薩騙人說他有旋陀羅尼，他的旋陀羅尼是什麼呢？他說「南無阿彌陀佛」六個字在頭上一直旋轉，那眞笑話！連我見都沒有斷，也沒有明心的人，能有什麼旋陀羅尼？好！九地菩薩已有這個旋陀羅尼，他就能運作一切諸法，所以他就具備了總持力，可以總攝一切佛法，無一遺漏；那麼他的四無礙辯威德力，就具足圓滿啦！所以他就產生了「**妙辯力**」。

當這個「**妙辯力**」產生之後，他的無生法忍又提升了，所以他有了大神通力，一切菩薩無能爲敵，外道們就更別談了。當他到了這個地步，就具足了「**力波羅蜜多**」。這就是九地菩薩的「**力波羅蜜多**」，到這時他就有另一種意生身，叫作「**種類俱生無行作意生身**」；也就是說，不論什麼樣的三界法，他對每一個種類都可以變化無量無邊的意生身出來，而且不同的種類都可以同時變化，不必加行，都不必先觀想生起作意，不同種類的意生身可以同時出現，而且數量非常多。所以他去度化眾生時，可以現爲天人，例如欲界四王天人、忉利天人、燄摩天人，乃至到四禪天人，他都可以同時變化出來。這是在同一時間裡，而且可以變化出很多；這時很多的四禪天人，他都能夠去度化，各有他的意生身變生出去，同時也有很多的四王天身、很多的忉利天身、很多的初禪天身，世界到處這樣變化了去說法。那你說八地菩薩見了他，要不要服服貼貼？因爲想一想自己，還眞的差太遠了，無法想像九地菩薩爲什麼可以這樣作？那當然只有恭敬的分，還敢給個白眼嗎？這就是九地菩薩的力波羅蜜多。

這樣最後一大阿僧祇劫經過三分之二了，剩下的三分之一時劫要來修「智波羅蜜多」，或者叫作「慧波羅蜜多」。那麼這「慧波羅蜜多」，首先要修的就是遠離三界諸法的一切種子。三界諸法的一切種子是什麼呢？例如欲界是因貪而造惡的一切種子，色界是因瞋而造作的一切惡法種子，無色界就是因為愚癡而流轉生死的種子！可是欲界有情也具足了色界和無色界的瞋與癡所造的惡法種子；而色界天人也同時具足了無色界天的愚癡而流轉生死的種子。這一切三界的法種，是十地菩薩的入地心中必須要去具足觀察瞭解的，這是想要遠離三界異熟法而必須要作的事。這不是觀察現行，而是觀察習氣種子怎麼生、怎麼住、怎麼異、怎麼滅？因是如何、果是如何？異熟生的因是什麼，才會出生這個異熟果？然後，生起這個因而成為住的果，住是以生為因，而自己是果；可是住如果成為因的時候，它的果又是如何？就是異，異的果則是滅。

一切法種子的生住異滅都各有其因果，那麼三界一切諸法的生住異滅一切因果都具足了知時，他才能夠遠離三界一切異熟法。如果不能具足了知，他如何能夠遠離？例如有人說：「應該要斷我見啊！斷我見是學佛的基本要門，是學佛的首要。」印順法師也懂得這麼講，問題是他爲什麼斷不了我見？就是他沒有具足了知我見的意涵！所以想要斷除之前先要具足了知，沒有具足了知就無法斷除，因爲永遠斷不盡啊！所以說，他出家修行七十四年，那麼長的時間已經夠久啦，那他的我見爲什麼砍也砍不死、鋸也鋸不死？他口裡說自己的我見死了，好像一個死人的頭爛光了，只剩下髑髏以後，他那一顆髑髏裡的眼睛竟然還在滴溜溜地轉著；這是爲什麼呢？就是沒有死盡！但他爲什麼死不盡？正是因爲他沒有具足了知五陰我與我見的內涵。所以如果想要成佛而具足斷盡三界一切異熟果、異熟生的內涵，必須要全部了知一切異熟法種的內涵，否則你要怎麼斷除淨盡？所以十地初心要遠離三界法時，就是要具足普遍觀察，無一遺漏。

當這個部分完成時，接著要小心：還是會想要取證無餘涅槃。所以這時他要修的是「不厭生死、不樂涅槃」，是不能樂於涅槃，也不能厭惡生死。三賢位菩薩發大願說：「我永遠不入涅槃。」其實是入不了涅槃！（大眾笑⋯⋯）好啦！到了七地念念入滅盡定時，一心想要入涅槃，正要進去無餘涅槃時，佛陀來了！諸佛有一個很大的願，就是攝受一切的菩薩，最需要注意的就是七地心的菩薩。當七地滿心菩薩剛剛準備要入無餘涅槃時，佛來啦！傳給他「引發如來無量妙智三昧」，他就開始專心於菩薩道了。

這時不專心繼續行菩薩道還行嗎？「這個三昧可以讓我盡未來際，終於獲得如來的無量妙智，這麼好的三昧我為什麼要丟掉？」他被引誘著就開始進入八地，然後往九地走，終於到了十地啦！好啊，到十地的時候，三界一切諸法種子無不了知，這時心裡面是有一點點灰色的，眞的有一點灰色。這個灰色在初地心開始就已經存在，可是到十地心的灰色不太一樣。初地心開始的灰色是：「我往昔在三界流轉，有這麼多世的眷屬：有我的父母、兄長、姊妹、配偶、子女，還有非常多非常多的金孫，唉呀！眞的放不下。教我要滿足三地心，對他們不再有顧戀，實在有點為難，因為這一些眷屬過去世跟著我，大家好恩愛啊！可是我如果滿了二地心，就要變得很寡情哪！不會很牽掛他們了，那我要不要往前再邁出這一步？」這是有猶豫的，這就是《瑜伽師地論》裡面所講的說：菩薩顧念往昔眷屬，所以不取涅槃。

這個關卡很難跨過去的，如果是須菩提的話，他要跨這個關卡很容易，這事對他並不是關卡。他的問題出在哪裡？出在攝受佛土太少，太慢、太慢；因爲他一世又一世跟眷屬的關係都不很深厚，這就是須菩提的心性，所以諸大弟子之中，他成佛最慢；他就是因爲轉依眞如空性，他沒有「菩薩底憂鬱」嘛！（大眾笑…）所以他成佛就很慢。因爲他寡情，所以這個灰色對他而言是幾乎不存在的；可是他到十地心時，再怎麼寡情（終於熬過很多阿僧祇劫，很多的那由他劫終於到了十地），這一關對他就是個大問題了。因爲他那種人，來到這裡時會是一個大問題，他很難跨越這個關卡，他會厭惡生死。

他對有情的顧念之心很少，所以前面的關卡對他而言不算關卡，但是後面對他而言就是個大關卡；因爲他對有情不是很有慈悲心，所以他現在所憑藉的是在九地所修的大慈力、大悲力來維持著，這時他還是會有厭惡生死的心態出現；對於像須菩提這樣心性的菩薩，這一點就很重要啦！佛陀說法是面面俱到的！對於常常顧念往昔眷屬的菩薩而言，這個不是關卡：不厭生死、不樂涅槃將會是他所喜歡的，因爲他可以依著原來的種子、依著原來的願，繼續攝受往世所接觸的無量眷屬；他沒有這問題，他不會去厭惡生死，也不會去愛樂涅槃。

可是對於須菩提這種人，這時這個問題可能就出現了，所以要教他「不厭生死、不樂涅槃」，因爲他對眾生的情分太少了，不能顧念眾生，他有可能會在這時又想要入無餘涅槃，所以這時要教導他「不厭生死、不樂涅槃」，告訴他說：「你如果厭惡生死、愛樂涅槃，就不能攝受有情，也就不能成佛。三大阿僧祇劫的時程，你已經快要走完了，難道你要放棄以前的修行嗎？就這樣入涅槃嗎？」要告訴他：「不行！你這時不要厭惡生死，應該爲了眾生再繼續去三界中處處受生，不要愛樂涅槃。」所以他因爲這個緣故，想著：「我既然走到這個地步了，距離成佛的時間和果實已經很近了，那我就要努力去修。」這時他就要去努力修了。該怎麼修？就告訴他：要不斷地去捨棄自己的身命財來利樂眾生，使自己每一次捨了身、捨了命、捨了財產給眾生之後，就增長了一分自己的大福德以及大悲力。然後他就更願意繼續再運用九地所得的大慈力，繼續再去捨身命財，去利樂更多眾生。這樣來成就他的大福德。

捨身命財以外的時間，他要作的事情就是爲眾生說法。不斷地去爲眾生說法，如行雲流水。要如天上的雲一樣，不斷地飄過來；要如河中的水一樣，永遠不斷絕；要這樣使他的四無礙解能夠發揮圓滿的功德力，所以他的果報就稱爲「大法智雲」。他有了大法智，如同天上的雲一般源源不絕地一直爲眾生說法，這就是「大法智雲」三昧名稱的由來；也因爲這個緣故，十地菩薩就簡稱爲「法雲地」。這個法雲地，剛剛說他要遠離三界諸法，這意思是說，他必須要具足觀察眾生一切三毒的種子，一切三毒種子是如何生、如何住、如何異、如何滅；它的前因與後果，都必須具足了知。當他具足了知貪瞋癡一切種子的生住異滅，以及每一個三毒種子生住異滅的因果之後，產生了一個功德，就是：一念知眾生一切心行。

想想看，一念之間，只要起一個念就知道每一個眾生心裡在想什麼。你說這怎麼想像啊？眞的沒辦法想像啊！然而這卻是十地菩薩應該有的功德啊！一念能知眾生一切心行哪！所以想想看說，世尊說法的時候突然知道誰心中起了什麼疑問，於是祂就故意問某某人：「你不要這樣子想啊！爲什麼不要這樣子想呢？因爲法是怎麼樣的……。」世尊常常這樣作的，這就是說，祂一念之間可以知道一切眾生的想法。當祂演說某一個法的時候，生起一個念，那個念只是一剎那之間就過去了，然後祂就知道誰的心中有疑問；在有疑問的人之中，就看誰的位階最高，就對那個人談法，不找其中位階最低的人說。

這是十地菩薩就有的功德，不是諸佛才有。那諸位如果信根不夠，就不可能對此有信力，聽了一定說：「啊！這蕭老師今天在說夢話了。」但是，我是不是在說夢話？大家自己要有智慧去判斷。那麼，法雲地就有這樣的功德，當然他同樣可以一念之間了知一切眾生心中的希望；因爲有這樣的功德，所以他隨順著不同的眾生，知道不同的眾生需要哪一些不同的法，他就一個法又一個法連續演說下去，讓所有眾生都滿足。不同的眾生希望了知不同的法，他全部都知道，所以他全部貫串起來講完，每一個眾生無不獲得利益。所以他說法時，一定如行雲流水一樣永不斷絕，才能讓所有眾生都獲得利益啊！沒有一個人不得利益，這也是他的法雲地名稱的由來。

那麼修到後來，十地滿心之前，他能夠「知一切法界門」，什麼叫一切法界門？也就是一切法的功能差別應該如何修得？門就是方法。應該如何修得的方法他具足知道，就是具足了知一切法界門。一切諸法的功能差別，應該如何去修行、如何去實證，那些方法、那些法門他都知道，這就是具足知一切法界門。到這時，他即將滿心了；因爲十地所應該修的，他全部都修完了，看來看去都沒什麼可以再修的了。此時想方設法再三去檢查、再三去觀察，都找不到什麼還有他可以修的法門了，這是因爲三界一切法各種功能發起的方法他都知道了，沒有一法遺漏，再也沒什麼可修了。

這時他沒事了，再要幹甚麼呢？這時依於他在十地所修得的最後一個三昧——益一切智位三昧，由這個三昧的功德力，就會現起一座大寶蓮花王寶殿。大寶蓮花王的宮殿就自然生起了，他的菩薩眷屬們就來到這個大寶蓮花王宮殿裡，在裡面的許多蓮花寶座上各自坐下來，立即得到百萬三昧。然後這位十地即將滿心的菩薩來到大寶蓮花王宮殿裡面的大寶座上安坐下來，他的法眷屬們都一心瞻仰著他，於是他放出寶光到諸佛世界去；到諸佛世界去見了諸佛，從諸佛腳底進去了，然後諸佛就知道了：「啊！某某世界有一個菩薩應該要滿足十地心了，他應該要轉入等覺位了。」於是諸佛就同放寶光，都從頭頂放光，就來到這個世界的十地菩薩上方，從他頂門灌入，這樣才叫作「灌頂」啦！（大眾笑…）密宗他們那個「瓶灌頂」，發給大家一瓶礦泉水，觀想每一個人手裡的礦泉水裡面有佛父佛母交合快樂，降下甘露；觀想完了叫大家打開礦泉水往自己頭上撒一撒；這是灌什麼，說是灌甘露。好在沒有很臭喔！但那只是灌著玩的，都是騙人的，騙三歲小兒。

這時諸佛寶光來爲十地即將滿心的菩薩灌頂，可是在灌頂之前，諸佛會先告訴座下所有九地和下地的菩薩們：「你們都趕快去見那個世界的十地菩薩。」因爲有大好處啊！十方諸佛都會告訴座下所有九地和下地的菩薩們，趕快來到這位十地菩薩的大寶蓮花王宮殿裡；然後繼續等待著，不久這位十地菩薩從身上各處放出不同的光明，遍照十方世界諸佛土，利益一切凡聖有情；然後從光中廣散種種寶物供養十方世界諸佛。這時諸方世界前來的九地和下地菩薩們，各都獲得一萬三昧。十方世界的十地滿心菩薩們，各從前胸放出寶光前來，灌入這位十地菩薩的胸中，於是這位十地菩薩的神通、智慧增長百千萬倍，獲得大勢力。然後諸佛也以「益一切智位三昧」，同時放光來到，一起從十地菩薩頂門灌頂進去，這位十地菩薩便成爲諸佛共同認定的「受職菩薩」，即將轉入等覺位中；但諸佛的寶光伴隨著種種餘光，餘光都灌入現場一切九地和下地菩薩的頂門，幫助現場所有菩薩們獲得以前所未得到的一萬三昧。

這種便宜事為什麼不要？當然要啊！假使　佛交代說：「你趕快去見某某菩薩。」你就趕快去，不要疑心說：「不要啊！我要跟著佛陀您，我為什麼要去見他？」不必這樣子，佛說什麼你就作什麼，這就對了！因為那個灌頂加持也必須要有時節因緣哪！不是平常都可以放光為你灌頂！所以這時這位十地菩薩因此成就無量百千萬億三昧與大威德，他就滿足十地心，不久就可以進入等覺位了，菩薩地到此已經圓滿——他該修的無生法忍已經圓滿了，無可再修了，這便是十地菩薩的「忍辱心決定」。

接下來就是進入等覺位，從八地到十地那樣辛苦去修行，一般人無法想像他們是怎麼修行過來的。可是他們能夠安忍而不退轉，連起一念退轉都沒有，這眞的不容易啊！在七地以下有時會有「念退轉」，因為利樂眾生還要被眾生羞辱等等，有時候心裡面一想：「唉呀！算啦！不理他啊！」然後他就安逸地去幹甚麼？忙世間法或是遊山玩水去了，他暫時不想再利樂眾生了；然後過個三天，也許過個五天，想一想：「不利樂眾生也不行，佛道就是要這樣子；早走也得走，晚走也得走，我為什麼要浪費這三天、浪費了這五天？」想清楚了，於是又開始繼續往前走。這就是念退啊！他利樂眾生的功行、成佛之道的功行，因爲這個念後退了三天、退了五天，有時候有的人會退了個一小時、兩小時，這就是念退。

二〇〇三年那時，我度眾生的正念退了多久？退了五分鐘。我隨即又想：「不對！不管他們怎麼樣，總之，我還是要設法挽回，要把他們救回來。」所以我才說：「我們把他們的錯誤說明以後，只要他們願意回來，在親教師會議裡面懺悔過後就行了！他們仍然是親教師，繼續帶班，我們都當作沒這回事。」我們那時候是這樣子啊！當時有一位老師說：「不！我們不要他們回來。他們每次出手都要我們同修會倒閉。」確實他們那時候每一招都是這樣，但是我不這樣想，我說：「應該要讓他們回來，因爲這一退轉就是謗法。謗法不是好玩的事，絕對不好玩，一定要設法讓他們回來。」可是當時等了兩週都沒辦法接觸到他們，求見也見不到，寫信去或者打電話去也不回應我們；後來乾脆派了當時的總幹事送信到楊先生家裡去，他也不回信。眞的沒辦法，二週時間過去了，我只好開始寫〈略說第九識與第八識並存…等之過失〉，回過頭來同時救會裡的同修們。

這就是說，在七地以內有時都會有念退，可是八地開始就是念不退了。

這個念不退，是不曾有過一念（乃至沒有語言文字的退轉的念）生起、退失，全都沒有！這個是很困難的事啊！可是八地以上的菩薩們就是這樣作的。你說，這個如果不是「忍」—於無生之法得忍—心得決定，不可能有這種力量的。所以這種「忍辱心決定」的力量是非常強的。沒有誰可以使他們一剎那起念退轉，乃至退轉一剎那都不可能，這就是念不退的功德。

由此可見這個「忍辱心決定」會有多難！因此，三大阿僧祇劫走完，後面還有一百大劫專門修福德，在這整整一百劫之中，就是要修集大福德才可能具足圓滿三十二種大人相、八十種隨形好，這完全靠福德修集來成就的。每一次去投胎獲得生命、成長，目的是要去布施他的身體內財；誰要眼睛就挖給他，誰要手就剁給他，誰要心臟就挖給他，誰要命就給他。如果沒有人來要生命，那就等到自己賺了很多錢，或者繼承了很多錢財，也全部把它布施出去，就這樣子去修集福德。

世世再來繼續受生，一世又一世取得身體、取得財產之目的，只是要作內財、外財的布施。這是因爲即將成佛之前，還是需要靠最後的那一分福德來圓滿大人相等等。三大阿僧祇劫修集來的福德還不夠，還差最後一分。這一分大福德得要以整整一百劫來修行，才能圓成三十二種大人相、八十種隨形好。這八十種隨形好可不是只有八十種，因爲每一種好之中還有無量的好相。這時根本不可能再有念退的事了，因爲現在只需要修福德而已。這時捨棄生命有什麼困難？沒有啊！因爲，別人若是來要他布施生命：「好啊！布施給你。請你直接砍了就是。」好，對方下刀都還沒殺到他，他已經棄捨色身走了！

諸位想想看，那個念念入滅盡定有多厲害！這時七地所修的方便波羅蜜多可就用得著了，所以他捨「身、命、財」都沒有什麼問題。於是他就這樣子一世又一世捨身、捨財，正是「無一時非捨命時，無一處非捨身處」啊！隨時隨地只要有人來要，當下就給他，這樣才能夠成就一百劫之後成佛時所需要的大福德。所以當世尊要示現入滅之前，有出家弟子問說：「世尊！您離開以後，我們遺法弟子辦道的資糧該怎麼辦？」世尊說：「你們別擔心，我釋迦牟尼三十二種大人相，隨便一相的福德，就足夠我的遺法弟子們吃喝不盡。」因爲佛地的每一種大人相，都是三大阿僧祇劫修行以後，再經過整整百劫修福得來的啊！到這個時候，「忍辱心決定」這一句就圓滿啦！因爲從信位的「忍辱心決定」，一直到等覺位的「忍辱心決定」全部都具足了。

這時就觀察即將成佛的一生補處菩薩們，其中有誰是正要示現成佛的；或是已成之佛即將再度於某一個星球示現八相成道的，就自動請纓：「我來當您的弟子，為您總攝一切在家出家菩薩。凡是一切僧團的事相，我都來負責，佛陀您只管說法、施設戒律就夠了。」佛陀接受了，那你就事先來準備著，就依期下來人間投胎受生，等待當祂的弟子。這就是 彌勒菩薩來 世尊的法中擔當一生補處菩薩的因由。然後接著是正法、像法、末法三個時期都過去之後，佛法無法再傳了，就像是菩薩們都該去 彌勒內院的時候了。也就是全部都往生他的兜率陀天內院，去那邊跟他修學；等他即將要來人間成佛的時候，大家提前一段時間下來人間受生，大約是人間的幾百年、千餘年的時間，先在人間活個千餘年，等待 彌勒佛下來人間受生。然後 彌勒佛來人間受生、出家、成佛、轉法輪時，諸位在龍華樹下前後三次的初轉法輪時期都成為阿羅漢。接著二轉、三轉法輪完畢，諸位就入地啦！所以正法滅沒之後應該要往生到哪裡去？要到彌勒內院去。這樣，「忍辱心決定」到這裡簡單講完三大阿僧祇劫！再附送等覺位專修福德的一百劫。今天就講到這裡。

最近這兩週來都是低氣壓，空氣很潮溼，溼度計大概都在七十一到七十五之間來來去去，是不舒適的空氣品質；雖然如此，但石家莊現在攝氏零下十度，北京攝氏一度，張家口差不多是攝氏零下十度左右了，所以我們這裡有一點潮溼，應該還是可以接受的。不過悶了許久，昨天又爆發了一件跟密宗有關的事，相信很多人看了新聞報導。我正在吃晚餐時看那個新聞報導，我一看就說：「**這是聖德禪寺，那應該是正統的佛教寺院吧？應該不會發生這種事啊！**」正在思量，接著新聞報導就播映出黃色僧衣，披著一件縵衣卻不像是菩薩衣，是密宗紅教的那一件，我們叫它作「圍兜兜」，（大眾笑…）一看就知道原來是暗中在學密宗。後來陸陸續續報導說，他其實是被密宗正式認證而給他仁波切的名位與法號，具有密宗上師的資格，密宗並且正式爲他舉辦坐床大典，所以他其實是一個不折不扣的喇嘛，只是他有時穿著顯教的僧衣。

盡是這一些喇嘛們幹的惡事，讓正統佛教出家人蒙羞，然後又說那是佛教僧人幹的，這眞的沒天理。這眞是咱們正統佛教的無妄之災，屢次被人家誣賴是佛教幹的惡事，其實並不是眞正的佛教。這就顯示說，我們繼續救護密宗的信徒回歸正統佛教，是很重要的事情。所以說，千餘年來被這種譚崔式的假佛教籠罩這麼久，我們大家「革命尚未成功，同志仍須努力」，大家要共同一心繼續作下去！希望一百年後就可以讓他們在全球都被改稱爲「喇嘛教」，不再被人們認定是佛教。這是我們要作的很長期才能完成的大業，雖然很辛苦，但這個福德也很大，因爲我們千餘年來都沒有成功過，當然是很困難的事。我們奮鬥了一千多年，沒有成功過，四百年前在西藏是幾乎成功了，可是最後被政治力量干預，我們還是失敗了。這一回藉著資訊發達並且文獻可以保存很完整的時代背景，我們是有希望成功的，那麼復興佛教的事，大家就繼續努力吧！

我們連著三週演說這一句「忍辱心決定」，終於「過完」三大阿僧祇劫的成佛之道啦。這叫作「說的比唱的好聽」，因爲只是概略說明三大阿僧祇劫的修行過程中，「忍辱心決定」眞的很不容易，也是要讓現代佛教界處處有大師大妄語的現象漸漸消失。但是，由這三大阿僧祇劫，也就是「遠波羅蜜多、近波羅蜜多、大波羅蜜多」的修行過程，再加上最後的「百劫修相好」；

這些都要有非常堅定的意志，能夠堅忍不退排除萬難，甚至於是接受萬難，去完成這三大阿僧祇劫的見道、修道過程。這如果不是心得決定而且定力很強的話，是很難成就的，所以這個「忍辱心決定」的意涵很廣。

在這三大阿僧祇劫的成佛修行過程中，除了眾生忍之外還要有法忍，並且是三乘菩提妙法如何能夠修忍成功，使這個心得決定的力量（也就是定力）如何增長，是非常重要的。也正因爲這個定力不容易增長，所以有人若是被眾生笑一下就退失了好幾天，然後遇到某一位同修不免訴苦一番；那位同修就會罵你：「你的定力這麼差，被人家罵一罵就退失了好幾天。」終於想一想：「對啊！我的定力眞不好，要再努力修行。」然後才終於下定決心勇往直前，不管眾生怎麼罵。有一個好方法可以使自己不會退失很久，就是應當去思索：「除了成佛之道最究竟以外，三界中有哪一個法是比成佛之道更究竟的？」你可以去思惟、觀察、比對。假使退失了五分鐘、一小時、兩小時，自己這樣去觀察思惟，就不得不感嘆一聲，然後說：「除了這條路，沒有更究竟的路可以走。」因爲晚也得成佛，早也得成佛，不如趕快早一點把成佛之道完成來得更好啊！所以想一想，退失一小時、兩小時，立即又回來佛道上努力了，這樣就很不錯。

那麼能夠這樣子建立正確的觀念以後，在佛菩提道裡面就不會老是埋怨說：「眾生難度啊！妙法難修啊！」願意繼續再辛苦修學下去。人家說長痛不如短痛，對不對？三大阿僧祇劫可以完成的時程，不必拖到三十個大阿僧祇劫去；所以我們該怎麼樣快一點完成佛道，乃至化長劫入短劫更早完成，應該是比較正確的作法。這樣想以後，對於眾生忍、對於法忍，就可以有更堅強的決定力，來促使自己永不退轉、繼續努力。這意思是說，其實每一個階位都是不容易完全安忍的，都必須要有一段時間把你的定力提升起來，不斷地努力才有辦法使成佛之道的速度越來越快，所以這是很不容易的事喔！因此每一個階位都有你必須要修忍之處，每一個階位的忍這個決定力，是不是夠強？也要自己去觀察，然後自己去加強它。

那麼三大阿僧祇劫在理解上過完了，諸位也許會想說：「那麼等覺地取得色身就是要布施色身，取得財產就是要布施財產，那麼在人間生存好像很沒有意義喔？」也會覺得很痛苦，是不是？因爲「無一時非捨命時，無一處非捨身處」；也許有人會想：「菩薩眞的沒價值，隨便一個凡夫來要眼球，菩你就挖給他，要手臂就斬給他，要命就給他，菩薩好像沒有人權可言。」以現代人的觀點來講，就是人權最重要！甚至於有時狗權、牛權、貓權似乎還比人權更大，當年在印度，你開車如果不小心撞死了一條牛，那個判刑可比撞死人還重呢。同樣是過失，叫作過失殺牛；撞死人叫過失殺人，在那裡撞死牛的罪竟比撞死一般人還重。可是比起菩薩隨時隨地捨身捨財，講起來，菩薩似乎比畜生更沒有人權。畜生現在還有畜生權，如果誰家養狗而虐待狗，就會有人去檢舉，然後就要處以罰金；可是菩薩呢？只要人家開口，就把內財、外財送給人家，那眞不是人當的。那要誰來當？自然是菩薩，而且得要等覺菩薩來當。可是，諸位想起來，覺得那好像是很痛苦的事，其實心裡面不必擔心，因爲到那個時候，你不會有這個問題困擾的，因爲到等覺位時已經有無量三昧了，所以在那個時候布施內財、布施外財，其實並不怎麼困難，因此也不必擔心。只要你把三大阿僧祇劫給完成了，剩下來的「百劫修相好」，你其實都不用擔心。

這樣子，表示最後一分的忍辱完成，最後一分的心得決定也完成啦！然後就是在兜率陀天，爲眾弟子說法；觀察人間適合的因緣來下生成佛，這個就是忍辱難修的地方，因為成佛之道的全部過程中，要修的不是只有眾生忍，最難的是法忍。但是法太多、太多，很多法都是眾生難以信受的，這樣的法你真的很難為眾生解說，卻又必須逐漸為眾生解說，這也是諸位要修忍的地方。

那麼修忍的時候遇到了很難理解的眾生，你可別不耐煩，因為這也是你修法忍的時機；例如最近我遇到一個人，因為他看來壯壯的，好像是水泥工或是模板工？我不知道，因為幾乎每天都會遇見一次，就成為點頭之交；有天看見他兩腿膝蓋綁著繃帶，我就好奇問他：「你到底是怎麼了？」他說腳有問題等等，告訴我說「師父說我有業障，所以我去跟師父拜懺」等等，我說：「你的腳，狀況怎麼樣？」他就說明了一下；我說：「那好，我還有不到半罐的藥，大約這麼高的罐子，剩下不到半罐，是我平常在用的。我三、五天就吃十顆，每三、五天就吃一次，保養筋骨。」

因為我以前服兵役時當工兵，在苗栗斗煥坪基地受訓，隆冬十二月天；那時我也真是一窮二白，沒有現在的冬季內褲可以穿，就只是一條夏天穿的短內褲，外面只是一層卡其布的軍服。十二月天又比現在冷，而且在山區軍營的野外上課時冷風颼颼，吹到左邊膝蓋出問題。後來每到冬天就開始痠痛，秋天以後就不許去游泳。即使是溫水游泳池也不許游，秋天時如果去游，第二天走路就一瘸一拐的。後來我想：「醫生難道也沒辦法醫好我嗎？」吃了些藥也沒有用，我乾脆把雷公的《炮製藥性賦》拿出來，一味一味的草藥好好研究；因爲在《醫方集解》裡面有那麼多藥方，也找不到一個可以用的，因此自己找藥物，找了七、八味藥物出來；然後瞭解哪一味藥是君，哪一味是臣，哪一味是佐，哪一味是使，那份量就可以訂出來了。我就這樣自己處方，去迪化街找店家製作藥丸。我這藥一用呢，結果竟然好了！直到現在都還好好沒事。

所以我遇到那個膝痛而無法蹲下來的人，當時我問他：「你都沒去看醫生嗎？」他說：「啊！你不知道我已經花了多少錢，包括電視上很有名的女中醫，我都去看過了，她的一帖藥得要五千塊錢，可是我吃了都沒用。」我說：「這種病，不是藥貴就有用啦！」那我自己親身的體驗也就告訴他，我說：「如果你不嫌棄是我剩下的藥，待會兒我就取來送給你。」他說：「好！好！好！」我就回家取來送給他，因爲他已經走投無路了。然後我又趕快拜託一位同修，幫我到迪化街藥鋪再訂製。那是很便宜的藥，一千塊錢就有四大罐。（有用的藥，不必一定是很貴的。二十年前南投縣的竹山鎮有位老醫生，他開藥很有效，可是藥房有時不肯幫你抓藥；有時他開出一帖藥，總共只有五塊錢，老闆說：「我還不夠抓藥的工錢，不要賺這個錢。」）

經過十天，他也差不多吃完了，我昨天又遇見了，就把新製的一罐藥丸送給他，他就說：「欸！師兄！請問你姓什麼？」我說：「我姓什麼不重要啦。」「欸！我看你修得好像很好！」我說：「也不算很好，可也不很壞啦！普通啦！」（大眾笑…）「那我該怎麼稱呼你，我看你修得很好欸！那我叫你師兄好啦！」我說：「好！好！你就叫我師兄，我也稱你師兄，這樣就好。」「啊…到底你修什麼？」我說：「我修得很雜咧！我一時也不知道從何說起。」因為這個妙眞如性，對一個還在信位的初學者來說，一時還眞不知道從何說起。

然後他就說，他跟隨一位師父，那個師父臉長得圓圓的，還滿莊嚴的……。我就知道是常常在搞放生的那一位。我沒有講誰喔！（大眾笑…）都教他唸咒語。我說：「你這個病唸咒是沒有用的，你就吃這個藥。你看十天下來不就好了一半嗎？對不對？那你接下來不必每天吃四回，改為吃三回，晚上睡覺前就不用吃了。一個月以後每天吃一回就好，吃到你覺得不想吃了，就把它擺著；然後有時候三兩天想到時吃它一回，一次十顆就行了，這一生就都沒這個問題了。」他很高興說：「欸！我們師父說怎麼樣、怎麼樣……」我說：「你師父是哪一位？」他就講了名字，我說：「唉！他走到密宗去，這是個大問題，他已經出偏了！」大陸人講「出偏」，台灣人說走錯路了。我說：「你如果唸唸咒，也要選擇一下。有兩個咒他教了，你千萬別唸，一個是『六字大明咒』，另一個是『百字明』，你千萬別唸，因爲那是個雙身法的咒。」「欸！你怎麼懂這麼多，那到底是什麼意思？」我說：「是什麼意思，你現在先別問，我也不方便跟你講那麼多，反正那兩個咒都是雙身法的咒，你唸久了，未來世你就會修雙身法的。你最好是不要唸那個咒，其他的咒你愛唸就唸，無所謂啦！多念佛才是最正確的。」就這樣結束談話，我得要繼續運動去。這就是說，當他問我修什麼法時，我要怎麼說？對一個初機學人，我沒辦法跟他說。我出去會外眞的是有嘴無處說，有口難言；我到底要怎麼跟眾生說，沒辦法講。所以我通常都是針對他們的世間法，能夠幫忙就幫忙，幫不上忙也就算了。然後剩下的就是等未來的因緣，也許五十年後他就進入正覺啦！那就是要等未來的因緣，眞正的妙法太深，無法爲初機學人說。

有時候你會覺得當菩薩眞的好苦咧！找不到知音可以說，空有這麼好的法，你卻沒有知音可以講。所以我如果想要快樂，就是來正覺講堂爲你們說法；有這麼多知音可以讓我不斷地倒給你們，這就是我的法樂。如果沒有正覺講堂可以說法，我向誰說去？沒地方說囉！所以來講堂說法是快樂的時光，但遇到一般的學佛人，眞是有口難言，不知從何說起。如果有一種大神通可以像那個傀儡戲那樣：「啊！一言難盡。」然後鏗！鏗！鏗！就講完啦，那可就最好了，可惜就是沒辦法。

諸位想想看，你們從禪淨班開始學，也許再經過進階班，然後去禪三才明心，又到了增上班學到今天，你想想看：你的所知，在外面又能跟誰說？所以彌勒菩薩一千年前在人間示現爲布袋和尚時，他有兩句話說：「靑目睹人少，問路白雲頭。」寒山大士不也這麼說嗎：「無物堪比倫，教我如何說？」就是這個心境；他是那麼高的智慧，是妙覺菩薩的智慧，但他能跟誰講？在人間眞的沒有辦法跟誰講，因爲大部分人都是凡夫。難得遇到證悟的禪師才有得講，若是遇到凡夫，他根本沒辦法開口；所以 布袋和尚才說「青目睹人少」。「青目」知道嗎？人家說某某人獲得「青睞」，有沒有？青色的眼目，就是說以一種關愛的眼神來看待眾生。可是他看待眾生的時候呢，找不到什麼人懂得他的青目，所以說「青目睹人少」。眞的！人間善知識太少了，所以如果有學人想要請問佛菩提道，想要問這一條路，幾乎沒地方問咧！只好向白雲頭去問，所以叫作「問路白雲頭」。

這就可見說，實證了正法以後，你的心境是要調整的；你得要安忍於寂寞，因爲知音很少，這是你遲早會遇見的狀況。在你的家人之中，你也沒有辦法跟他們說明你的實證，到了外面也沒有辦法對別人說。所以禪師們總是抱怨：「教我向誰說？」對呀！眞的沒有辦法跟誰講。你看那 寒山、拾得兩位大士，住在國清寺裡面；拾得是 普賢大士示現，他在 寒山那家國清寺伙房裡面管生火，有時候幫忙撿菜、洗洗炊飯巾；寒山則是文殊菩薩示現，長得醜醜的，又袒露著大大的肚子，不管夏天冬天他就是那一件僧衣，肚子始終是袒露出來，也不怕下大雪，就是這樣看起來很怪的一個人。

他可能三天五天才會吃一頓飯，所以當他想要吃飯的時候，就穿著高腳木屐；當他走起路來，如果遇到石板路就發出聲音來，終於來到國清寺的伙房裡面。拾得會先把眾僧吃剩下的殘羹剩飯，把其中的湯倒掉，用個竹筒裝起剩菜剩飯，那個竹筒有穿個洞、綁了繩子，就掛在伙房裡；如果 寒山來了，拾得剛好不在，他就自己拿了，往肩上一揹就帶回寒巖去了。如果剛好拾得在，兩個人就開始聊天兒。聊什麼天兒？聊法天兒。因爲他們說的都是佛法，而且他們講話聲音還眞不小，因爲希望天人也可以聽一點。可是眾僧就是聽不懂，都不曉得他們在講什麼。他們有時因爲講得法樂無窮，兩個人就哈哈大笑。寒山大士有時候也會對著虛空謾罵，罵那一些鬼神不好好修行。

那你想，他們那個法，對於人間的凡夫眾生們要怎麼說？眞的沒辦法說，所以布袋、寒山、拾得都同樣有這個「苦悶」。但是他們心中其實沒有苦悶，我只是從一般人的立場來看他們而說眞的有苦悶。所以這個「忍」你們也得要接受，並且要習慣它。遇見眾生時，他們說：「欸！我看你好像修得很好，你到底學什麼法？」那你要嘗試從很淺的「斷三縛結」爲他說，其餘就甭講了；甚至於有些人，你還只能對他們演說次法，還談不上法。那麼前幾天我遇到的那個人只是點頭之交，我也不想暴露身分，所以就說：「你稱我師兄就好了，我學得很雜，一時也不知道要從何說起。」然後道個再見，我就繼續運動去。這意思是說，其實我們正覺這個深妙法，你很難為人說明；必須要他有因緣，然後有定期的時間，而他願意信受，願意聽你說法，你才能夠按部就班為他講解。你如果一開始就講什麼「明心見性」，他一定會罵你。他心裡第一個念頭就是：「你算老幾？」然後你如果說自己眞的開悟了，他會說你這個人是大妄語。所以你眞的很難為人說。

這是菩薩在五濁惡世時遊行人間必定會遇到的現象，這也是諸位要能夠接受的現象，不能怪人家；也別生起不耐煩的心態，要把他當作是一個初機的學人，然後我們跟他講的就是初機學人該學的次法，這樣就夠了。能夠救他們的最好方法，就是告訴他們五陰十八界的虛妄，分析給他聽；大略的說明以後，如果他能聽進去，然後你也覺得跟他有緣，再另外找時間，就是要他有很長的時間可以聽法，你才為他講這個。講這個五陰十八界虛妄，這是可以說的，其他所謂明心見性這些法，統統不許說，因為那是親教師的職權，你們都不能講。那麼你們要接受說：眾生本來就是很愚癡的。要能夠接受這一點，接受了以後你就會心安理得。當你心安理得了，那麼看到那一些凡夫大師山頭搞那麼大，心裡就不會再憤恨不平。因爲人間的眾生本來就是愚癡者佔多數，現在又不是正法時期啊！所以這都是正常的，諸位要能夠這樣修忍。這個忍是諸位眼下必須要修的，因爲你遲早要面對這種現象。那麼「忍辱心決定」就講到這裡。

接著說「端正有威德，十方佛所讚」。諸位想一想，這一段重頌講的是娑婆世界下方虛空無量無邊的菩薩眾們，他們最少是三地滿心的菩薩，這些菩薩們的得忍，各有不同的層次，最少是三地滿心的無生法忍；那麼想想看，像這樣的菩薩，在人間難得遇見一位、二位啊！在像法時期還容許幾位這樣的菩薩，末法時期你就難得遇見啦！像這樣的菩薩們福德都很廣大，智慧也很廣大，所以他們一定都很有威德。並且這樣的菩薩一定也是生得很端正，當然十方諸佛要讚歎他們啊！

接著說「善能分別說，不樂在人眾，常好在禪定，爲求佛道故，於下空中住」。這些從下方而來的無量無邊大菩薩眾們，他們都很有智慧，可以爲大眾分別種種的微妙法，都不是依文解義式的說法，也不只是略說，而是能夠廣說。「分別說」就是廣說，也就是把各個不同的法義，每一個法義都能加以分別，說明這個法義有些什麼特性？應該怎麼修？修學的條件如何？修學的過程如何？最後得到的證量是如何？他能夠爲大眾詳細分別出來。表示有很多的法是他們親自所實證的法，所以才能夠爲大眾「善能分別說」；如果不善於分別說，那結果是怎麼樣呢？就是要作筆記，一句一句寫下來，一個字一個字寫下來，然後拿著筆記爲大家唸，有很多有名的法師上電視時都是這樣；你看我們這些親教師們電視上說法，錄影時拿著我的書，看幾句以後就一直講下去了；或者用他自己寫的綱要，看一下綱要就一直講下去了。

那麼現在說他們「善能分別說」，卻沒有在人間說法，因爲他們那裡有很多菩薩，各自所知可以說給別人聽，而且都是菩薩摩訶薩，都是三地滿心以上的菩薩。那他們這種人都是有一個特性——「不樂在人眾，常好在禪定」；假使有一位同修一天到晚打電話找你說：「欸！我們來泡茶吧！」那你就知道他的禪定一定修不好，因爲他都在攀緣。如果你偶然去拜訪他，或他偶然來拜訪你，順便泡茶，不管是兩泡、三泡茶，或者換了茶葉再泡，再泡上幾泡也沒關係，因爲見面是論法。但不是三天兩頭就來泡茶論法，那你就知道他的禪定基礎是不錯的，因爲他不愛樂攀緣。如果喜歡攀緣，他的定力一定不好；這時說的定，不是指心得決定那個定力，而是指禪定的定力。所以下方來的這些菩薩摩訶薩們都不喜歡攀緣，他們最喜歡的就是住於禪定境界之中，總是靜心在禪定上繼續用功、繼續深入。

接著下兩句就好像有一點矛盾了：「爲求佛道故，於下空中住。」這到底有沒有矛盾？其實沒有。爲什麼沒有？因爲前兩句講的是他們的心性，如果不愛樂禪定，喜歡攀緣，他們以三地滿心的證量來人間時，一定每天都被人家崇拜；因爲他們四禪八定具足又有無生法忍、又有四無量心，諸天天主都得恭敬他們；他們又有五神通，意生身來來去去。那麼當他們在人間時，哪個佛弟子是最有名氣的、徒眾最多的，就每天晚上入夢去爲他說說法；要是對方不聽，每天夢裡就甩他幾個耳光，叫他乖乖聽。那麼就能一個又一個大師都降伏下來，那他不是在人間成爲至尊了嗎？假使菩薩哪一天說：「我要辦一個超大型的演講，巨蛋太小了，我要借用某某廣場可以容納幾萬個人，你們每一個大師至少給我帶一萬人來聽。」他們就乖乖帶人來啦！不是嗎？當然是啦！

可是他們會這樣作嗎？絕對不可能，因爲這種人是「常好在禪定」的人，絕對不愛攀緣；三地滿心的菩薩們對這些都是棄如敝屣，看待這種世間法有如破草鞋一般，根本就不想攀緣。只有這樣的人，修道才會進展快速；對於世間的名、眷屬、財利、權位，根本不看在眼裡。如果不是必要，才不想來人間。因爲他們的心性就是這個樣子，是寂靜的、是不愛攀緣的，所以他們才能夠修到三地滿心以上的證量；如果愛攀緣的人，一天到晚在人我是非裡面轉來轉去，什麼時候才能夠修到他們那個境界？很困難的！

那麼這樣看來，是不是說，在人間努力攝受大眾的咱們，好像是吃了很大虧，是不是？沒有！因爲咱們欠缺的就是往上提昇的福德資糧，所以我們得要繼續在人間，而人間是修集福德資糧的最好處所。爲什麼最好修集？因爲人間——特別是五濁惡世的人間，眾生很難度；你如果能夠度得一個人，福德大得不得了。佛陀講過：度一萬個人成爲聲聞初果，不如度一個人成二果人；乃至度一萬個人成三果人，不如度一個人成阿羅漢；可是度得一萬個阿羅漢，不如度一個菩薩發菩提心，也就是發起四宏誓願，歸依大乘三寶；那麼度一萬個人發菩提心，不如度一個人開悟明心。那你們想一想，你在人間利樂眾生，也幫助人家進了同修會，終於後來他也證悟了；雖然不是你親自調教的，但他是你帶進來的，那麼他的親教師度了他去禪三又開悟了，這一分福德你也有分啊！因爲是你引進的。這個福德就算萬分之一好啦！那相當於度多少人成阿羅漢？你想想看啊！度一萬個人成阿羅漢，不如度一個人發菩提心；度一萬個人發菩提心，不如度一個人開悟，那你想一想就知道自己的福德有多大！那你如果寫書度了人或者寫文章度了人，或者作了許多事情度了人，這都是跟會裡的親教師們結成一個善淨的共業，他們度化有情的所有福德，你全都有分。

甚至於我們買台中講堂時，你也去作義工；當台中講堂裝修好了以後，親教師們在台中講堂度的人後來上山打三開悟了，你也有一分功德、福德啊！這就是修集福德啊！這個福德說之爲「福德多」，因爲這個福德沒有福德；爲什麼沒有福德？因爲這個福德不是世間福德，所以「這個福德即非福德，是名福德多」，《金剛經》早就這樣講過啦！你可別忘了，學了要會用。而你去作了那個義工，那個講堂是一直都存在，會一批人又一批人不斷地度，在那裡上課的人越多，你的福德就越多；因爲那個講堂是你參與而裝修起來的，你去幫忙過了，所以那個福德你也有一分。

所以說，很多事情要如實瞭解並不容易；但是今天諸位要瞭解，正因為是五濁惡世，所以我們要在這裡修行；正因為我們福德不夠，所以我們越發要在五濁惡世修行來度別人——自度也度他人。如果你的福德夠多了，就可以跟他們在娑婆世界下方虛空中住，去學更深的法；因為福德不夠，所以我們就留在人間繼續努力。至於該怎麼樣成為他們那個境界呢？就是先要作到前面兩句「不樂在人眾，常好在禪定」；就是心性該怎麼樣去轉變：「我要把所有的時間，除了生活上謀生必須使用的時間以外，全部用來修集福德，幫助我成就佛菩提道。」能夠這樣作的時候，福德夠了，你的心性就跟他們一樣啦：「不樂在人眾，常好在禪定。」

（未完，詳續第十五輯中續說。）

佛菩提二主要道次第概要表——二道並修，以外無別佛法

佛菩提道——大菩提道

遠波羅蜜多

十信位修集信心——一劫乃至一萬劫

資糧位

初住位修集布施功德（以財施為主）。
二住位修集持戒功德。
三住位修集忍辱功德。
四住位修集精進功德。
五住位修集禪定功德。
六住位修集般若功德（熏習般若中觀及斷我見，加行位也）。

外門廣修六度萬行

見道位

七住位明心般若正觀現前，親證本來自性清淨涅槃。
八住位起於一切法現觀般若中道。漸除性障。
十住位眼見佛性，世界如幻觀成就。

一至十行位，於廣行六度萬行中，依般若中道慧，現觀陰處界猶如陽焰，至第十行滿心位，陽焰觀成就。

一至十迴向位熏習一切種智；修除性障，唯留最後一分思惑不斷。第十迴向滿心位成就菩薩道如夢觀。

內門廣修六度萬行

初地：第十迴向位滿心時，成就道種智一分（八識心王一一親證後，領受五法、三自性、七種第一義、七種性自性、二種無我法）復由勇發十無盡願，成通達位菩薩。復又永伏性障而不具斷，能證慧解脫而不取證，由大願故留惑潤生。此地主修法施波羅蜜多及百法明門。證「猶如鏡像」現觀，故滿初地心。

二地：初地功德滿足以後，再成就道種智一分而入二地；主修戒波羅蜜多及一切種智。滿心位成就「猶如光影」現觀，戒行自然清淨。

解脫道：二乘菩提

斷三縛結，成初果解脫 ←

薄貪瞋癡，成二果解脫 ←

斷五下分結，成三果解脫 ←

入地前的四加行令煩惱障現行悉斷，成四果解脫，留惑潤生。分段生死已斷，煩惱障習氣種子開始斷除，兼斷無始無明上煩惱。

近波羅蜜多

修道位

三地：二地滿心再證道種智一分，故入三地。此地主修忍波羅蜜多及四禪八定、四無量心、五神通。能成就俱解脫果而不取證，留惑潤生。滿心位成就「猶如谷響」現觀及無漏妙定意生身。

四地：由三地再證道種智一分故入四地。主修精進波羅蜜多，於此土及他方世界廣度有緣，無有疲倦。進修一切種智，滿心位成就「如水中月」現觀。

五地：由四地再證道種智一分故入五地。主修禪定波羅蜜多及一切種智，斷除下乘涅槃貪。滿心位成就「變化所成」現觀。

六地：由五地再證道種智一分故入六地。此地主修般若波羅蜜多——依道種智現觀十二因緣一一有支及意生身化身，皆自心眞如變化所現，「非有似有」，成就細相觀，不由加行而自然證得滅盡定，成俱解脫大乘無學。

七地：由六地「非有似有」現觀，再證道種智一分故入七地。此地主修一切種智及方便波羅蜜多，由重觀十二有支一一支中之流轉門及還滅門一切細相，成就方便善巧，念念隨入滅盡定。滿心位證得「如犍闥婆城」現觀。

七地滿心斷除故意保留之最後一分思惑時，煩惱障所攝色、受、想三陰有漏習氣種子全部斷盡。

大波羅蜜多

八地：由七地極細相觀成就故再證道種智一分而入八地。此地主修一切種智及願波羅蜜多。至滿心位純無相觀任運恆起，故於相土自在，滿心位復證「如實覺知諸法相意生身」故。

九地：由八地再證道種智一分故入九地。主修力波羅蜜多及一切種智，成就四無礙，滿心位證得「種類俱生無行作意生身」。

十地：由九地再證道種智一分故入此地。此地主修一切種智——智波羅蜜多。滿心位起大法智雲，及現起大法智雲所含藏種種功德，成受職菩薩。

等覺：由十地道種智成就故入此地。此地應修一切種智，圓滿等覺地無生法忍；於百劫中修集極廣大福德，以之圓滿三十二大人相及無量隨形好。

煩惱障所攝行、識二陰無漏習氣種子任運漸斷，所知障所攝上煩惱任運漸斷。

圓滿波羅蜜多

究竟位

妙覺：示現受生人間已斷盡煩惱障一切習氣種子，並斷盡所知障一切隨眠，永斷變易生死無明，成就大般涅槃，四智圓明。人間捨壽後，報身常住色究竟天利樂十方地上菩薩；以諸化身利樂有情，永無盡期，成就究竟佛道。

斷盡變易生死
成就大般涅槃

圓滿成就究竟佛果

佛子蕭平實 謹製
（二〇〇九、〇二 修訂）
（二〇一二、〇二 增補）

佛教正覺同修會〈修學佛道次第表〉

第一階段

* 以憶佛及拜佛方式修習動中定力。
* 學第一義佛法及禪法知見。
* 無相拜佛功夫成就。
* 具備一念相續功夫—動靜中皆能看話頭。
* 努力培植福德資糧，勤修三福淨業。

第二階段

* 參話頭，參公案。
* 開悟明心，一片悟境。
* 鍛鍊功夫求見佛性。
* 眼見佛性〈餘五根亦如是〉親見世界如幻，成就如幻觀。
* 學習禪門差別智。
* 深入第一義經典。
* 修除性障及隨分修學禪定。
* 修證十行位陽焰觀。

第三階段

* 學一切種智真實正理—楞伽經、解深密經、成唯識論…。
* 參究末後句。
* 解悟末後句。
* 透牢關—親自體驗所悟末後句境界，親見實相，無得無失。
* 救護一切眾生迴向正道。護持了義正法，修證十迴向位如夢觀。
* 發十無盡願，修習百法明門，親證猶如鏡像現觀。
* 修除五蓋，發起禪定。持一切善法戒。親證猶如光影現觀。
* 進修四禪八定、四無量心、五神通。進修大乘種智，求證猶如谷響現觀。

佛教正覺同修會 共修現況 及 招生公告 2022/03/07

一、共修現況：（請在共修時間來電，以免無人接聽。）

台北正覺講堂 103 台北市承德路三段 277 號九樓 捷運淡水線圓山站旁
Tel..總機 02-25957295（晚上）（**分機：九樓**辦公室 10、11；知客櫃檯 12、13。 **十樓**知客櫃檯 15、16；書局櫃檯 14。 **五樓**辦公室 18；知客櫃檯 19。**二樓**辦公室 20；知客櫃檯 21。）
Fax..25954493

第一講堂 台北市承德路三段 277 號九樓

禪淨班：週一晚班、週三晚班、週四晚班、週五晚班、週六下午班、週六上午班（共修期間二年半，全程免費。皆須報名建立學籍後始可參加共修，欲報名者詳見本公告末頁。）

增上班：成唯識論釋：單週六晚班。雙週六晚班（重播班）。17.50～20.50。平實導師講解，2022 年 2 月末開講，預定六年內講完，僅限已明心之會員參加。

禪門差別智：每月第一週日全天 平實導師主講（事冗暫停）。

解深密經詳解 本經從六度波羅蜜多談到八識心王，再詳論大乘見道所證眞如，然後論及悟後進修的相見道位所觀七眞如，以及入地後的十地所修，乃至成佛時的四智圓明一切種智境界，皆是可修可證之法，流傳至今依舊可證，顯示佛法眞是義學而非玄談，淺深次第皆所論及之第一義諦妙義。已於 2021 年三月下旬起開講，由平實導師詳解。每逢週二晚上開講，第一至第六講堂都可同時聽聞，歡迎菩薩種性學人，攜眷共同參與此殊勝法會現場聞法，不限制聽講資格。本會學員憑上課證進入第一至第四講堂聽講，會外學人請以身分證件換證進入聽講（此爲大樓管理處安全管理規定之要求，敬請諒解）；第五及第六講堂（B1、B2）對外開放，不需出示任何證件，請由大樓側門直接進入。

第二講堂 台北市承德路三段 267 號十樓。

禪淨班：週一晚班。

進階班：週三晚班、週四晚班、週五晚班、週六早班、週六下午班。禪淨班結業後轉入共修。

增上班：成唯識論釋：單週六晚班，影音同步傳播。雙週六晚班（重播班）

解深密經詳解：平實導師講解。每週二 18.50~20.50 影像音聲即時傳輸。

第三講堂 台北市承德路三段 277 號五樓。

禪淨班：週六下午班。

增上班：成唯識論釋：單週六晚班，影音同步傳播。雙週六晚班（重播班）

進階班：週一晚班、週三晚班、週四晚班、週五晚班。

解深密經詳解：平實導師講解。每週二 18.50~20.50 影像音聲即時傳輸。

第四講堂　台北市承德路三段 267 號二樓。

進階班：週一晚班、週三晚班、週四晚班（禪淨班結業後轉入共修）。

解深密經詳解：平實導師講解。每週二 18.50~20.50 影像音聲即時傳輸。

第五、第六講堂

念佛班　每週日晚上，第六講堂共修（B2），一切求生極樂世界的三寶弟子皆可參加，不限制共修資格。

進階班：週一晚班、週三晚班、週四晚班。

解深密經詳解：平實導師講解。每週二 18.50~20.50 影像音聲即時傳輸。第五、第六講堂為**開放式講堂**，不需以身分證件換證即可進入聽講，台北市承德路三段 267 號地下一樓、地下二樓。每逢週二晚上講經時段開放給會外人士自由聽經，請由大樓側面梯階逕行進入聽講。**聽講者請尊重講者的著作權及肖像權，請勿錄音錄影，以免違法；若有錄音錄影被查獲者，將依法處理。**

第七講堂　台北市承德路三段 267 號六樓。

進階班：週一晚班、週三晚班、週四晚班（禪淨班結業後轉入共修）。

增上班：成唯識論釋：單週六晚班，影音同步傳播。雙週六晚班（重播班）

解深密經詳解：平實導師講解。每週二 18.50~20.50 影像音聲即時傳輸。

正覺祖師堂　大溪區美華里信義路 650 巷坑底 5 之 6 號（台 3 號省道 34 公里處　妙法寺對面斜坡道進入）電話 03-3886110　傳眞 03-3881692 本堂供奉　克勤圓悟大師，專供會員每年四月、十月各三次精進禪三共修，兼作本會出家菩薩掛單常住之用。開放參訪日期請參見本會公告。教內共修團體或道場，得另申請其餘時間作團體參訪，務請事先與常住確定日期，以便安排常住菩薩接引導覽，亦免妨礙常住菩薩之日常作息及修行。

桃園正覺講堂（第一、第二講堂）：桃園市介壽路 286、288 號 10 樓（陽明運動公園對面）電話：03-3749363（請於共修時聯繫，或與台北聯繫）

禪淨班：週一晚班（1）、週一晚班（2）、週三晚班、週四晚班、週五晚班。

進階班：週四晚班、週五晚班、週六上午班。

增上班：成唯識論釋。雙週六晚班（增上重播班）。

解深密經詳解：平實導師講解。每週二晚上，以台北正覺講堂所錄 DVD 放映；歡迎會外學人共同聽講，不需出示身分證件。

新竹正覺講堂　新竹市東光路 55 號二樓之一　電話 03-5724297（晚上）

第一講堂：

禪淨班：週五晚班。

進階班：週三晚班、週四晚班、週六上午班。由禪淨班結業後轉入共修

增上班：成唯識論釋。單週六晚班。雙週六晚班（重播班）。

解深密經詳解：平實導師講解。每週二晚上，以台北正覺講堂所錄 DVD 放映。歡迎會外學人共同聽講，不需出示身分證件。

第二講堂：

禪淨班：週一晚班、週三晚班、週四晚班、週六上午班。

解深密經詳解：每週二晚上與第一講堂同步播放講經 DVD。

第三、第四講堂：裝修完畢，已經啓用。

台中正覺講堂　04-23816090（晚上）

第一講堂　台中市南屯區五權西路二段 666 號 13 樓之四（國泰世華銀行樓上。鄰近縣市經第一高速公路前來者，由五權西路交流道可以快速到達，大樓旁有停車場，對面有素食館）。

禪淨班：週四晚班、週五晚班。

進階班：週一晚班、週三晚班、週六上午班（由禪淨班結業後轉入共修）。

增上班：**成唯識論釋**。單週六晚班。雙週六晚班（重播班）。

解深密經詳解：平實導師講解。每週二晚上，以台北正覺講堂所錄 DVD 放映。歡迎會外學人共同聽講，不需出示身分證件。

第二講堂　台中市南屯區五權西路二段 666 號 4 樓

禪淨班：週一晚班、週三晚班。

第三講堂台中市南屯區五權西路二段 666 號 4 樓

禪淨班：週一晚班。

第四講堂台中市南屯區五權西路二段 666 號 4 樓。

進階班：週一晚班、週四晚班、週六上午班，由禪淨班結業後轉入共修

解深密經詳解：每週二晚上與第一講堂同步播放講經 DVD。

嘉義正覺講堂　嘉義市友愛路 288 號八樓之一　電話：05-2318228

第一講堂：

禪淨班：週四晚班、週五晚班、週六上午班。

進階班：週一晚班、週三晚班（由禪淨班結業後轉入共修）。

增上班：**成唯識論釋**。單週六晚班。雙週六晚班（重播班）。

解深密經詳解：平實導師講解。每週二晚上，以台北正覺講堂所錄 DVD 放映。歡迎會外學人共同聽講，不需出示身分證件。

第二講堂　嘉義市友愛路 288 號八樓之二。

第三講堂　嘉義市友愛路 288 號四樓之七。

禪淨班：週一晚班、週三晚班。

台南正覺講堂

第一講堂　台南市西門路四段 15 號 4 樓。06-2820541（晚上）

禪淨班：週一晚班、週三晚班、週四晚班、週五晚班、週六下午班。

增上班：**成唯識論釋**。單週六晚班。雙週六晚班（重播班）。

解深密經詳解：平實導師講解。每週二晚上，以台北正覺講堂所錄 DVD 放映。歡迎會外學人共同聽講，不需出示身分證件。

第二講堂　台南市西門路四段 15 號 3 樓。

解深密經詳解：每週二晚上與第一講堂同步播放講經 DVD。

第三講堂　台南市西門路四段 15 號 3 樓。

進階班：週一晚班、週三晚班、週四晚班、週五晚班（由禪淨班結業後轉入共修）。

解深密經詳解：每週二晚上與第一講堂同步播放講經 DVD。

高雄正覺講堂　高雄市新興區中正三路 45 號五樓 07-2234248（晚上）

第一講堂（五樓）：

禪淨班：週一晚班、週三晚班、週四晚班、週五晚班、週六上午班。

增上班：**成唯識論釋**。單週六晚班。雙週六晚班（重播班）。

解深密經詳解：平實導師講解。每週二晚上，以台北正覺講堂所錄 DVD 放映。歡迎會外學人共同聽講，不需出示身分證件。

第二講堂（四樓）：

進階班：週三晚班、週四晚班、週六上午班（由禪淨班結業後轉入共修）。

解深密經詳解：每週二晚上與第一講堂同步播放講經 DVD。

第三講堂（三樓）：

進階班：週四晚班（由禪淨班結業後轉入共修）。

香港正覺講堂

香港新界葵涌打磚坪街 93 號維京科技商業中心A 座 18 樓。

電話：(852) 23262231

英文地址：18/F, Tower A, Viking Technology & Business Centre, 93 Ta Chuen Ping Street, Kwai Chung, N.T., Hong Kong.

禪淨班：雙週六下午班、雙週日下午班、單週六下午班、單週日下午班

進階班：雙週五晚上班、雙週日早上班（由禪淨班結業後轉入共修）。

增上班：每月第一週週日，以台北增上班課程錄成 DVD 放映之。

增上重播班：每月第一週週六，以台北增上班課程錄成 DVD 放映之。

大法鼓經詳解：平實導師講解。每週六、日 19:00～21:00，以台北正覺講堂所錄 DVD 放映；歡迎會外學人共同聽講，不需出示身分證件。

二、招生公告 本會台北講堂及全省各講堂、香港講堂，每逢四月、十月下旬開新班，每週共修一次（每次二小時。開課日起三個月內仍可插班）；但美國洛杉磯共修處之禪淨班得隨時插班共修。各班共修期間皆爲二年半，全程免費，欲參加者請向本會函索報名表（各共修處皆於共修時間方有人執事，非共修時間請勿電詢或前來洽詢、請書），或直接從本會官方網站(http://www.enlighten.org.tw/newsflash/class)或成佛之道網站下載報名表。共修期滿時，若經報名禪三審核通過者，可參加四天三夜之禪三精進共修，有機會明心、取證如來藏，發起般若實相智慧，成爲實義菩薩，脫離凡夫菩薩位。

三、新春禮佛祈福 農曆年假期間停止共修：自農曆新年前七天起停止共修與弘法，正月 8 日起回復共修、弘法事務。新春期間正月初一～初七 9.00～17.00 開放台北講堂、正月初一~初三開放新竹、台中、嘉義、台南、高雄講堂，以及大溪禪三道場（正覺祖師堂），方便會員供佛、祈福及會外人士請書。美國洛杉磯共修處之休假時間，請逕詢該共修處。

密宗四大派修雙身法，是外道性力派的邪法；又以生滅的識陰作為常住法，是常見外道，是假的藏傳佛教。

西藏覺囊巴以他空見弘揚第八識如來藏勝法，才是真藏傳佛教

佛教正覺同修會　弘法行事表　2022/04/25

1、**禪淨班**　以無相念佛及拜佛方式修習動中定力，實證一心不亂功夫。傳授解脫道正理及第一義諦佛法，以及參禪知見。共修期間：二年六個月。每逢四月、十月開新班，詳見招生公告表。

2、**進階班**　禪淨班畢業後得轉入此班，進修更深入的佛法，期能證悟明心。各地講堂各有多班，繼續深入佛法、增長定力，悟後得轉入增上班修學道種智，期能證得無生法忍。

3、**增上班 成唯識論**詳解　詳解八識心王的唯識性、唯識相、唯識位，分說八識心王及其心所各別的自性、所依、所緣、相應心所、行相、功用等，並闡述緣生諸法的四緣：因緣、等無間緣、所緣緣、增上緣等四緣，並論及十因五果等。論中闡釋**佛法實證及成就的根本法即是第八識，由第八識成就三界世間及出世間的一切染淨諸法，方有成佛之道可修、可證、可成就，名爲圓成實性**。然後詳解末法時代學人極易混淆的見道位所函蓋的眞見道、相見道、通達位等內容，指正末法時代高慢心一類學人，於見道位前後不斷所墮的同一邪謬處。末後開示修道位的十地之中，各地所應斷的二愚及所應證的一智，乃至佛位的四智圓明及具足四種涅槃等一切種智之眞實正理。由平實導師講述，每逢一、三、五週之週末晚上開示，每逢二、四週之週末爲重播班，供作後悟之菩薩補聞所未聽聞之法。增上班課程僅限已明心之會員參加。未來每逢講完十分之一內容時，便予出書流通；總共十輯，敬請期待。（註：《瑜伽師地論》從 2003 年二月開講，至 2022 年 2 月 19 日已經圓滿，爲期 18 年整。）

4、**解深密經**詳解　本經所說妙法極爲甚深難解，非唯論及佛法中心主旨的八識心王及般若實證之標的，亦論及眞見道之後轉入相見道位中應該修學之法，即是七眞如之觀行內涵，然後始可入地。亦論及見道之後，如何與解脫及佛菩提智相應，兼論十地進修之道，末論如來法身及四智圓明的一切種智境界。如是眞見道、相見道、諸地修行之義，傳至今時仍然可證，顯示佛法眞是義學而非玄談或思想，有實證之標的與內容，非學術界諸思惟研究者之所能到，乃是離言絕句之第八識第一義諦妙義。重講本經之目的，在於令諸已悟之人明解大乘佛法之成佛次第，以及悟後進修一切種智之內涵，確實證知三種自性性，並得據此證解七眞如、十眞如等正理，成就三無性的境界。已於 2021 年三月下旬起每逢週二的晚上公開宣講，由平實導師詳解。不限制聽講資格。

5、**精進禪三**　主三和尚：平實導師。於四天三夜中，以克勤圓悟大師及大慧宗杲之禪風，施設機鋒與小參、公案密意之開示，幫助會員剋期取證，親證不生不滅之眞實心——人人本有之如來藏。每年四月、十月各舉辦三個梯次；平實導師主持。僅限本會會員參加禪淨班共修期滿，報名審核通過者，方可參加。並選擇會中定力、慧力、福德三條件皆已具足之已明心會員，給以指引，令得眼見自己無形無相之佛性遍佈山河大地，眞實而無障礙，得以肉眼現觀世界身心悉皆如幻，具足成就如幻觀，圓滿十住菩薩之證境。

6、**阿含經**詳解　選擇重要之阿含部經典，依無餘涅槃之實際而加以詳解，令大眾得以現觀諸法緣起性空，亦復不墮斷滅見中，顯示經中所隱說之涅槃實際—如來藏—確實已於四阿含中隱說；令大眾得以聞後觀行，確實斷除我見乃至我執，證得**見到**眞現觀，乃至**身證**……等眞現觀；已得大乘或二乘見道者，亦可由此聞熏及聞後之觀行，除斷我所之貪著，成就慧解脫果。由平實導師詳解。不限制聽講資格。

7、**精選如來藏系經典**詳解　精選如來藏系經典一部，詳細解說，以此完全印證會員所悟如來藏之眞實，得入不退轉住。另行擇期詳細解說之，由平實導師講解。僅限已明心之會員參加。

8、**禪門差別智**　藉禪宗公案之微細淆訛難知難解之處，加以宣說及剖析，以增進明心、見性之功德，啓發差別智，建立擇法眼。每月第一週日全天，由平實導師開示，僅限破參明心後，復又眼見佛性者參加(事冗暫停)。

9、**枯木禪**　先講智者大師的《小止觀》，後說《釋禪波羅蜜》，詳解四禪八定之修證理論與實修方法，細述一般學人修定之邪見與岔路，及對禪定證境之誤會，消除枉用功夫、浪費生命之現象。已悟般若者，可以藉此而實修初禪，進入大乘通教及聲聞教的三果心解脫境界，配合應有的大福德及後得無分別智、十無盡願，即可進入初地心中。親教師：平實導師。未來緣熟時將於正覺寺開講。不限制聽講資格。

註：本會例行年假，自 2004 年起，改爲每年農曆新年前七天開始停息弘法事務及共修課程，農曆正月 8 日回復所有共修及弘法事務。新春期間（每日 9.00~17.00）開放台北講堂，方便會員禮佛祈福及會外人士請書。大溪區的正覺祖師堂，開放參訪時間，詳見〈正覺電子報〉或成佛之道網站。本表得因時節因緣需要而隨時修改之，不另作通知。

佛教正覺同修會　贈閱書籍 目錄　2021/8/30

1.**無相念佛**　平實導師著　回郵 36 元
2.**念佛三昧修學次第**　平實導師述著　回郵 52 元
3.**正法眼藏—護法集**　平實導師述著　回郵 76 元
4.**真假開悟簡易辨正法＆佛子之省思**　平實導師著　回郵 26 元
5.**生命實相之辨正**　平實導師著　回郵 31 元
6.**如何契入念佛法門**（附：印順法師否定極樂世界）平實導師著　回郵 26 元
7.**平實書箋**—答元覽居士書　平實導師著　回郵 52 元
8.**三乘唯識**—如來藏系經律彙編　平實導師編　回郵 80 元
（精裝本　長 27 cm　寬 21 cm　高 7.5 cm　重 2.8 公斤）
9.**三時繫念全集**—修正本　回郵掛號 52 元（長 26.5 cm×寬 19 cm）
10.**明心與初地**　平實導師述　回郵 31 元
11.**邪見與佛法**　平實導師述著　回郵 36 元
12.**甘露法雨**　平實導師述　回郵 36 元
13.**我與無我**　平實導師述　回郵 36 元
14.**學佛之心態**—修正錯誤之學佛心態始能與正法相應　孫正德老師著 回郵52元
附錄：平實導師著**《略說八、九識並存…等之過失》**
15.**大乘無我觀**—《悟前與悟後》別說　平實導師述著　回郵 36 元
16.**佛教之危機**—中國台灣地區現代佛教之真相（附錄：公案拈提六則）
平實導師著　回郵 52 元
17.**燈　影**—燈下黑（覆「求教後學」來函等）平實導師著　回郵 76 元
18.**護法與毀法**—覆上平居士與徐恒志居士網站毀法二文
張正圜老師著　回郵 76 元
19.**淨土聖道**—兼評**選擇本願念佛**　正德老師著　**由正覺同修會購贈** 回郵 52 元
20.**辨唯識性相**—對「紫蓮心海《辯唯識性相》書中否定阿賴耶識」之回應
正覺同修會 台南共修處法義組 著　回郵 52 元
21.**假如來藏**—對法蓮法師《如來藏與阿賴耶識》書中否定阿賴耶識之回應
正覺同修會 台南共修處法義組 著　回郵 76 元
22.**入不二門**—公案拈提集錦 第一輯（於平實導師公案拈提諸書中選錄約二十則，
合輯爲一冊流通之）平實導師著　回郵 52 元
23.**真假邪說**—西藏密宗索達吉喇嘛《破除邪說論》真是邪說
釋正安法師著　上、下冊回郵各 52 元
24.**真假開悟**—真如、如來藏、阿賴耶識間之關係　平實導師述著　回郵 76 元
25.**真假禪和**—辨正釋傳聖之謗法謬說　孫正德老師著　回郵 76 元
26.**眼見佛性**—駁慧廣法師**眼見佛性的含義**文中謬說
游正光老師著　回郵 52 元

27.**普門自在**—公案拈提集錦 第二輯（於平實導師公案拈提諸書中選錄約二十則，合輯爲一冊流通之）平實導師著　回郵52元

28.**印順法師的悲哀**—以現代禪的質疑為線索　恒毓博士著　回郵52元

29.**識蘊真義**—現觀識蘊內涵、取證初果、親斷三縛結之具體行門。

—依《成唯識論》及《惟識述記》正義，略顯安慧《大乘廣五蘊論》之邪謬　平實導師著　回郵76元

30.**正覺電子報**　各期紙版本　免附回郵　每次最多函索三期或三本。（已無存書之較早各期，不另增印贈閱）

31.**現代人應有的宗教觀**　蔡正禮老師 著　回郵31元

32.**遠惑趣道**—正覺電子報般若信箱問答錄　第一輯　回郵52元

33.**遠惑趣道**—正覺電子報般若信箱問答錄　第二輯　回郵52元

34.**確保您的權益**—器官捐贈應注意自我保護　游正光老師 著　回郵31元

35.**正覺教團電視弘法三乘菩提 DVD 光碟（一）**

由正覺教團多位親教師共同講述錄製 DVD 8 片，MP3 一片，共 9 片。有二大講題：一爲「三乘菩提之意涵」，二爲「學佛的正知見」。內容精闢，深入淺出，精彩絕倫，幫助大眾快速建立三乘法道的正知見，免被外道邪見所誤導。有志修學三乘佛法之學人不可不看。（製作工本費100元，回郵 52元）

36.**正覺教團電視弘法 DVD 專輯（二）**

總有二大講題：一爲「三乘菩提之念佛法門」，一爲「學佛正知見（第二篇）」，由正覺教團多位親教師輪番講述，內容詳細闡述如何修學念佛法門、實證念佛三昧，以及學佛應具有的正確知見，可以幫助發願往生西方極樂淨土之學人，得以把握往生，更可令學人快速建立三乘法道的正知見，免於被外道邪見所誤導。有志修學三乘佛法之學人不可不看。（一套17片，工本費160元。回郵 76元）

37.**喇嘛性世界**—揭開假藏傳佛教譚崔瑜伽的面紗　張善思 等人合著　由正覺同修會購贈　回郵52元

38.**假藏傳佛教的神話**—性、謊言、喇嘛教　張正玄教授編著　由正覺同修會購贈　回郵52元

39.**隨 緣**—理隨緣與事隨緣　平實導師述　回郵52元。

40.**學佛的覺醒**　正枝居士 著　回郵52元

41.**導師之真實義**　蔡正禮老師 著　回郵31元

42.**淺談達賴喇嘛之雙身法**—兼論解讀「密續」之達文西密碼　吳明芷居士 著　回郵31元

43.**魔界轉世**　張正玄居士 著　回郵31元

44.**一貫道與開悟**　蔡正禮老師 著　回郵31元

45.**博愛**—愛盡天下女人　正覺教育基金會 編印　回郵36元

46.**意識虛妄經教彙編**—實證解脫道的關鍵經文　正覺同修會編印　回郵36元

47.**邪箭囈語**—破斥藏密外道多識仁波切《破魔金剛箭雨論》之邪說
陸正元老師著　上、下冊回郵各52元

48.**真假沙門**—依 佛聖教闡釋佛教僧寶之定義
蔡正禮老師著　俟正覺電子報連載後結集出版

49.**真假禪宗**—藉評論釋性廣《印順導師對變質禪法之批判
及對禪宗之肯定》以顯示真假禪宗
附論一：凡夫知見 無助於佛法之信解行證
附論二：世間與出世間一切法皆從如來藏實際而生而顯
余正偉老師著　俟正覺電子報連載後結集出版　回郵未定

★ 上列贈書之郵資，係台灣本島地區郵資，大陸、港、澳地區及外國地區，請另計酌增（大陸、港、澳、國外地區之郵票不許通用）。尚未出版之書，請勿先寄來郵資，以免增加作業煩擾。

★ 本目錄若有變動，唯於後印之書籍及「成佛之道」網站上修正公佈之，不另行個別通知。

函索書籍請寄：佛教正覺同修會　103台北市承德路3段277號9樓
台灣地區函索書籍者請附寄郵票，無時間購買郵票者可以等值現金抵用，但不接受郵政劃撥、支票、匯票。大陸地區得以人民幣計算，國外地區請以美元計算（請勿寄來當地郵票，在台灣地區不能使用）。欲以掛號寄遞者，請另附掛號郵資。

親自索閱：正覺同修會各共修處。　★請於共修時間前往取書，餘時無人在道場，請勿前往索取；共修時間與地點，詳見書末正覺同修會共修現況表（以近期之共修現況表爲準）。

註：正智出版社發售之局版書，請向各大書局購閱。若書局之書架上已經售出而無陳列者，請向書局櫃台指定洽購；若書局不便代購者，請於正覺同修會共修時間前往各共修處請購，正智出版社已派人於共修時間送書前往各共修處流通。 郵政劃撥購書及 大陸地區 購書，請詳別頁正智出版社發售書籍目錄最後頁之說明。

成佛之道 網站：http://www.a202.idv.tw　正覺同修會已出版之結緣書籍，多已登載於 成佛之道 網站，若住外國、或住處遙遠，不便取得正覺同修會贈閱書籍者，可以從本網站閱讀及下載。

＊＊假藏傳佛教修雙身法，非佛教＊＊

正智出版社 籌募弘法基金發售書籍目錄　2021/12/28

1.**宗門正眼**—公案拈提 第一輯 重拈　平實導師著　500 元
因重寫內容大幅度增加故，字體必須改小，並增爲 576 頁 主文 546 頁。比初版更精彩、更有內容。初版《禪門摩尼寶聚》之讀者，可寄回本公司免費調換新版書。免附回郵，亦無截止期限。（2007 年起，每冊附贈本公司精製公案拈提〈超意境〉CD 一片。市售價格 280 元，多購多贈。）
2.**禪淨圓融**　平實導師著　200 元（第一版舊書可換新版書。）
3.**真實如來藏**　平實導師著　400 元
4.**禪—悟前與悟後**　平實導師著　上、下冊，每冊 250 元
5.**宗門法眼**—公案拈提 第二輯　平實導師著　500 元
（2007 年起，每冊附贈本公司精製公案拈提〈超意境〉CD 一片）
6.**楞伽經詳解**　平實導師著　全套共 10 輯　每輯 250 元
7.**宗門道眼**—公案拈提 第三輯　平實導師著　500 元
（2007 年起，每冊附贈本公司精製公案拈提〈超意境〉CD 一片）
8.**宗門血脈**—公案拈提 第四輯　平實導師著　500 元
（2007 年起，每冊附贈本公司精製公案拈提〈超意境〉CD 一片）
9.**宗通與說通**—成佛之道 平實導師著 主文 381 頁 全書 400 頁售價 300 元
10.**宗門正道**—公案拈提 第五輯　平實導師著　500 元
（2007 年起，每冊附贈本公司精製公案拈提〈超意境〉CD 一片）
11.**狂密與真密 一～四輯**　平實導師著　西藏密宗是人間最邪淫的宗教，本質不是佛教，只是披著佛教外衣的印度教性力派流毒的喇嘛教。此書中將西藏密宗密傳之男女雙身合修樂空雙運所有祕密與修法，毫無保留完全公開，並將全部喇嘛們所不知道的部分也一併公開。內容比大辣出版社喧騰一時的《西藏慾經》更詳細。並且函蓋藏密的所有祕密及其錯誤的中觀見、如來藏見……等，藏密的所有法義都在書中詳述、分析、辨正。每輯主文三百餘頁　每輯全書約 400 頁　售價每輯 300 元
12.**宗門正義**—公案拈提 第六輯　平實導師著　500 元
（2007 年起，每冊附贈本公司精製公案拈提〈超意境〉CD 一片）
13.**心經密意**—心經與解脫道、佛菩提道、祖師公案之關係與密意　平實導師述　300 元
14.**宗門密意**—公案拈提 第七輯　平實導師著　500 元
（2007 年起，每冊附贈本公司精製公案拈提〈超意境〉CD 一片）
15.**淨土聖道**—兼評「選擇本願念佛」　正德老師著　200 元
16.**起信論講記**　平實導師述著　共六輯　每輯三百餘頁　售價各 250 元
17.**優婆塞戒經講記**　平實導師述著 共八輯 每輯三百餘頁 售價各 250 元
18.**真假活佛**—略論附佛外道盧勝彥之邪說（對前岳靈犀網站主張「盧勝彥是證悟者」之修正）　正犀居士（岳靈犀）著　流通價 140 元
19.**阿含正義**—唯識學探源　平實導師著　共七輯　每輯 300 元

20.**超意境** CD 以平實導師公案拈提書中超越意境之頌詞，加上曲風優美的旋律，錄成令人嚮往的超意境歌曲，其中包括正覺發願文及平實導師親自譜成的黃梅調歌曲一首。詞曲雋永，殊堪翫味，可供學禪者吟詠，有助於見道。內附設計精美的彩色小冊，解說每一首詞的背景本事。每片 280 元。【每購買公案拈提書籍一冊，即贈送一片。】

21.**菩薩底憂鬱** CD 將菩薩情懷及禪宗公案寫成新詞，並製作成超越意境的優美歌曲。 1.主題曲〈菩薩底憂鬱〉，描述地後菩薩能離三界生死而迴向繼續生在人間，但因尚未斷盡習氣種子而有極深沈之憂鬱，非三賢位菩薩及二乘聖者所知，此憂鬱在七地滿心位方才斷盡；本曲之詞中所說義理極深，昔來所未曾見；此曲係以優美的情歌風格寫詞及作曲，聞者得以激發嚮往諸地菩薩境界之大心，詞、曲都非常優美，難得一見；其中勝妙義理之解說，已印在附贈之彩色小冊中。 2.以各輯公案拈提中直示禪門入處之頌文，作成各種不同曲風之超意境歌曲，值得玩味、參究；聆聽公案拈提之優美歌曲時，請同時閱讀內附之印刷精美說明小冊，可以領會超越三界的證悟境界；未悟者可以因此引發求悟之意向及疑情，眞發菩提心而邁向求悟之途，乃至因此眞實悟入般若，成眞菩薩。 3.正覺總持咒新曲，總持佛法大意；總持咒之義理，已加以解說並印在隨附之小冊中。本 CD 共有十首歌曲，長達 63 分鐘。每盒各附贈二張購書優惠券。每片 280 元。

22.**禪意無限** CD 平實導師以公案拈提書中偈頌寫成不同風格曲子，與他人所寫不同風格曲子共同錄製出版，幫助參禪人進入禪門超越意識之境界。盒中附贈彩色印製的精美解說小冊，以供聆聽時閱讀，令參禪人得以發起參禪之疑情，即有機會證悟本來面目而發起實相智慧，實證大乘菩提般若，能如實證知般若經中的眞實意。本 CD 共有十首歌曲，長達 69 分鐘，每盒各附贈二張購書優惠券。每片 280 元。

23.**我的菩提路**第一輯　釋悟圓、釋善藏等人合著　售價 300 元

24.**我的菩提路**第二輯　郭正益等人合著　售價 300 元

25.**我的菩提路**第三輯　王美伶等人合著　售價 300 元

26.**我的菩提路**第四輯　陳晏平等人合著　售價 300 元

27.**我的菩提路**第五輯　林慈慧等人合著　售價 300 元

28.**我的菩提路**第六輯　劉惠莉等人合著　售價 300 元

29.**我的菩提路**第七輯　余正偉等人合著　售價 300 元

30.**鈍鳥與靈龜**—考證後代凡夫對大慧宗杲禪師的無根誹謗。

平實導師著 共 458 頁 售價 350 元

31.**維摩詰經講記** 平實導師述 共六輯 每輯三百餘頁 售價各 250 元

32.**真假外道**—破劉東亮、杜大威、釋證嚴常見外道見 正光老師著 200 元

33.**勝鬘經講記**—兼論印順《勝鬘經講記》對於《勝鬘經》之誤解。

平實導師述　共六輯　每輯三百餘頁　售價 250 元

34.**楞嚴經講記** 平實導師述 共**15**輯，每輯三百餘頁 售價300元
35.**明心與眼見佛性**—駁慧廣〈蕭氏「眼見佛性」與「明心」之非〉文中謬說
正光老師著 共448頁 售價300元
36.**見性與看話頭** 黃正倖老師 著，本書是禪宗參禪的方法論。
內文375頁，全書416頁，售價300元。
37.**達賴真面目**—玩盡天下女人 白正偉老師 等著 中英對照彩色精裝大本800元
38.**喇嘛性世界**—揭開假藏傳佛教譚崔瑜伽的面紗 張善思 等人著 200元
39.**假藏傳佛教的神話**—性、謊言、喇嘛教 正玄教授編著 200元
40.**金剛經宗通** 平實導師述 共九輯 每輯售價250元。
41.**空行母**—性別、身分定位，以及藏傳佛教。
珍妮·坎貝爾著 呂艾倫 中譯 售價250元
42.**末代達賴**—性交教主的悲歌 張善思、呂艾倫、辛燕編著 售價250元
43.**霧峰無霧**—給哥哥的信 辨正釋印順對佛法的無量誤解
游宗明 老師著 售價250元
44.**霧峰無霧**—第二輯—救護佛子向正道 細說釋印順對佛法的各類誤解
游宗明 老師著 售價250元
45.**第七意識與第八意識？**—穿越時空「超意識」
平實導師述 每冊300元
46.**黯淡的達賴**—失去光彩的諾貝爾和平獎
正覺教育基金會編著 每冊250元
47.**童女迦葉考**—論呂凱文〈佛教輪迴思想的論述分析〉之謬。
平實導師 著 定價180元
48.**人間佛教**—實證者必定不悖三乘菩提
平實導師 述，定價400元
49.**實相經宗通** 平實導師述 共八輯 每輯250元
50.**真心告訴您(一)**—達賴喇嘛在幹什麼？
正覺教育基金會編著 售價250元
51.**中觀金鑑**—詳述應成派中觀的起源與其破法本質
孫正德老師著 分為上、中、下三冊，每冊250元
52.**藏傳佛教要義**—《狂密與真密》之簡體字版 平實導師 著 上、下冊
僅在大陸流通 每冊300元
53.**法華經講義** 平實導師述 共二十五輯 每輯300元
已於2015/05/31起開始出版，每二個月出版一輯
54.**西藏「活佛轉世」制度**—附佛、造神、世俗法
許正豐、張正玄老師合著 定價150元
55.**廣論三部曲** 郭正益老師著 定價150元
56.**真心告訴您(二)**—達賴喇嘛是佛教僧侶嗎？
—補祝達賴喇嘛八十大壽
正覺教育基金會編著 售價300元

57.**次法**—實證佛法前應有的條件
張善思居士著　分為上、下二冊，每冊 250 元
58.**涅槃**—解說四種涅槃之實證及內涵　平實導師著 上、下冊 各 350 元
59.**山法**—西藏關於他空與佛藏之根本論
篤補巴．喜饒堅贊著　　傑弗里．霍普金斯英譯
張火慶教授、呂艾倫老師中譯　精裝大本 1200 元
60.**佛藏經講義**　平實導師述　2019 年 7 月 31 日開始出版　共 21 輯
每二個月出版一輯，每輯 300 元。
61.**成唯識論**　大唐 玄奘菩薩所著經本，重新正確斷句，並以不同字體及標點符號顯示質疑文，令得易讀。全書 288 頁，精裝大本 400 元
62.**假鋒虛焰金剛乘**—揭示顯密正理，兼破索達吉師徒《般若鋒兮金剛焰》
釋正安法師著 簡體字版 即將出版 售價未定
63.**廣論之平議**—宗喀巴《菩提道次第廣論》之平議　正雄居士著
約二或三輯　俟正覺電子報連載後結集出版　書價未定
64.**大法鼓經講義**　平實導師講述　《佛藏經講義》出版後發行，每輯 300 元
65.**不退轉法輪經講義** 平實導師講述　《大法鼓經講義》出版後發行
66.**八識規矩頌**詳解　○○居士 註解　出版日期另訂　書價未定。
67.**中觀正義**—註解平實導師《中論正義頌》。
○○法師（居士）著　出版日期未定　書價未定
68.**中論正義**—釋龍樹菩薩《中論》頌正理。
孫正德老師著　出版日期未定　書價未定
69.**成唯識論釋**—詳解大唐玄奘菩薩所著的《成唯識論》，平實導師述著。總共十輯，於每講完一輯的分量以後即予出版，預計 2022 年十月出版第一輯，以後每七個月出版一輯，每輯 400 元。
70.**中國佛教史**—依中國佛教正法史實而論。 ○○老師 著　書價未定。
71.**印度佛教史**—法義與考證。依法義史實評論印順《印度佛教思想史、佛教史地考論》之謬說　正偉老師著　出版日期未定　書價未定
72.**阿含經講記**—將選錄四阿含中數部重要經典全經講解之，講後整理出版。
平實導師述　約二輯　每輯 300 元　出版日期未定
73.**實積經講記** 平實導師述　每輯三百餘頁 優惠價 300 元 出版日期未定
74.**解深密經講義**　平實導師述 約四輯　將於重講後整理出版
75.**修習止觀坐禪法要講記**　平實導師述　每輯三百餘頁
將於正覺寺建成後重講、以講記逐輯出版　出版日期未定
76.**無門關**—《無門關》公案拈提　平實導師著　出版日期未定
77.**中觀再論**—兼述印順《中觀今論》謬誤之平議。正光老師著 出版日期未定
78.**輪迴與超度**—佛教超度法會之真義。
○○法師（居士）著　出版日期未定　書價未定
79.**《釋摩訶衍論》平議**—對偽稱龍樹所造《釋摩訶衍論》之平議
○○法師（居士）著　出版日期未定　書價未定

80.**正覺發願文**註解—以真實大願為因 得證菩提
正德老師著　出版日期未定　書價未定
81.**正覺總持咒**—佛法之總持　正圜老師著　出版日期未定　書價未定
82.**三自性**—依四食、五蘊、十二因緣、十八界法，說三性三無性。
作者未定　出版日期未定
83.**道品**—從三自性說大小乘三十七道品　作者未定　出版日期未定
84.**大乘緣起觀**—依四聖諦七真如現觀十二緣起 作者未定　出版日期未定
85.**三德**—論解脫德、法身德、般若德。　作者未定　出版日期未定
86.**真假如來藏**—對印順《如來藏之研究》謬說之平議　作者未定 出版日期未定
87.**大乘道次第**　作者未定　出版日期未定　書價未定
88.**四緣**—依如來藏故有四緣。　作者未定　出版日期未定
89.**空之探究**—印順《空之探究》謬誤之平議　作者未定 出版日期未定
90.**十法義**—論阿含經中十法之正義　作者未定　出版日期未定
91.**外道見**—論述外道六十二見　作者未定　出版日期未定

正智出版社有限公司 書籍介紹

禪淨圓融：言淨土諸祖所未曾言，示諸宗祖師所未曾示；禪淨圓融，另闢成佛捷徑，兼顧自力他力，闡釋淨土門之速行易行道，亦同時揭櫫聖教門之速行易行道；令廣大淨土行者得免緩行難證之苦，亦令聖道門行者得以藉著淨土速行道而加快成佛之時劫。乃前無古人之超勝見地，非一般弘揚禪淨法門典籍也，先讀爲快。平實導師著 200元。

宗門正眼—公案拈提第一輯：繼承克勤圜悟大師碧巖錄宗旨之禪門鉅作。先則舉示當代大法師之邪說，消弭當代禪門大師鄉愿之心態，摧破當今禪門「世俗禪」之妄談；次則旁通教法，表顯宗門正理；繼以道之次第，消弭古今狂禪；後藉言語及文字機鋒，直示宗門入處。悲智雙運，禪味十足，數百年來難得一睹之禪門鉅著也。平實導師著 500元（原初版書《禪門摩尼寶聚》，改版後補充爲五百餘頁新書，總計多達二十四萬字，內容更精彩，並改名爲《宗門正眼》，讀者原購初版《禪門摩尼寶聚》皆可寄回本公司免費換新，免附回郵，亦無截止期限）（2007年起，凡購買公案拈提第一輯至第七輯，每購一輯皆贈送本公司精製公案拈提〈超意境〉CD一片，市售價格280元，多購多贈）。

禪—悟前與悟後：本書能建立學人悟道之信心與正確知見，圓滿具足而有次第地詳述禪悟之功夫與禪悟之內容，指陳參禪中細微淆訛之處，能使學人明自眞心、見自本性。若未能悟入，亦能以正確知見辨別古今中外一切大師究係眞悟？或屬錯悟？便有能力揀擇，捨名師而選明師，後時必有悟道之緣。一旦悟道，遲者七次人天往返，便出三界，速者一生取辦。學人欲求開悟者，不可不讀。平實導師著。上、下冊共500元，單冊250元。

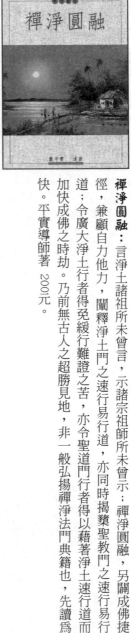

眞實如來藏：如來藏眞實存在，乃宇宙萬有之本體，並非印順法師、達賴喇嘛等人所說之「唯有名相、無此心體」。如來藏是涅槃之本際，是一切有智之人竭盡心智、不斷探索而不能得之生命實相；是古今中外許多大師自以爲悟而當面錯過之生命實相。如來藏即是阿賴耶識，乃是一切有情本自具足、不生不滅之眞實心。當代中外大師於此書出版之前所未能言者，作者於本書中盡情流露、詳細闡釋。眞悟者讀之，必能增益悟境、智慧增上；錯悟者讀之，必能檢討自己之錯誤，免犯大妄語業；未悟者讀之，能知參禪之理路，亦能以之檢查一切名師是否眞悟。此書是一切哲學家、宗教家、學佛者及欲昇華心智之人必讀之鉅著。　平實導師著　售價400元。

宗門法眼—公案拈提第二輯：列舉實例，闡釋土城廣欽老和尚之悟處；並直示這位不識字的老和尚妙智橫生之根由，繼而剖析禪宗歷代大德之開悟公案，解析當代密宗高僧卡盧仁波切之錯悟證據，並例舉當代顯宗高僧、大居士之錯悟證據（凡健在者，爲免影響其名聞利養，皆隱其名）。藉辨正當代名師之邪見，向廣大佛子指陳禪悟之正道，彰顯宗門法眼。悲勇兼出，強捋虎鬚；慈智雙運，巧探驪龍；摩尼寶珠在手，直示宗門入處，禪味十足；若非大悟徹底，不能爲之。禪門精奇人物，允宜人手一冊，供作參究及悟後印證之圭臬。本書於2008年4月改版，增寫爲大約500頁篇幅，以利學人研讀參究時更易悟入宗門正法，以前所購初版首刷及初版二刷舊書，皆可免費換取新書。平實導師著　500元（2007年起，凡購買公案拈提第一輯至第七輯，每購一輯皆贈送本公司精製公案拈提〈超意境〉CD一片，市售價格280元，多購多贈）。

宗門道眼—公案拈提第三輯：繼宗門法眼之後，再以金剛之作略、慈悲之胸懷、犀利之筆觸，舉示寒山、拾得、布袋三大士之悟處，消弭當代錯悟者對於寒山大士……等之誤會及誹謗。　亦舉出民初以來與虛雲和尚齊名之蜀郡鹽亭袁煥仙夫子——南懷瑾老師之師，其「悟處」何在？並蒐羅許多眞悟祖師之證悟公案，顯示禪宗歷代祖師之睿智，指陳部分祖師、奧修及當代顯密大師之謬悟，作爲殷鑑，幫助禪子建立及修正參禪之方向及知見。假使讀者閱此書已，一時尚未能悟，亦可一面加功用行，一面以此宗門道眼辨別眞假善知識，避開錯誤之印證及歧路，可免大妄語業之長劫慘痛果報。欲修禪宗之禪者，務請細讀。平實導師著　售價500元（2007年起，凡購買公案拈提第一輯至第七輯，每購一輯皆贈送本公司精製公案拈提〈超意境〉CD一片，市售價格280元，多購多贈）。

楞伽經詳解：本經是禪宗見道者印證所悟眞僞之根本經典，亦是禪宗見道者悟後起修之依據經典；故達摩祖師於印證二祖慧可大師之後，將此經典連同佛鉢祖衣一併交付二祖，令其依此經典佛示金言、進入修道位，修學一切種智。由此可知此經對於眞悟之人修學佛道，是非常重要之一部經典。此經能破外道邪說，亦破佛門中錯悟名師之謬說，亦破禪宗部分祖師之狂禪：不讀經典、一向主張「一悟即成究竟佛」之謬執。並開示愚夫所行禪、觀察義禪、攀緣如禪、如來禪等差別，令行者對於三乘禪法差異有所分辨；亦糾正禪宗祖師古來對於如來禪之誤解，嗣後可免以訛傳訛之弊。此經亦是法相唯識宗之根本經典，禪者悟後欲修一切種智而入初地者，必須詳讀。　平實導師著，全套共十輯，已全部出版完畢，每輯主文約320頁，每冊約352頁，定價250元。

宗門血脈—公案拈提第四輯：末法怪象—許多修行人自以爲悟，每將無念靈知認作眞實；崇尚二乘法諸師及其徒衆，則將外於如來藏之緣起性空—無因論之無常空、斷滅空、一切法空—錯認爲 佛所說之般若空性。這兩種現象已於當今海峽兩岸及美加地區顯密大師之中普遍存在；人人自以爲悟，心高氣壯，便敢寫書解釋祖師證悟之公案，大多出於意識思惟所得，言不及義，錯誤百出，因此誤導廣大佛子同陷大妄語之地獄業中而不能自知。彼等書中所說之悟處，其實處處違背第一義經典之聖言量。彼等諸人不論是否身披袈裟，都非佛法宗門血脈，或雖有禪宗法脈之傳承，亦只徒具形式；猶如螟蛉，非眞血脈，未悟得根本眞實故。禪子欲知 佛、祖之眞血脈者，請讀此書，便知分曉。平實導師著，主文452頁，全書464頁，定價500元（2007年起，凡購買公案拈提第一輯至第七輯，每購一輯皆贈送本公司精製公案拈提〈超意境〉CD一片，市售價格280元，多購多贈）。

宗通與說通：古今中外，錯誤之人如麻似粟，每以常見外道所說之靈知心，認作眞心；或妄想虛空之勝性能量爲眞如，或錯認物質四大元素藉冥性（靈知心本體）能成就吾人色身及知覺，或認初禪至四禪中之了知心爲不生不滅之涅槃心。此等皆非通宗者之見地。復有錯悟之人一向主張「宗門與教門不相干」，此即尚未通達宗門之人也。其實宗門與教門互通不二，宗門所證者乃是眞如與佛性，教門所說者乃說宗門證悟之眞如佛性，故教門與宗門不二。本書作者以宗教二門互通之見地，細說「宗通與說通」，從初見道至悟後起修之道、細說分明；並將諸宗諸派在整體佛教中之地位與次第，加以明確之教判，學人讀之即可了知佛法之梗概也。欲擇明師學法之前，允宜先讀。平實導師著，主文共381頁，全書392頁，只售成本價300元。

宗門正道—公案拈提第五輯：修學大乘佛法有二果須證—解脫果及大菩提果。二乘人不證大菩提果，唯證解脫果；此果之智慧，名爲聲聞菩提、緣覺菩提。大乘佛子所證二果之菩提果爲佛菩提，故名大菩提果，其慧名爲一切種智—函蓋二乘解脫果。然此大乘二果修證，須經由禪宗之宗門證悟方能相應。而宗門證悟極難，自古已然；其所以難者，咎在古今佛教界普遍存在三種邪見：1.以修定認作佛法，2.以無因論之緣起性空—否定涅槃本際如來藏以後之一切法空作爲佛法，3.以常見外道邪見（離語言妄念之靈知性）作爲佛法。如是邪見，或因自身正見未立所致，或因邪師之邪教導所致，或因無始劫來虛妄熏習所致。若不破除此三種邪見，永劫不悟宗門眞義、不入大乘正道，唯能外門廣修菩薩行。平實導師於此書中，有極爲詳細之說明，有志佛子欲摧邪見、入於內門修菩薩行者，當閱此書。主文共496頁，全書512頁。售價500元（2007年起，凡購買公案拈提第一輯至第七輯，每購一輯皆贈送本公司精製公案拈提〈超意境〉CD一片，市售價格280元，多購多贈）。

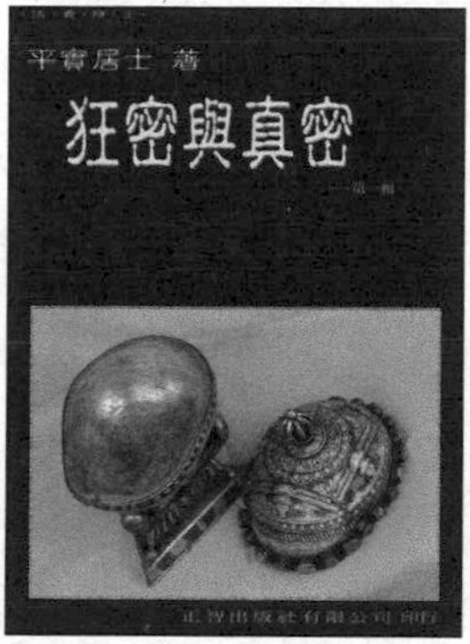

狂密與眞密：密教之修學，皆由有相之觀行法門而入，其最終目標仍不離顯教經典所說第一義諦之修證；若離顯教第一義經典、或違背顯教第一義經典，即非佛教。西藏密教之觀行法，如灌頂、觀想、遷識法、寶瓶氣、大聖歡喜雙身修法、喜金剛、無上瑜伽、大樂光明、樂空雙運等，皆是印度教兩性生生不息思想之轉化，自始至終皆以如何能運用交合淫樂之法達到全身受樂爲其中心思想，純屬欲界五欲的貪愛，不能令人超出欲界輪迴，更不能令人斷除我見；何況大乘之明心與見性，更無論矣！故密宗之法絕非佛法也。而其明光大手印、大圓滿法教，又皆同以常見外道所說離語言妄念之無念靈知心錯認爲佛地之眞如，不能直指不生不滅之眞如。西藏密宗所有法王與徒眾，都尚未開頂門眼，不能辨別眞僞，以依人不依法、依密續不依經典故，不肯將其上師喇嘛所說對照第一義經典，純依密續之藏密祖師所說爲準，因此而誇大其證德與證量，動輒謂彼祖師上師爲究竟佛、爲地上菩薩；如今台海兩岸亦有自謂其師證量高於 釋迦文佛者，然觀其師所述，猶未見道，仍在觀行即佛階段，尚未到禪宗相似即佛、分證即佛階位，竟敢標榜爲究竟佛及地上法王，誑惑初機學人。凡此怪象皆是狂密，不同於眞密之修行者。近年狂密盛行，密宗行者被誤導者極眾，動輒自謂已證佛地眞如，自視爲究竟佛，陷於大妄語業中而不知自省，反謗顯宗眞修實證者之證量粗淺；或如義雲高與釋性圓…等人，於報紙上公然誹謗眞實證道者爲「騙子、無道人、人妖、癩蛤蟆…」等，造下誹謗大乘勝義僧之大惡業；或以外道法中有爲有作之甘露、魔術……等法，誑騙初機學人，狂言彼外道法爲眞佛法。如是怪象，在西藏密宗及附藏密之外道中，不一而足，舉之不盡，學人宜應愼思明辨，以免上當後又犯毀破菩薩戒之重罪。密宗學人若欲遠離邪知邪見者，請閱此書，即能了知密宗之邪謬，從此遠離邪見與邪修，轉入眞正之佛道。平實導師著 共四輯 每輯約400頁（主文約340頁） 每輯售價300元。

宗門正義—公案拈提第六輯：佛教有六大危機，乃是藏密化、世俗化、膚淺化、學術化、宗門密意失傳、悟後進修諸地之次第混淆；其中尤以宗門密意之失傳，爲當代佛教最大之危機。由宗門密意失傳故，易令 世尊本懷普被錯解，易令 世尊正法被轉易爲外道法，以及加以淺化、世俗化，是故宗門密意之廣泛弘傳與具緣佛弟子，極爲重要。然而欲令宗門密意之廣泛弘傳予具緣之佛弟子者，必須同時配合錯誤知見之解析、普令佛弟子知之，然後輔以公案解析之直示入處，方能令具緣之佛弟子悟入。而此二者，皆須以公案拈提之方式爲之，方易成其功、竟其業，是故平實導師續作宗門正義一書，以利學人。 全書500餘頁，售價500元（2007年起，凡購買公案拈提第一輯至第七輯，每購一輯皆贈送本公司精製公案拈提〈超意境〉CD一片，市售價格280元，多購多贈）。

心經密意—心經與解脫道、佛菩提道、祖師公案之關係與密意。二乘菩提所證之解脫道，實依第八識心之斷除煩惱障現行而立解脫之名；大乘菩提所證之佛菩提道，實依親證第八識如來藏之涅槃性、清淨自性、及其中道性而立般若之名；禪宗祖師公案所證之眞心，即是此第八識如來藏；是故三乘佛法所修所證之三乘菩提，皆依此如來藏心而立名也。此第八識心，即是《心經》所說之心也。證得此如來藏已，即能漸入大乘佛菩提道，亦可因證知此心而了知二乘無學所不能知之無餘涅槃本際，是故《心經》之密意，與三乘佛菩提之關係極爲密切、不可分割，三乘佛法皆依此心而立名故。今者平實導師以其所證解脫道之無生智及佛菩提之般若種智，將《心經》與解脫道、佛菩提道、祖師公案之關係與密意，以演講之方式，用淺顯之語句和盤托出，發前人所未言，呈三乘菩提之眞義，令人藉此《心經密意》一舉而窺三乘菩提之堂奧，迥異諸方言不及義之說；欲求眞實佛智者、不可不讀！主文317頁，連同跋文及序文…等共384頁，售價300元。

宗門密意—公案拈提第七輯：佛教之世俗化，將導致學人以信仰作爲學佛，則將以感應及世間法之庇祐，作爲學佛之主要目標，不能了知學佛之主要目標爲親證三乘菩提。大乘菩提則以般若實相智慧爲主要修習目標，以二乘菩提解脫道爲附帶修習之標的；是故學習大乘法者，應以禪宗之證悟爲要務，能親入大乘菩提之實相般若智慧中故，般若實相智慧非二乘聖人所能知故。此書則以台灣世俗化佛教之三大法師，說法似是而非之實例，配合眞悟祖師之公案解析，提示證悟般若之關節，令學人易得悟入。平實導師著，全書五百餘頁，售價500元（2007年起，凡購買公案拈提第一輯至第七輯，每購一輯皆贈送本公司精製公案拈提〈超意境〉CD一片，市售價格280元，多購多贈）。

淨土聖道—兼評選擇本願念佛：佛法甚深極廣，般若玄微，非諸二乘聖僧所能知之，一切凡夫更無論矣！所謂一切證量皆歸淨土是也！是故大乘法中「聖道之淨土、淨土之聖道」，其義甚深，難可了知；乃至眞悟之人，初心亦難知也。今有正德老師眞實證悟後，復能深探淨土與聖道之緊密關係，憐憫衆生之誤會淨土實義，亦欲利益廣大淨土行人同入聖道，同獲淨土中之聖道門要義，乃振奮心神、書以成文，今得刊行天下。主文279頁，連同序文等共301頁，總有十一萬六千餘字，正德老師著，成本價200元。

起信論講記：詳解大乘起信論心生滅門與心眞如門之眞實意旨，消除以往大師與學人對起信論所說心生滅門之誤解，由是而得了知眞心如來藏之非常非斷中道正理；亦因此一講解，令此論以往隱晦而被誤解之眞實義，得以如實顯示，令大乘佛菩提道之正理得以顯揚光大；初機學者亦可藉此正論所顯示之法義，對大乘法理生起正信，從此得以眞發菩提心，眞入大乘法中修學，世世常修菩薩正行。平實導師演述，共六輯，都已出版，每輯三百餘頁，售價各250元。

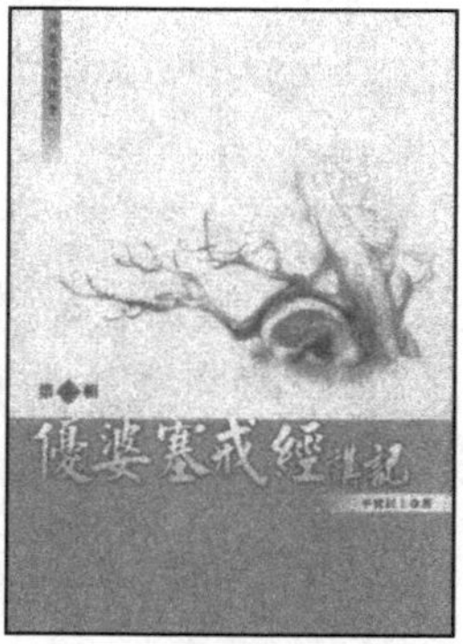

優婆塞戒經講記：本經詳述在家菩薩修學大乘佛法，應如何受持菩薩戒？對人間善行應如何看待？對三寶應如何護持？應如何正確地修集此世後世證法之福德？應如何修集後世「行菩薩道之資糧」？並詳述第一義諦之正義：五蘊非我非異我、自作自受、異作異受、不作不受……等深妙法義，乃是修學大乘佛法、行菩薩行之在家菩薩所應當了知者。出家菩薩今世或未來世登地已，捨報之後多數將如華嚴經中諸大菩薩，以在家菩薩身而修行菩薩行，故亦應以此經所述正理而修之，配合《楞伽經、解深密經、楞嚴經、華嚴經》等道次第正理，方得漸次成就佛道；故此經是一切大乘行者皆應證知之正法。平實導師講述，每輯三百餘頁，售價各250元；共八輯，已全部出版。

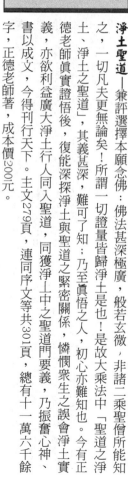

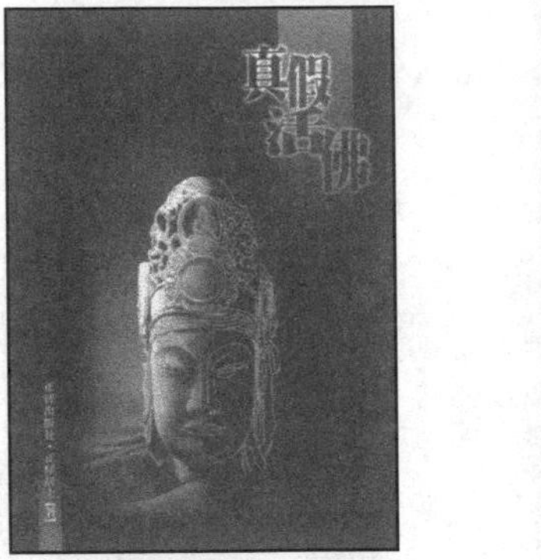

真假活佛—略論附佛外道盧勝彥之邪說：人人身中都有眞活佛，永生不滅而有大神用，但衆生都不了知，所以常被身外的西藏密宗假活佛籠罩欺瞞。本來就眞實存在的眞活佛，才是眞正的密宗無上密！諾那活佛因此而說禪宗是大密宗，但藏密的所有活佛都不知道、也不曾實證自身中的眞活佛。本書詳實宣示眞活佛的道理，舉證盧勝彥的「佛法」不是眞佛法，也顯示盧勝彥是假活佛，直接的闡釋第一義佛法見道的眞實正理。眞佛宗的所有上師與學人們，都應該詳細閱讀，包括盧勝彥個人在內。正犀居士著，優惠價140元。

阿含正義—唯識學探源：廣說四大部《阿含經》諸經中隱說之眞正義理，一一舉示佛陀本懷，令阿含時期初轉法輪根本經典之眞義，如實顯現於佛子眼前。並提示末法大師對於阿含眞義誤解之實例，一一比對之，證實唯識增上慧學確於原始佛法之阿含諸經中已隱覆密意而略說之，證實 世尊確於原始佛法中已曾密意而說第八識如來藏之總相；亦證實 世尊在四阿含中已說此藏識是名色十八界之因、之本—證明如來藏是能生萬法之根本心。佛子可據此修正以往受諸大師（譬如西藏密宗應成派中觀師：印順、昭慧、性廣、大願、達賴、宗喀巴、寂天、月稱、……等人）誤導之邪見，建立正見，轉入正道乃至親證初果而無困難；書中並詳說三果所證的心解脫，以及四果慧解脫的親證，都是如實可行的具體知見與行門。全書共七輯，已出版完畢。平實導師著，每輯三百餘頁，售價300元。

超意境CD：以平實導師公案拈提書中超越意境之頌詞，加上曲風優美的旋律，錄成令人嚮往的超意境歌曲，其中包括正覺發願文及平實導師親自譜成的黃梅調歌曲一首。詞曲雋永，殊堪翫味，可供學禪者吟詠，有助於見道。內附設計精美的彩色小冊，解說每一首詞的背景本事。每片280元。【每購買公案拈提書籍一冊，即贈送一片。】

我的菩提路第一輯：凡夫及二乘聖人不能實證的佛菩提證悟，末法時代的今天仍然有人能得實證，由正覺同修會釋悟圓、釋善藏法師等二十餘位實證如來藏者所寫的見道報告，已爲當代學人見證宗門正法之絲縷不絕，證明大乘義學的法脈仍然存在，爲末法時代求悟般若之學人照耀出光明的坦途。由二十餘位大乘見道者所繕，敘述各種不同的學法、見道因緣與過程，參禪求悟者必讀。全書三百餘頁，售價300元。

我的菩提路第二輯：由郭正益老師等人合著，書中詳述彼等諸人歷經各處道場學法，一一修學而加以檢擇之不同過程以後，因閱讀正覺同修會、正智出版社書籍而發起抉擇分，轉入正覺同修會中修學；乃至學法及見道之過程，都一一詳述之。**本書已改版印製重新流通**，讀者原購的初版書，不論是第一刷或第二、三、四刷，都可以寄回換新，免附郵費。

我的菩提路第三輯：由王美伶老師等人合著。自從正覺同修會成立以來，每年夏初、冬初都舉辦精進禪三共修，藉以助益會中同修們得以證悟明心發起般若實相智慧；凡已實證而被平實導師印證者，皆書具見道報告用以證明佛法之眞實可證而非玄學，證明佛法並非純屬思想、理論而無實質，是故每年都能有人證明正覺同修會的「實證佛教」主張並非虛語。特別是眼見佛性一法，自古以來中國禪宗祖師實證者極寡，較之明心開悟的證境更難令人信受；至2017年初，正覺同修會中的證悟明心者已近五百人，然而其中眼見佛性者至今唯十餘人爾，可謂難能可貴，是故明心後欲冀眼見佛性者實屬不易。黃正倖老師是懸絕七年無人見性後的第一人，她於2009年的見性報告刊於本書的第二輯中，爲大眾證明佛性確實可以眼見；其後七年之中求見性者都屬解悟佛性而無人眼見，幸而又經七年後的2016冬初，以及2017夏初的禪三，復有三人眼見佛性，希冀鼓舞四眾佛子求見佛性之大心，今則具載一則於書末，顯示求見佛性之事實經歷，供養現代佛教界欲得見性之四眾弟子。全書四百頁，售價300元，已於2017年6月30日發行。

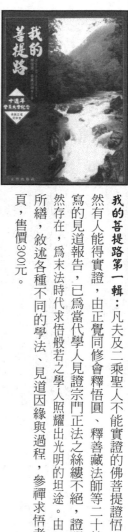

我的菩提路第四輯：由陳晏平等人著。中國禪宗祖師往往有所謂「見性」之言，所言多屬看見如來藏具有能令人發起成佛之自性，並非《大般涅槃經》中 如來所說之眼見佛性。眼見佛性者，於親見佛性之時，即能於山河大地眼見自己佛性，亦能於他人身上眼見自己佛性及對方之佛性，如是境界無法為尚未實證者解釋；勉強說之，縱使真實明心證悟之人聞之，亦只能以自身明心之境界想像之，但不論如何想像多屬非量，能有正確之比量者亦是稀有，故說眼見佛性極為困難。眼見佛性之人若所見極分明時，在所見佛性之境界下所眼見之山河大地、自己五蘊身心皆是虛幻，自有異於明心者之解脫功德受用，此後永不思證二乘涅槃，必定邁向成佛之道而進入第十住位中，已超第一阿僧祇劫三分有一，可謂之為超劫精進也。今又有明心之後眼見佛性之人出於人間，將其明心及後來見性之報告，連同其餘證悟明心者之精彩報告一同收錄於此書中，供養真求佛法實證之四眾佛子。全書380頁，售價300元，已於2018年6月30日發行。

我的菩提路第五輯：林慈慧老師等人著，本輯中所舉學人從相似正法中來到正覺同修會的過程，各人都有不同，發生的因緣亦是各有差別，然而都會指向同一個目標——證實生命實相的源底，確證自己生從何來、死往何去的事實，所以最後都證明佛法真實而可親證，絕非玄學；本書將彼等諸人的始修及末後證悟之實例羅列出來以供學人參考。本期亦有一位會裡的老師，是從1995年即開始追隨 平實導師修學，1997年明心後持續進修不斷，直到2017年眼見佛性之實例，足可證明《大般涅槃經》中世尊開示眼見佛性之法正真無訛，第十住位的實證在末法時代的今天仍有可能，如今一併具載於書中以供學人參考，並供養現代佛教界欲得見性之四眾弟子。全書四百頁，售價300元，已於2019年12月31日發行。

我的菩提路第六輯：劉惠莉老師等人著，本輯中舉示劉老師明心多年以後的眼見佛性實錄，供末法時代學人了知明心之異於見性本質，足可證明《大般涅槃經》中世尊開示眼見佛性之法正真無訛。亦列舉多篇學人從各道場來到正覺學法之不同過程，以及如何發覺邪見之異於正法的所在，最後終能在正覺禪三中悟入的實況，以證明佛教正法仍在末法時代的人間繼續弘揚的事實，鼓舞一切真實學法的菩薩大眾思之：我等諸人亦可有因緣證悟，絕非空想白思。約四百頁，售價300元，已於2020年6月30日發行。

我的菩提路第七輯：余正偉老師等人著，本輯中舉示余老師明心二十餘年以後的眼見佛性實錄，供末法時代學人了知明心異於見性之本質，並且舉示其見性後與平實導師互相討論眼見佛性之諸多疑訛處；除了證明《大般涅槃經》中世尊開示眼見佛性之法正眞無訛以外，亦得一解明心後尚未見性者之所未知處，甚爲精彩。此外亦列舉多篇學人從各不同宗教進入正覺學法之不同過程，以及發覺諸方道場邪見之內容與過程，最終得於正覺精進禪三中悟入的實況，足供末法精進學人借鑑，以彼鑑己而生信心，得以投入了義正法中修學及實證。凡此，皆足以證明不唯明心所證之第七住位般若智慧及解脫功德仍可實證，乃至第十住位的實證與當場發起如幻觀之實證，於末法時代的今天皆仍有可能。本書約四百頁，售價300元。

鈍鳥與靈龜：鈍鳥及靈龜二物，被宗門證悟者說爲二種人：前者是精修禪定而無智慧者，也是以定爲禪的愚癡禪人；後者是或有禪定、或無禪定的宗門證悟者，凡已證悟者皆是靈龜。但後者被人虛造事實，用以嘲笑大慧宗杲禪師，說他雖是靈龜，卻不免被天童禪師預記「患背」痛苦而亡：「鈍鳥離巢易，靈龜脫殼難。」藉以貶低大慧宗杲的證量。同時將天童禪師實證如來藏的證量，曲解爲意識境界的離念靈知。自從大慧禪師入滅以後，錯悟凡夫對他的不實毀謗就一直存在著，不曾止息，並且捏造的假事實也隨著年月的增加而越來越多，終至編成「鈍鳥與靈龜」的假公案、假故事。本書是考證大慧與天童之間的不朽情誼，顯現這件假公案的虛妄不實；更見大慧宗杲面對惡勢力時的正直不阿，亦顯示大慧對天童禪師的至情深義，將使後人對大慧宗杲的誣謗至此而止，不再有人誤犯毀謗賢聖的惡業。書中亦舉證宗門的所悟確以第八識如來藏爲標的，詳讀之後必可改正以前被錯悟大師誤導的參禪知見，日後必定有助於實證禪宗的開悟境界，得階大乘眞見道位中，即是實證般若之賢聖。全書459頁，售價350元。

維摩詰經講記：本經係 世尊在世時，由等覺菩薩維摩詰居士藉疾病而演說之大乘菩提無上妙義，所說函蓋甚廣，然極簡略，是故今時諸方大師與學人讀之悉皆錯解，何況能知其中隱含之深妙正義，是故普遍無法爲人解說；若強爲人說，則成依文解義而有諸多過失。今由平實導師公開宣講之後，詳實解釋其中密意，令維摩詰菩薩所說大乘不可思議解脫之深妙正法得以正確宣流於人間，利益當代學人及與諸方大師。書中詳實演述大乘佛法深妙不共二乘之智慧境界，顯示諸法之中絕待之實相境界，建立大乘菩薩妙道於永遠不敗不壞之地，以此成就護法偉功，欲冀永利娑婆人天。已經宣講圓滿整理成書流通，以利諸方大師及諸學人。全書共六輯，每輯三百餘頁，售價各250元。

真假外道：本書具體舉證佛門中的常見外道知見實例，並加以教證及理證上的辨正，幫助讀者輕鬆而快速的了知常見外道的錯誤知見，進而遠離佛門內外的常見外道知見，因此即能改正修學方向而快速實證佛法。游正光老師著　。成本價200元。

勝鬘經講記：如來藏爲三乘菩提之所依，若離如來藏心體及其含藏之一切種子，即無三界有情及一切世間法，亦無二乘菩提緣起性空之出世間法；本經詳說無始無明、一念無明皆依如來藏而有之正理，藉著詳解煩惱障與所知障間之關係，令學人深入了知二乘菩提與佛菩提相異之妙理；聞後即可了知佛菩提之特勝處及三乘修道之方向與原理，邁向攝受正法而速成佛道的境界中。平實導師講述，共六輯，每輯三百餘頁，售價各250元。

楞嚴經講記：楞嚴經係大乘祕密教之重要經典，亦是佛教中普受重視之經典；經中宣說明心與見性之內涵極爲詳細，將一切法都會歸如來藏及佛性—妙眞如性；亦闡釋五陰區宇及五陰盡的境界，作諸地菩薩自我檢驗證量之依據，旁及佛菩提道修學過程中之種種魔境，以及外道誤會涅槃之狀況，亦兼述明三界世間之起源，具足宣示大乘菩提之奧祕。然因言句深澀難解，法義亦復深妙寬廣，學人讀之普難通達，是故讀者大多誤會，不能如實理解佛所說之明心與見性內涵，亦因是故多有悟錯之人引爲開悟之證言，成就大妄語罪。今由平實導師詳細講解之後，整理成文，以易讀易懂之語體文刊行天下，以利學人。全書十五輯，全部出版完畢。每輯三百餘頁，售價每輯300元。

明心與眼見佛性：本書細述明心與眼見佛性之異同，同時顯示了中國禪宗破初參明心與重關眼見佛性二關之間的關聯；書中又藉法義辨正而旁述其他許多勝妙法義，讀後必能遠離佛門長久以來積非成是的錯誤知見，令讀者在佛法的實證上有極大助益。也藉慧廣法師的謬論來教導佛門學人回歸正知正見，遠離古今禪門錯悟者所墮的意識境界，非唯有助於斷我見，也對未來的開悟明心實證第八識如來藏有所助益，是故學禪者都應細讀之。　游正光老師著　共448頁　售價300元。

菩薩底憂鬱CD：將菩薩情懷及禪宗公案寫成新詞，並製作成超越意境的優美歌曲。　1.主題曲〈菩薩底憂鬱〉，描述地後菩薩能離三界生死而迴向繼續生在人間，但因尚未斷盡習氣種子而有極深沈之憂鬱，非三賢位菩薩及二乘聖者所知，此憂鬱在七地滿心位方才斷盡；本曲之詞中所說義理極深，昔來所未曾見；此曲係以優美的情歌風格寫詞及作曲，聞者得以激發嚮往諸地菩薩境界之大心，詞、曲都非常優美，難得一見；其中勝妙義理之解說，已印在附贈之彩色小冊中。2.以各輯公案拈提中直示禪門入處之頌文，作成各種不同曲風之超意境歌曲，值得玩味、參究；聆聽公案拈提之優美歌曲時，請同時閱讀內附之印刷精美說明小冊，可以領會超越三界的證悟境界；未悟者可以因此引發求悟之意向及疑情，眞發菩提心而邁向求悟之途，乃至因此眞實悟入般若，成眞菩薩。3.正覺總持咒新曲，總持佛法大意；總持咒之義理，已加以解說並印在隨附之小冊中。本CD共有十首歌曲，長達63分鐘，附贈二張購書優惠券。每片280元。

金剛經宗通：三界唯心，萬法唯識，是成佛之修證內容，是諸地菩薩之所修；般若則是成佛之道（實證三界唯心、萬法唯識）的入門，若未證悟實相般若，即無成佛之可能，必將永在外門廣行菩薩六度，永在凡夫位中。然而實相般若的發起，全賴實證萬法的實相；若欲證知萬法的眞相，則必須探究萬法之所從來，則須實證自心如來—金剛心如來藏，然後現觀這個金剛心的金剛性、眞實性、如如性、清淨性、涅槃性、能生萬法的自性性、本住性，名爲證眞如；進而現觀三界六道唯是此金剛心所成，人間萬法須藉八識心王和合運作方能現起。如是實證《華嚴經》的「三界唯心、萬法唯識」以後，由此等現觀而發起實相般若智慧，繼續進修第十住位的如幻觀、第十行位的陽焰觀、第十迴向位的如夢觀，再生起增上意樂而勇發十無盡願，方能滿足三賢位的實證，轉入初地；自知成佛之道而無偏倚，從此按部就班、次第進修乃至成佛。第八識自心如來是般若智慧之所依，般若智慧的修證則要從實證金剛心自心如來開始；《金剛經》則是解說自心如來之經典，是一切三賢位菩薩所應進修之實相般若經典。這一套書，是將平實導師宣講的《金剛經宗通》內容，整理成文字而流通之；書中所說義理，迴異古今諸家依文解義之說，指出大乘見道方向與理路，有益於禪宗學人求開悟見道，及轉入內門廣修六度萬行。已於2013年9月出版完畢，總共9輯，每輯約三百餘頁，售價各250元。

禪意無限CD：平實導師以公案拈提書中偈頌寫成不同風格曲子，與他人所寫不同風格曲子共同錄製出版，幫助參禪人進入禪門超越意識之境界。盒中附贈彩色印製的精美解說小冊，以供聆聽時閱讀，令參禪人得以發起參禪之疑情，即有機會證悟本來面目，實證大乘菩提般若。本CD共有十首歌曲，長達69分鐘，每盒各附贈二張購書優惠券。每片280元。

空行母—性別、身分定位，以及藏傳佛教：本書作者爲蘇格蘭哲學家，因爲嚮往佛教深妙的哲學內涵，於是進入當年盛行於歐美的假藏傳佛教密宗，擔任卡盧仁波切的翻譯工作多年以後，被邀請成爲卡盧的空行母（又名佛母、明妃），開始了她在密宗裡的實修過程；後來發覺在密宗雙身法中的修行，其實無法使自己成佛，也發覺密宗對女性岐視而處處貶抑，並剝奪女性在雙身法中擔任一半角色時應有的身分定位。當她發覺自己只是雙身法中被喇嘛利用的工具，沒有獲得絲毫應有的尊重與基本定位時，發現了密宗的父權社會控制女性的本質；於是作者傷心地離開了卡盧仁波切與密宗，但是卻被恐嚇不許講出她在密宗裡的經歷，也不許她說出自己對密宗的教義與教制下對女性剝削的本質，否則將被咒殺死亡。後來她去加拿大定居，十餘年後方才擺脫這個恐嚇陰影，下定決心將親身經歷的實情及觀察到的事實寫下來並且出版，公諸於世。出版之後，她被流亡的達賴集團人士大力攻訐，誣指她爲精神狀態失常、說謊……等。但有智之士並未被達賴集團的政治操作及各國政府政治運作吹捧達賴的表相所欺，使她的書銷售無阻而又再版。正智出版社鑑於作者此書是親身經歷的事實，所說具有針對「藏傳佛教」而作學術研究的價值，也有使人認清假藏傳佛教剝削佛母、明妃的男性本位實質，因此洽請作者同意中譯而出版於華人地區。珍妮·坎貝爾女士著，呂艾倫 中譯，每冊250元。

霧峰無霧—給哥哥的信 本書作者藉兄弟之間信件往來論義，略述佛法大義；並以多篇短文辨義，舉出釋印順對佛法的無量誤解證據，並一一給予簡單而清晰的辨正，令人一讀即知。久讀、多讀之後即能認清楚釋印順的六識論見解，與眞實佛法之牴觸是多麼嚴重；於是在久讀、多讀之後，於不知不覺之間提升了對佛法的極深入理解，正知正見就在不知不覺間建立起來了。當三乘佛法的正知見建立起來之後，對於三乘菩提的見道條件便將隨之具足，於是聲聞解脫道的見道也就水到渠成；接著大乘見道的因緣也將次第成熟，未來自然也會有親見大乘菩提之道的因緣，悟入大乘實相般若也將自然成功，自能通達般若系列諸經而成實義菩薩。作者居住於南投縣霧峰鄉，自喻見道之後不復再見霧峰之霧，故鄉原野美景一一明見，於是立此書名爲《霧峰無霧》；讀者若欲撥霧見月，可以此書爲緣。游宗明 老師著 已於2015年出版 售價250元。

霧峰無霧—第二輯—救護佛子向正道 本書作者藉釋印順著作中之各種錯謬法義提出辨正，以詳實的文義一一提出理論上及實證上之解析，列舉釋印順對佛法的無量誤解證據，藉此教導佛門大師與學人釐清佛法義理，遠離岐途轉入正道，然後知所進修，久之便能見道明心而入大乘勝義僧數。被釋印順誤導的大師與學人極多，很難救轉，是故作者大發悲心深入解說其錯謬之所在，佐以各種義理辨正而令讀者在不知不覺之間轉歸正道。如是久讀之後欲得斷身見、證初果，即不爲難事；乃至久之亦得大乘見道而得證眞如，脫離空有二邊而住中道，實相般若智慧生起，於佛法不再茫然，漸漸亦知悟後進修之道。屆此之時，對於大乘般若等深妙法之迷雲暗霧亦將一掃而空，生命及宇宙萬物之故鄉原野美景一一明見，是故本書仍名《霧峰無霧》，爲第二輯；讀者若欲撥雲見日、離霧見月，可以此書爲緣。游宗明 老師著 已於2019年出版 售價250元。

假藏傳佛教的神話—性、謊言、喇嘛教：本書編著者是由一首名爲「阿姊鼓」的歌曲爲緣起，展開了序幕，揭開假藏傳佛教—喇嘛教—的神秘面紗。其重點是蒐集、摘錄網路上質疑「喇嘛教」的帖子，以揭穿「假藏傳佛教的神話」爲主題，串聯成書，並附加彩色插圖以及說明，讓讀者們瞭解西藏密宗及相關人事如何被操作爲「神話」的過程，以及神話背後的眞相。作者：張正玄教授。售價200元。

達賴真面目—玩盡天下女人：假使您不想戴綠帽子，請記得詳細閱讀此書；假使您不想讓好朋友戴綠帽子，請您將此書介紹給您的好朋友。假使您想保護家中的女性，也想要保護好朋友的女眷，請記得將此書送給家中的女性和好友的女眷都來閱讀。本書爲印刷精美的大本彩色中英對照精裝本，爲您揭開達賴喇嘛的眞面目，內容精彩不容錯過，爲利益社會大眾，特別以優惠價格嘉惠所有讀者。編著者：白志偉等。大開版雪銅紙彩色精裝本。售價800元。

童女迦葉考—論呂凱文〈佛教輪迴思想的論述分析〉之謬：童女迦葉是佛世率領五百大比丘遊行於人間的歷史事實，是以童貞行而依止菩薩戒弘化於人間的大菩薩，不依別解脫戒（聲聞戒）來弘化於人間。這是大乘佛教與聲聞佛教同時存在於佛世的歷史明證，證明大乘佛教不是從聲聞法中分裂出來的部派佛教的產物，卻是聲聞佛教分裂出來的部派佛教聲聞凡夫僧所不樂見的史實；於是古今聲聞法中的凡夫都欲加以扭曲而作詭說，更是末法時代高聲大呼「大乘非佛說」的六識論聲聞凡夫極力想要扭曲的佛教史實之一，於是想方設法扭曲迦葉菩薩爲聲聞僧，以及扭曲迦葉童女爲比丘僧等荒謬不實之論著便陸續出現，古時聲聞僧寫作的《分別功德論》是最具體之事例，現代之代表作則是呂凱文先生的〈佛教輪迴思想的論述分析〉論文。鑑於如是假藉學術考證以籠罩大衆之不實謬論，未來仍將繼續造作及流竄於佛教界，繼續扼殺大乘佛教學人法身慧命，必須舉證辨正之，遂成此書。平實導師 著，每冊180元。

末代達賴—性交教主的悲歌：簡介從藏傳僞佛教（喇嘛教）的修行核心—性力派男女雙修，探討達賴喇嘛及藏傳僞佛教的修行內涵。書中引用外國知名學者著作、世界各地新聞報導，包含：歷代達賴喇嘛的祕史、達賴六世修雙身法的事蹟，以及《時輪續》中的性交灌頂儀式……等；達賴喇嘛書中開示的雙修法、達賴喇嘛的黑暗政治手段；達賴喇嘛所領導的寺院爆發喇嘛性侵兒童；新聞報導《西藏生死書》作者索甲仁波切性侵女信徒、澳洲喇嘛秋達公開道歉、美國最大假藏傳佛教組織領導人邱陽創巴仁波切的性氾濫，等等事件背後眞相的揭露。作者：張善思、呂艾倫、辛燕。售價250元。

黯淡的達賴—失去光彩的諾貝爾和平獎：本書舉出很多證據與論述，詳述達賴喇嘛不爲世人所知的一面，顯示達賴喇嘛並不是眞正的和平使者，而是假借諾貝爾和平獎的光環來欺騙世人；透過本書的說明與舉證，讀者可以更清楚的瞭解，達賴喇嘛是結合暴力、黑暗、淫欲於喇嘛教裡的集團首領，其政治行爲與宗教主張，早已讓諾貝爾和平獎的光環染污了。 本書由財團法人正覺教育基金會寫作、編輯，由正覺出版社印行，每冊250元。

第七意識與第八意識？—穿越時空「超意識」：「三界唯心，萬法唯識」是佛教中應該實證的聖教，也是《華嚴經》中明載而可以實證的法界實相。唯心者，三界一切境界、一切諸法唯是一心所成就，即是每一個有情的第八識如來藏，不是意識心。唯識者，即是人類各各都具足的八識心王——眼識、耳鼻舌身意識、意根、阿賴耶識，第八阿賴耶識又名如來藏，人類五陰相應的萬法，莫不由八識心王共同運作而成就，故說萬法唯識。依聖教量及現量、比量，都可以證明意識是二法因緣生，是由第八識藉意根與法塵二法為因緣而出生，又是夜夜斷滅不存之生滅心，即無可能反過來出生第七識意根、第八識如來藏，當知不可能從生滅性的意識心中，細分出恆審思量的第七識意根，更無可能細分出恆而不審的第八識如來藏。本書是將演講內容整理成文字，細說如是內容，並已在《正覺電子報》連載完畢，今彙集成書以廣流通，欲幫助佛門有緣人斷除意識我見，跳脫於識陰之外而取證聲聞初果；嗣後修學禪宗時即得不墮外道神我之中，得以求證第八識金剛心而發起般若實智。平實導師 述，每冊300元。

中觀金鑑—詳述應成派中觀的起源與其破法本質：學佛人往往迷於中觀學派之不同學說，被應成派與自續派所迷惑；修學般若中觀二十年後自以為實證般若中觀了，卻仍不曾入門，甫聞實證般若中觀者之所說，則茫無所知，迷惑不解；隨後信心盡失，不知如何實證佛法；凡此，皆因惑於這二派中觀學說所致。自續派中觀所說同於常見，以意識境界立為第八識如來藏之境界，應成派所說則同於斷見，但又同立意識為常住法，故亦具足斷常二見。今者孫正德老師有鑑於此，乃將起源於密宗的應成派中觀學說，追本溯源，詳考其來源之外，亦一一舉證其立論內容，詳加辨正，令密宗雙身法祖師以識陰境界而造之應成派中觀學說本質，詳細呈現於學人眼前，令其維護雙身法之目的無所遁形。若欲遠離密宗此二大派中觀謬說，欲於三乘菩提有所進道者，允宜具足閱讀並細加思惟，反覆讀之以後將可捨棄邪道返歸正道，則於般若之實證即有可能，證後自能現觀如來藏之中道境界而成就中觀。本書分上、中、下三冊，每冊250元，全部出版完畢。

人間佛教—實證者必定不悖三乘菩提：「大乘非佛說」的講法似乎流傳已久，卻只是日本人企圖擺脫中國正統佛教的影響，而在明治維新時期才開始提出來的說法；台灣佛教、大陸佛教的淺學無智之人，由於未曾實證佛法而迷信日本人錯誤的學術考證，錯認爲這些別有用心的日本佛學考證的講法爲天竺佛教的眞實歷史；甚至還有更激進的反對佛教者提出「釋迦牟尼佛並非眞實存在，只是後人捏造的假歷史人物」，竟然也有少數佛教徒願意跟著「學術」的假光環而信受不疑，亦導致部分台灣佛教界人士，造作了反對中國大乘佛教而推崇南洋小乘佛教的行爲，使台灣佛教的信仰者難以檢擇，亦導致一般大陸人士開始轉入基督教的盲目迷信中。在這些佛教及外教人士之中，也就有一分人根據此邪說而大聲主張「大乘非佛說」的謬論，這些人以「人間佛教」的名義來抵制中國正統佛教，公然宣稱中國的大乘佛教是由聲聞部派佛教的凡夫僧所創造出來的。這樣的說法流傳於台灣及大陸佛教界凡夫僧之中已久，卻非眞正的佛教歷史中曾經發生過的事，只是繼承六識論的聲聞法中凡夫僧，以及別有居心的日本佛教界，依自己的意識境界立場，純憑臆想而編造出來的妄想說法，卻已經影響許多無智之凡夫僧俗信受不移。本書則是從佛教的經藏法義實質及實證的現量內涵本質立論，證明大乘佛法本是佛說，是從《阿含正義》尚未說過的不同面向來討論「人間佛教」的議題，證明「大乘眞佛說」。閱讀本書可以斷除六識論邪見，迴入三乘菩提正道發起實證的因緣；也能斷除禪宗學人學禪時普遍存在之錯誤知見，對於建立參禪時的正知見有很深的著墨。 平實導師 述，內文488頁，全書528頁，定價400元。

喇嘛性世界—揭開假藏傳佛教譚崔瑜伽的面紗：這個世界中的喇嘛，號稱來自世外桃源的香格里拉，穿著或紅或黃的喇嘛長袍，散布於我們的身邊傳教灌頂，吸引了無數的人嚮往學習；這些喇嘛虔誠地爲大眾祈福，手中拿著寶杵（金剛）與寶鈴（蓮花），口中唸著咒語：「嗡．嘛呢．叭咪．吽……」，咒語的意思是說：「我至誠歸命金剛杵上的寶珠伸向蓮花寶穴之中」！「喇嘛性世界」是什麼樣的「世界」呢？本書將爲您呈現喇嘛世界的面貌。當您發現眞相以後，您將會唸：「噢！喇嘛．性．世界，譚崔性交嘛！」作者：張善思、呂艾倫。售價200元。

見性與看話頭：黃正倖老師的《見性與看話頭》於《正覺電子報》連載完畢，今結集出版。書中詳說禪宗看話頭的詳細方法，並細說看話頭與眼見佛性的關係，以及眼見佛性者求見佛性前必須具備的條件。本書是禪宗實修者追求明心開悟時參禪的方法書，也是求見佛性者作功夫時必讀的方法書，內容兼顧眼見佛性的理論與實修之方法，是依實修之體驗配合理論而詳述，條理分明而且極爲詳實、周全、深入。本書內文375頁，全書416頁，售價300元。

實相經宗通：學佛之目的在於實證一切法界背後之實相，禪宗稱之爲本來面目或本地風光，佛菩提道中稱之爲實相法界；此實相法界即是金剛藏，又名佛法之祕密藏，即是能生有情五陰、十八界及宇宙萬有（山河大地、諸天、三惡道世間）的第八識如來藏，又名阿賴耶識心，即是禪宗祖師所說的眞如心，此心即是三界萬有背後的實相。證得此第八識心時，自能瞭解般若諸經中隱說的種種密意，即得發起實相般若——實相智慧。每見學佛人修學佛法二十年後仍對實相般若茫然無知，亦不知如何入門，茫無所趣；更因不知三乘菩提的互異互同，是故越是久學者對佛法越覺茫然，都肇因於尚未瞭解佛法的全貌，亦未瞭解佛法的修證內容即是第八識心所致。本書對於修學佛法者所應實證的實相境界提出明確解析，並提示趣入佛菩提道的入手處，有心親證實相般若的佛法實修者，宜詳讀之，於佛菩提道之實證即有下手處。平實導師述著，共八輯，已於2016年出版完畢，每輯成本價250元。

真心告訴您（一）**——達賴喇嘛在幹什麼？**這是一本報導篇章的選集，更是「破邪顯正」的暮鼓晨鐘。「破邪」是戳破假象，說明達賴喇嘛及其所率領的密宗四大派法王、喇嘛們，弘傳的佛法是仿冒的佛法；他們是假藏傳佛教，是坦特羅(譚崔性交)外道法和藏地崇奉鬼神的苯教混合成的「喇嘛教」，推廣的是以所謂「無上瑜伽」的男女雙身法冒充佛法的假佛教，詐財騙色誤導衆生，常常造成信徒家庭破碎、家中兒少失怙的嚴重後果。「顯正」是揭櫫眞相，指出眞正的藏傳佛教只有一個，就是覺囊巴，傳的是　釋迦牟尼佛演繹的第八識如來藏妙法，稱爲他空見大中觀。正覺教育基金會即以此古今輝映的如來藏正法正知見，在眞心新聞網中逐次報導出來，將箇中原委「眞心告訴您」，如今結集成書，與想要知道密宗眞相的您分享。售價250元。

法華經講義：此書爲平實導師始從2009/7/21演述至2014/1/14之講經錄音整理所成。世尊一代時教，總分五時三教，即是華嚴時、聲聞緣覺教、般若教、種智唯識教、法華時；依此五時三教區分爲藏、通、別、圓四教。本經是最後一時的圓教經典，圓滿收攝一切法教於本經中，是故最後的圓教聖訓中，特地指出無有三乘菩提，其實唯有一佛乘；皆因衆生愚迷故，方便區分爲三乘菩提以助衆生證道。世尊於此經中特地說明如來示現於人間的唯一大事因緣，便是爲有緣衆生「開、示、悟、入」諸佛的所知所見——第八識如來藏妙眞如心，並於諸品中隱說「妙法蓮花」如來藏心的密意。然因此經所說甚深難解，眞義隱晦，古來難得有人能窺堂奧；平實導師以知如是密意故，特爲末法佛門四衆演述《妙法蓮華經》中各品蘊含之密意，使古來未曾被古德註解出來的「此經」密意，如實顯示於當代學人眼前。乃至〈藥王菩薩本事品〉、〈妙音菩薩品〉、〈觀世音菩薩普門品〉、〈普賢菩薩勸發品〉中的微細密意，亦皆一併詳述之，可謂開前人所未曾言之密意，示前人所未見之妙法。最後乃至以〈法華大義〉而總其成，全經妙旨貫通始終，而依佛旨圓攝於一心如來藏妙心，厥爲曠古未有之大說也。平實導師述，共有25輯，已於2019/05/31出版完畢。每輯300元。

西藏「活佛轉世」制度—附佛、造神、世俗法：歷來關於喇嘛教活佛轉世的研究，多針對歷史及文化兩部分，於其所以成立的理論基礎，較少系統化的探討。尤其是此制度是否依據「佛法」而施設？是否合乎佛法眞實義？現有的文獻大多含糊其詞，或人云亦云，不曾有明確的闡釋與如實的見解。因此本文先從活佛轉世的由來，探索此制度的起源、背景與功能，並進而從活佛的尋訪與認證之過程，發掘活佛轉世的特徵，以確認「活佛轉世」在佛法中應具足何種果德。定價150元。

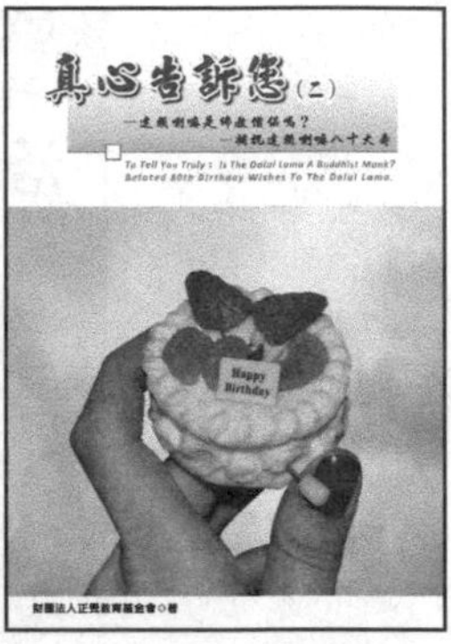

真心告訴您(二)—達賴喇嘛是佛教僧侶嗎？補祝達賴喇嘛八十大壽：這是一本針對當今達賴喇嘛所領導的喇嘛教，冒用佛教名相、於師徒間或師兄姊間，實修男女邪淫，而從佛法三乘菩提的現量與聖教量，揭發其謊言與邪術，證明達賴及其喇嘛教是仿冒佛教的外道，是「假藏傳佛教」。藏密四大派教義雖有「八識論」與「六識論」的表面差異，然其實修之內容，皆共許「無上瑜伽」四部灌頂為究竟「成佛」之法門，也就是共以男女雙修之邪淫法為「即身成佛」之密要，雖美其名曰「欲貪為道」之「金剛乘」，並誇稱其成就超越於（應身佛）釋迦牟尼佛所傳之顯教般若乘之上；然詳考其理論，則或以意識離念時之粗細心為第八識如來藏，或以中脈裡的明點為第八識如來藏，或如宗喀巴與達賴堅決主張第六意識為常恆不變之真心者，分別墮於外道之常見與斷見中；全然違背 佛說能生五蘊之如來藏的實質。售價300元。

涅槃—解說四種涅槃之實證及內涵：真正學佛之人，首要即是見道，由見道故方有涅槃之實證，證涅槃者方能出生死，但涅槃有四種：二乘聖者的有餘涅槃、無餘涅槃，以及大乘聖者的本來自性清淨涅槃、佛地的無住處涅槃。大乘聖者實證本來自性清淨涅槃，入地前再取證二乘涅槃，然後起惑潤生捨離二乘涅槃，繼續進修而在七地心前斷盡三界愛之習氣種子，依七地無生法忍之具足而證得念念入滅盡定；八地後進斷異熟生死，直至妙覺地下生人間成佛，具足四種涅槃，方是真正成佛。此理古來少人言，以致誤會涅槃正理者比比皆是，今於此書中廣說四種涅槃、如何實證之理、實證前應有之條件，實屬本世紀佛教界極重要之著作，令人對涅槃有正確無訛之認識，然後可以依之實行而得實證。本書共有上下二冊，每冊各四百餘頁，對涅槃詳加解說，每冊各350元。

佛藏經講義：本經說明為何佛菩提難以實證之原因，都因往昔無數阿僧祇劫前的邪見，引生此世求證時之業障而難以實證。即以諸法實相詳細解說，繼之以念佛品、念法品、念僧品，說明諸佛與法之實質；然後以淨戒品之說明，期待佛弟子四眾堅持清淨戒而轉化心性，並以往古品的實例說明歷代學佛人在實證上的業障由來，教導四眾務必滅除邪見轉入正見中，不再造作謗法及謗賢聖之大惡業，以免未來世尋求實證之時被業障所障；然後以了戒品的說明和囑累品的付囑，期望末法時代的佛門四眾弟子皆能清淨知見而得以實證。平實導師於此經中有極深入的解說，總共21輯，每輯

大法鼓經講義：本經解說佛法的總成：法、非法。由開解法、非法二義，說明了義佛法與世間戲論法的差異，指出佛法實證之標的即是法——第八識如來藏；並顯示實證後的智慧，如實擊大法鼓、演深妙法，演說如來祕密教法，非二乘定性及諸凡夫所能得聞，唯有具足菩薩性者方能得聞。正聞之後即得依於 世尊大願而拔除邪見，入於正法而得實證；深解不了義經之方便說，亦能實解了義經所說之眞實義，得以證法——如來藏，而得發起根本無分別智，乃至進修而發起後得無分別智；並堅持布施及受持清淨戒而轉化心性，得以現觀眞我眞法如來藏之各種層面。此爲第一義諦聖教，並授記末法最後餘四十年時，一切世間樂見離車童子將繼續護持此經所說正法。平實導師於此經中有極深入的解說，總共六輯，每輯300元，於《佛藏經講義》出版完畢後開始發行，每二個月發行一輯。

成唯識論釋：本論係大唐玄奘菩薩揉合當時天竺十大論師的說法加以辨正而著成，攝盡佛門證悟菩薩及部派佛教聲聞凡夫論師對佛法的論述，並函蓋當時天竺諸大外道對生命實相的錯誤論述加以辨正，是由玄奘大師依據無生法忍證量加以評論確定而成爲此論。平實導師弘法初期即已依於證量略講過一次，歷時大約四年，當時正覺同修會規模尚小，聞法成員亦多尚未證悟，是故並未整理成書；如今正覺同修會中的證悟同修已超過六百人，鑑於此論在護持正法、實證佛法及悟後進修上的重要性，擬於2022年初重講，並已經預先註釋完畢編輯成書，名爲《成唯識論釋》，總共十輯，每輯目次41頁、序文7頁、內文380頁乃至400頁，將原本13級字縮小爲12級字編排，以增加其內容；於增上班宣講時的內容將會更詳細於書中所說，涉及佛法密意的詳細內容只於增上班中宣講，於書中皆依佛誡隱覆密意而說，攝屬判教的《目次》已經詳盡判定論中諸段句義，用供學人參考；是故讀者閱完此論之釋，即可深解成佛之道的正確內涵；預定將於每一輯內容講述完畢時即予出版，預計每七個月出版一輯，每輯定價400元。

不退轉法輪經講義：世尊弘法有五時三教之別，分爲藏、通、別、圓四教之理，本經是大乘般若期前的通教經典，所說之大乘般若正理與所證解脫果，通於二乘解脫道，佛法智慧則通大乘般若，皆屬大乘般若與解脫甚深之理，故其所證解脫果位通於二乘法教；而其中所說第八識無分別法之正理，即是世尊降生人間的第一大事因緣。如是第八識能仁而且寂靜，恆順衆生於生死之中從無乖違，識體中所藏之本來無漏性的有爲法以及眞如涅槃境界，皆能助益學人最後成就佛道；此謂釋迦意爲能仁、牟尼意爲寂靜，此第八識即名釋迦牟尼，釋迦牟尼即是能仁寂靜的第八識眞如；若有人聽聞如是第八識常住、如來不滅之正理，信受奉行之人皆有大乘實證之因緣，永得不退於成佛之道，是故聽聞釋迦牟尼名號而解其義者，皆得不退轉無上正等正覺，未來必有實證之因緣。如是深妙經典，已由平實導師詳述圓滿並整理成書，預定於《大法鼓經講義》發行圓滿之後接著梓行，每二個月發行一輯，總共十輯，每輯300元。

解深密經講義：本經是所有尋求大乘見道及悟後欲入地者所應詳習串習的三經之一，即是《楞伽經》、《解深密經》、《楞嚴經》三經中的一經，亦可作爲見道眞假的自我印證依據。此經是 世尊晚年第三轉法輪時，宣說地上菩薩所應熏修之無生法忍唯識正義經典；經中總說眞見道位所見的智慧總相，兼及相見道位所應熏修的七眞如等法，以及入地應修之十地眞如等義理，乃是大乘一切種智增上慧學，以阿陀那識—如來藏—阿賴耶識爲成佛之道的主體。禪宗之證悟者，若欲修證初地無生法忍乃至八地無生法忍者，必須修學《楞伽經、解深密經、楞嚴經》所說之八識心王一切種智。此三經所說正法，方是眞正成佛之道；印順法師否定第八識如來藏之後所說萬法緣起性空之法，墮於六識論中而著作的《成佛之道》，乃宗本於密宗宗喀巴六識論邪思而寫成的邪見，是以誤會後之二乘解脫道取代大乘眞正成佛之道，承襲自古天竺部派佛教聲聞凡夫論師的邪見，尙且不符二乘解脫道正理，亦已墮於斷滅見及常見中，所說全屬臆想所得的外道見，不符本經中佛所說的正義。平實導師曾於本會郭故理事長往生時，於喪宅中從首七開始宣講此經，於每一七起各宣講三小時，至第十七而快速略講圓滿，作爲郭老之往生後的佛事功德，迴向郭老早證八地、速返娑婆住持正法。茲爲今時後世學人故，已經開始重講《解深密經》，以淺顯之語句講畢後，將會整理成文並梓行流通，用供證悟者進道；亦令諸方未悟者，據此經中佛語正義修正邪見，依之速能入道。平實導師述著，全書輯數未定，每輯三百餘頁，將於未來重講完畢後逐輯陸續出版。

修習止觀坐禪法要講記：修學四禪八定之人，往往錯會禪定之修學知見，欲以無止盡之坐禪而證禪定境界，卻不知修除性障之行門才是修證四禪八定不可或缺之要素，故智者大師云「性障初禪」；性障不除，初禪永不現前，云何修證二禪等？又：行者學定，若唯知數息，而不解六妙門之方便善巧者，欲求一心入定，未到地定極難可得，智者大師名之爲「事障未來」：障礙未到地定之修證。又禪定之修證，不可違背二乘菩提及第一義法，否則縱使具足四禪八定，亦不能實證涅槃而出三界。此諸知見，智者大師於《修習止觀坐禪法要》中皆有闡釋。作者平實導師以其第一義之見地及禪定之實證證量，曾加以詳細解析。將俟正覺寺竣工啓用後重講，不限制聽講者資格；講後將以語體文整理出版。欲修習世間定及增上定之學者，宜細讀之。平實導師述著。

阿含經講記—小乘解脫道之修證：數百年來，南傳佛法所說證果之不實，所說解脫道之虛妄，所弘解脫道法義之世俗化，皆已少人知之；從南洋傳入台灣與大陸之後，所說法義虛謬之事，亦復少人知之；今時台灣全島印順系統之法師居士，多不知南傳佛法數百年來所說解脫道之義理已然偏斜、已然世俗化、已非眞正之二乘解脫正道，猶極力推崇與弘揚。彼等南傳佛法近代所謂之證果者皆非眞實證果者，譬如阿迦曼、葛印卡、帕奧禪師、一行禪師……等人，悉皆未斷我見故。近年更有台灣南部大願法師，高抬南傳佛法之二乘修證行門爲「捷徑究竟解脫之道」者，然而南傳佛法縱使眞修實證，得成阿羅漢，至高唯是二乘菩提解脫之道，絕非究竟解脫，無餘涅槃中之實際尚未得證故，法界之實相尚未了知故，習氣種子待除故，一切種智未實證故，焉得謂爲「究竟解脫」？即使南傳佛法近代眞有實證之阿羅漢，尚且不及三賢位中之七住明心菩薩本來自性清淨涅槃智慧境界，則不能知此賢位菩薩所證之無餘涅槃實際，仍非大乘佛法中之見道者，何況普未實證聲聞果乃至未斷我見之人？謬充證果已屬逾越，更何況是誤會二乘菩提之後，以未斷我見之凡夫知見所說之二乘菩提解脫偏斜法道，焉可高抬爲「究竟解脫」？而且自稱「捷徑之道」？又妄言解脫之道即是成佛之道，完全否定般若實智、否定三乘菩提所依之如來藏心體，此理大大不通也！平實導師爲令修學二乘菩提欲證解脫果者，普得迴入二乘菩提正見、正道中，是故選錄四阿含諸經中，對於二乘解脫道法義有具足圓滿說明之經典，預定未來十年內將會加以詳細講解，令學佛人得以了知二乘解脫道之修證理路與行門，庶免被人誤導之後，未證言證，梵行未立，干犯道禁自稱阿羅漢或成佛，成大妄語，欲升反墮。本書首重斷除我見，以助行者斷除我見而實證初果爲著眼之目標，若能根據此書內容，配合平實導師所著《識蘊眞義》《阿含正義》內涵而作實地觀行，實證初果非爲難事，行者可以藉此三書自行確認聲聞初果爲實際可得現觀成就之事。此書中除依二乘經典所說加以宣示外，亦依斷除我見等之證量，及大乘法中道種智之證量，對於意識心之體性加以細述，令諸二乘學人必定得斷我見、常見，免除三縛結之繫縛。次則宣示斷除我執之理，欲令升進而得薄貪瞋痴，乃至斷五下分結…等。平實導師將擇期講述，然後整理成書。共二冊，每冊三百餘頁。每輯300元。

＊喇嘛教修外道雙身法，墮識陰境界，非佛教＊

＊弘揚如來藏他空見的覺囊派才是真正藏傳佛教＊

總經銷： 聯合發行股份有限公司

231 新北市新店區寶橋路 235 巷 6 弄 6 號 4F

Tel.02－2917-8022（代表號） Fax.02－2915-6275（代表號）

零售：1.**全台連鎖經銷書局：**

三民書局、誠品書局、何嘉仁書店

敦煌書店、紀伊國屋、金石堂書局、建宏書局

諾貝爾圖書城、墊腳石圖書文化廣場

2.**台北市：**佛化人生 **大安區**羅斯福路 3 段 325 號 6 樓之 4　台電大樓對面

3.**新北市：**春大地書店 **蘆洲區**中正路 117 號

4.**桃園市：**御書堂 **龍潭區**中正路 123 號

5.**新竹市：**大學書局 **東區**建功路 10 號

6.**台中市：**瑞成書局 **東區**雙十路 1 段 4 之 33 號

佛教詠春書局 **南屯區**永春東路 884 號

文春書店 **霧峰區**中正路 1087 號

7.**彰化市：**心泉佛教文化中心 南瑤路 286 號

8.**高雄市：**政大書城 **前鎮區**中華五路 789 號 2 樓（高雄夢時代店）

明儀書局 **三民區**明福街 2 號

青年書局 **苓雅區**青年一路 141 號

9.**台東市：**東普佛教文物流通處 博愛路 282 號

10.**其餘鄉鎮市經銷書局：**請電詢總經銷**聯合**公司。

11.**大陸地區請洽：**

香港：樂文書店

銅鑼灣店 :香港銅鑼灣駱克道 506 號 2 樓

電話 :(852) 2881 1150 email: luckwinbs@gmail.com

廈門：廈門外圖臺灣書店有限公司

地址:廈門市思明區湖濱南路809 號 廈門外圖書城3 樓 郵編：361004

電話：0592-5061658（臺灣地區請撥打 86-592-5061658）

E-mail：JKB118＠188.COM

12.**美國：世界日報圖書部：**紐約圖書部　電話 7187468889#6262

洛杉磯圖書部　電話 3232616972#202

13.**國內外地區網路購書：**

正智出版社 書香園地　http://books.enlighten.org.tw/

（書籍簡介、經銷書局可直接聯結下列網路書局購書）

三民 網路書局　http://www.sanmin.com.tw

誠品 網路書局　http://www.eslitebooks.com

博客來 網路書局　http://www.books.com.tw

金石堂 網路書局　http://www.kingstone.com.tw

聯合 網路書局　http:// www.nh.com.tw

附註：1.請儘量向各經銷書局購買：郵政劃撥需要八天才能寄到（本公司在您劃撥後第四天才能接到劃撥單，次日寄出後第二天您才能收到書籍，此六天中可能會遇到週休二日，是故共需八天才能收到書籍）若想要早日收到書籍者，請劃撥完畢後，將劃撥收據貼在紙上，旁邊寫上您的姓名、住址、郵區、電話、買書詳細內容，直接傳眞到本公司 02-28344822，並來電 02-28316727、28327495 確認是否已收到您的傳眞，即可提前收到書籍。 2.因台灣每月皆有五十餘種宗教類書籍上架，書局書架空間有限，故唯有新書方有機會上架，通常每次只能有一本新書上架；本公司出版新書，大多上架不久便已售出，若書局未再叫貨補充者，書架上即無新書陳列，則請直接向書局櫃台訂購。 3.若書局不便代購時，可於晚上共修時間向正覺同修會各共修處請購（共修時間及地點，詳閱**共修現況表**。每年例行年假期間請勿前往請書，年假期間請見共修現況表）。 4.郵購：郵政劃撥帳號 19068241。 5.正覺同修會會員購書都以八折計價（戶籍台北市者爲一般會員，外縣市爲護持會員）都可獲得優待，欲一次購買全部書籍者，可以考慮入會，節省書費。入會費一千元（第一年初加入時才需要繳），年費二千元。**6.尚未出版之書籍，請勿預先郵寄書款與本公司，謝謝您！** 7.若欲一次購齊本公司書籍，或同時取得正覺同修會贈閱之全部書籍者，請於正覺同修會共修時間，親到各共修處請購及索取；**台北市讀者**請洽：103 台北市承德路三段 267 號 10 樓（捷運淡水線 圓山站旁）請書時間：週一至週五爲 18.00~21.00，第一、三、五週週六爲 10.00~21.00，雙週之週六爲 10.00~18.00 請購處專線電話：25957295-分機 14（於請書時間方有人接聽）。

敬告大陸讀者：

大陸讀者購書、索書捷徑（尚未在大陸出版的書籍，以下二個途徑都可以購得，電子書另包括結緣書籍）：

1.廈門外國圖書公司：廈門市思明區湖濱南路 809 號 廈門外圖書城 3F
郵編：361004 電話：0592-5061658 網址：http://www.xibc.com.cn/

2.電子書：正智出版社有限公司及正覺同修會在台灣印行的各種局版書、結緣書，已有『**正覺電子書**』陸續上線中，提供讀者於手機、平板電腦上購書、下載、閱讀正智出版社、正覺同修會及正覺教育基金會所出版之電子書，詳細訊息敬請參閱『正覺電子書』專頁：http://books.enlighten.org.tw/ebook

關於平實導師的書訊，請上網查閱：
成佛之道 http://www.a202.idv.tw
正智出版社 書香園地 http://books.enlighten.org.tw/

中國網採訪佛教正覺同修會、正覺教育基金會訊息：

http://foundation.enlighten.org.tw/newsflash/20150817_1

http://video.enlighten.org.tw/zh-CN/visit_category/visit10

★ 正智出版社有限公司售書之稅後盈餘，全部捐助財團法人正覺寺籌備處、佛教正覺同修會、正覺教育基金會，供作弘法及購建道場之用；懇請諸方大德支持，功德無量。

★ 聲 明 ★

本社於 2015/01/01 開始調整本目錄中部分書籍之售價，以因應各項成本的持續增加。

＊ 喇嘛教修外道雙身法、墮識陰境界，非佛教 ＊

＊ 弘揚如來藏他空見的覺囊派才是真正藏傳佛教 ＊

售後服務—換書啓事（免附回郵）　2017/12/05

《楞伽經詳解》第三輯初版免費調換新書啓事：茲因 平實導師弘法早期尚未回復往世全部證量，有些法義接受他人的說法，寫書當時並未察覺而有二處（同一種法義）跟著誤說，如今發現已將之修正。茲爲顧及讀者權益，已開始免費調換新書；敬請所有讀者將以前所購第三輯（不論第幾刷），攜回或寄回本公司免費換新；郵寄者之回郵由本公司負擔，不需寄來郵票。因此而造成讀者閱讀、以及換書的不便，在此向所有讀者致上萬分的歉意，祈請讀者大眾見諒！

《楞嚴經講記》第 14 輯初版首刷本免費調換新書啓事：本講記第 14 輯出版前因 平實導師諸事繁忙，未將之重新閱讀而只改正校對時發現的錯別字，故未能發覺十年前所說法義有部分錯誤，於第 15 輯付印前重閱時才發覺第 14 輯中有部分錯誤尚未改正。今已重新審閱修改並已重印完成，煩請所有讀者將以前所購第 14 輯初版首刷本，寄回本公司免費換新（初版二刷本無錯誤），本公司將於寄回新書時同時附上您寄書來換新時的郵資，並在此向所有讀者致上最誠懇的歉意。

《心經密意》初版書免費調換二版新書啓事：本書係演講錄音整理成書，講時因時間所限，省略部分段落未講。後於再版時補寫增加 13 頁，維持原價流通之。茲爲顧及初版讀者權益，自 2003/9/30 開始免費調換新書，原有初版一刷、二刷書籍，皆可寄來本公司換書。

《宗門法眼》已經增寫改版爲 464 頁新書，2008 年 6 月中旬出版。讀者原有初版之第一刷、第二刷書本，都可以寄回本公司免費調換改版新書。改版後之公案及錯悟事例維持不變，但將內容加以增說，較改版前更具有廣度與深度，將更能助益讀者參究實相。

換書者**免附回郵**，亦無截止期限；舊書請寄：111 台北郵政 73-151 號信箱 或 103 台北市承德路三段 267 號 10 樓 正智出版社有限公司。舊書若有塗鴨、殘缺、破損者，仍可換取新書；但缺頁之舊書至少應仍有五分之三頁數，方可換書。所有讀者不必顧念本公司是否有盈餘之問題，都請踴躍寄來換書；本公司成立之目的不是營利，只要能眞實利益學人，即已達到成立及運作之目的。若以郵寄方式換書者，免附回郵；並於寄回新書時，由本公司附上您寄來書籍時耗用的郵資。造成您不便之處，再次致上萬分的歉意。

正智出版社有限公司 啓

換書及道歉公告

《法華經講義》第十三輯，因謄稿、印製等相關人員作業疏失，導致該書中的經文及內文用字將「**親近**」誤植成「清淨」。茲為顧及讀者權益，自 2017/8/30 開始免費調換新書；敬請所有讀者將以前所購第十三輯初版首刷及二刷本，攜回或寄回本社免費換新，或請自行更正其中的錯誤之處；郵寄者之回郵由本社負擔，不需寄來郵票。同時對因此而造成讀者閱讀、以及換書的困擾及不便，在此向所有讀者致上最誠懇的歉意，祈請讀者大眾見諒！錯誤更正說明如下：

一、第 256 頁第 10 行~第 14 行：【就是先要具備「**法親近處**」、「**眾生親近處**」；法**親近**處就是在實相之法有所實證，如果在實相法上有所實證，他在二乘菩提中自然也能有所實證，以這個作為第一個**親近**處——第一個基礎。然後還要有第二個基礎，就是瞭解應該如何善待眾生；對於眾生不要有排斥或者是貪取之心，平等觀待而攝受、親近一切有情。以這兩個**親近**處作為基礎，來實行其他三個安樂行法。】。

二、第 268 頁第 13 行：【具足了那兩個「**親近處**」，使你能夠在末法時代，如實而圓滿的演述《法華經》時，那麼你作這個夢，它就是如理作意的，完全符合邏輯去完成這個過程，就表示你那個晚上，在那短短的一場夢中，已經度了不少眾生了。】

正智出版社有限公司 敬啓

國家圖書館出版品預行編目(CIP)資料

法華經講義 / 平實導師述. -- 初版. -
- 臺北市 : 正智, 2015.05　面 ;　公分
ISBN 978-986-56553-0-3 (第一輯：平裝)
ISBN 978-986-56554-6-4 (第二輯：平裝)
ISBN 978-986-56555-6-3 (第三輯：平裝)
ISBN 978-986-56556-1-7 (第四輯：平裝)
ISBN 978-986-56556-9-3 (第五輯：平裝)
ISBN 978-986-56557-9-2 (第六輯：平裝)
ISBN 978-986-56558-2-2 (第七輯：平裝)
ISBN 978-986-56558-9-1 (第八輯：平裝)
ISBN 978-986-56559-8-3 (第九輯：平裝)
ISBN 978-986-93725-2-7 (第十輯：平裝)
ISBN 978-986-93725-4-1 (第十一輯：平裝)
ISBN 978-986-93725-6-5 (第十二輯：平裝)
ISBN 978-986-93725-7-2 (第十三輯：平裝)
ISBN 978-986-94970-3-9 (第十四輯：平裝)
ISBN 978-986-94970-7-7 (第十五輯：平裝)
ISBN 978-986-94970-9-1 (第十六輯：平裝)
ISBN 978-986-95830-1-5 (第十七輯：平裝)
ISBN 978-986-95830-4-6 (第十八輯：平裝)
ISBN 978-986-95830-9-1 (第十九輯：平裝)
ISBN 978-986-96548-1-4 (第二十輯：平裝)
ISBN 978-986-96548-5-2 (第二十一輯：平裝)
ISBN 978-986-97233-0-5 (第二十二輯：平裝)
ISBN 978-986-97233-2-9 (第二十三輯：平裝)
ISBN 978-986-97233-4-3 (第二十四輯：平裝)
ISBN 978-986-97233-6-7 (第二十五輯：平裝)
1. 法華部
221.5　104004638

法華經講義——第十四輯

著　述　者：平實導師
音文轉換：章乃鈞、高惠齡、劉惠莉、蔡正利、黃昇金
校　　對：章乃鈞 陳介源 孫淑貞 傅素嫺 王美伶
出　版　者：正智出版社有限公司
電話：〇二 28327495　28316727（白天）
傳眞：〇二 28344822
111台北郵政 73-151 號信箱
郵政劃撥帳號：一九〇六八二四一
正覺講堂：總機〇二 25957295（夜間）
總　經　銷：聯合發行股份有限公司
231 新北市新店區寶橋路 235 巷 6 弄 6 號 4 樓
電話：〇二 29178022（代表號）
傳眞：〇二 29156275
初版首刷：二〇一七年七月三十一日　二千冊
初版四刷：二〇二二年十月五日　二千冊
定　　價：三〇〇元